EDWARD LIMONOW

Selbstbildnis des Banditen als junger Mann

P.S.
VERLAG
PETER SELINKA

Aus dem Französischen
von Ulrike Endres und Hilde Schneider

Titel der Originalausgabe:
Autoportrait d'un bandit dans son adolescence
zuerst erschienen im Verlag Albin Michel, Paris
ISBN 3 926532 09 2
© Verlag Peter Selinka
Autoportrait d'un bandit dans son adolescence
© 1983 Edward Limonow
Alle deutschen Rechte vorbehalten
Umschlag: Peter Selinka AG Zürich
Druck und Bindung:
Franz Spiegel Buch GmbH, Ulm

ERSTER TEIL

1

Eddy-Baby ist fünfzehn. Mit angewiderter Miene lehnt er an der Hauswand einer Apotheke und wartet. Heute ist siebter November. Im kühlen Mittag defilieren die feingemachten Sowjetbürger an Eddy vorbei – die Hammelherde, wie er sie nennt. Die Militärparade auf dem Dserschinskij-Platz ist zu Ende, und die meisten kommen schon wieder von der Kundgebung zurück. Die Kolonnen der fortschrittlichen und vereinigten Proletariermassen sind schon längst vorbeimarschiert – quer über den größten Platz Europas, den zweitgrößten der Welt, der von deutschen Gefangenen gepflastert worden ist. »Größer als unser Dserschinskij-Platz ist nur noch der Tien An Men Platz in Peking.« Dieses erste Gebot des Charkower Patriotismus weiß Eddy auswendig.

Die Staatsbürger, die an Eddy vorbeipromenieren, sind die armseligen Vertreter des Kleinhandels: faul, schlecht organisiert und von gesellschaftlichen Aktivitäten wenig begeistert. Herausgeputzt kommen sie eben erst aus ihren Löchern, nachdem sie vorsorglich schon mal zwei, drei Gläschen getrunken und ein paar Happen vom Festtagsessen gekostet haben. Gewöhnlich gibt es da »Russischen Salat«, Wurst und die ewigen Sprotten. Das Oberhaupt der Familie hat sich in seinen dicken Mantel und ins schwarze oder dunkelblaue Jackett gezwängt, dazu einen Schlips und die neuen Schuhe, die ihm bei jedem Schritt unglaublichen Schmerz verursachen. Die Kinder, mit viel zu großen Kostümen wie Erwachsene zurechtgemacht, schlabbern ihr unvermeidliches Eis, und jedes zieht ein paar Luftballons hinter sich her. Ab und zu – jedesmal unerwartet – platzt ein Ballon mit fürchterlichem Pistolenknall. Kleid und Mantel der Gattin stinken bestimmt nach unverdunstetem Naphtalin. Man pflegt seine Sachen. Eddy-Baby schneidet eine Grimasse.

Er ist nicht wie die. Deshalb steht er da auch mit zerknitterten, zerrissenen, polnischen Cordhosen und der gelben Jacke wie ein echter Hamlet aus der Saltower Siedlung und spuckt angeödet vor sich auf die Straße. Eddy-Baby denkt, daß sie ihn alle mal können, und außerdem sinnt er voller Melancholie darüber nach, wie er an Geld kommen könnte.

Eddy-Baby braucht 250 Rubel und zwar bis morgen Abend. Wenn er das Geld bis dahin nicht zusammenkriegt... Er zieht es vor, nicht darüber nachzudenken. Er hat Swetka versprochen, sie zu Sascha Plotnikow mitzunehmen. Das ist der »feinste« Umgang im Viertel, und da Zugang zu haben ist eine große Ehre. Eddy-Baby wird diese Ehre schon zum zweiten Mal zuteil – aber dieses Mal sind die Eltern ein bißchen aus dem Häuschen geraten, denn der letzte Besuch von Kapitän Silbermann hat sie ziemlich beeindruckt. Sie wollen kein Geld mehr rausrücken.

Bei der Erinnerung an seine Festnahme grinst Eddy-Baby verächtlich. Silbermann kam morgens um sechs mit zwei Milizionären, weckte ihn – er schlief auf der Veranda in dem Schlafsack, den ihm Schepelskijs geschenkt hatten – hielt ihm einen gelben Wisch unter die Nase und sprach: »Bürger Sawenko, Sie sind verhaftet!«

Silbermann spielt sich gerne auf. Offenbar hält er sich für Kommissar Maigret. Weshalb würde er sonst ständig in diesem idiotischen, knöchellangen Ledermantel herumlaufen und Pfeife rauchen. Eddy-Baby muß losprusten, wenn er an den komischen Winzling von Silbermann denkt. Von wegen Kommissar Maigret, Charly Chaplin ist er.

Leiter der Abteilung für die Belange Minderjähriger des fünfzehnten Milizreviers, Kapitän Silbermann – das muß ein Irrtum sein. Schon weil er Jude ist. Ein jüdischer Milizionär – das klingt verdammt nach Anekdote; lächerlicher wäre nur noch ein jüdischer Hausmeister.

Damals mußte Silbermann ihn am Abend wieder nach Hause gehen lassen. Beweise dafür, daß Eddy-Baby in den

Stoffladen auf dem Stalinprospekt eingebrochen war, hatte der Kapitän nicht.

Doch Silbermann läßt Eddy-Baby nicht in Ruhe, er erzieht ihn. Oft kommt er zu Eddy nach Hause, abends, und sieht nach dem rechten. Aber denkste, Eddy-Baby trifft er jetzt nicht mehr an. Nach ein paar solcher Visiten zieht der es vor, sich zu verkrümeln und geht tanzen, zum Beispiel. Einmal hatte sich Silbermann auf der Suche nach ihm sogar ins »Bombay« hineingedrängelt, aber der Filmvorführer Sawa ließ Eddy hinten durch den Diensteingang raus. Offiziell heißt das größere Zimmer neben dem Gastronom Nr. 11 »Klub der Arbeiter der Nahrungsmittelindustrie des Stalinbezirks der Stadt Charkow«, aber für die Jungs ist es das »Bombay«. Im Bombay kennt Eddy-Baby alle. Er kann ohne eine Kopeke in der Tasche dort hingehen und nach zwanzig Minuten stockbesoffen wieder herauskommen, wenn er will. Die Jungs mögen ihn und sind spendabel. Aber eigentlich läßt Eddy sich nicht gerne aushalten und nutzt das Gratis-Getränkeangebot selten aus, höchstens wenn er total durchhängt, nur dann.

Scheiß Leben! denkt Eddy-Baby, wo kriegt er bloß Geld her? Hätte er gewußt, daß seine Eltern nicht mitmachen, hätte er sich eher etwas anderes ausdenken können. 250 Rubel sind ja kein Betrag, aber was man nicht hat, hat man nicht. Gestern hatte er noch einen Hunderter, aber den hat er in aller Ruhe und im Vertrauen auf seine Eltern verlebt. Dreißig Rubel hat er Wazlaw für den Haarschnitt gegeben und der Rest, keine Ahnung, wo der hin ist. Ach ja – Tolik Karpow und Kadik hat er eine Runde ausgegeben! Wazlaw wird er auch mal auf ein Glas einladen müssen. Der ist alles andere als ein Milchtrinker, und trotzdem ist er der beste Friseur in einer Stadt mit einer Million Einwohner. Er arbeitet im Frisiersalon der Autowerkstatt Nr. 3, dabei müßte er eigentlich im Kreml arbeiten. Aber Wazlaw ist das ganz egal. Eddy-Baby betastet seinen ausrasierten Scheitel. »Man muß die Haare jede Woche schneiden«, hat ihm der Pole gesagt, »die dürfen nicht länger sein als ein Streichholz.« In puncto Frisur ist bei Eddy alles bestens, das Problem ist die verdammte Kohle.

Eddy-Baby steht nicht nur so da bei der Apotheke herum, er wartet auf seinen Freund Kadik. Kadik wohnt ganz in der Nähe. Von der Apotheke aus kann Eddy eine graue Ecke seines Hauses – Saltower Chaussee Nr. 7 – sehen. Es ist eines der ältesten in der Siedlung. Früher war es mal ein Wohnheim, jetzt wohnen dort Familien.

Kadik, alias Kolka, alias Nikolaj Gorjunow, ist der Sohn der Briefträgerin. Einen Vater hat er nicht, jedenfalls hat weder Eddy-Babys Mutter Raissa Fjodorowna je von Kadiks Vater gehört, noch sonst irgendwer. Die Briefträgerin, Tante Klawa, die auf »unserer« ungeraden Chausseeseite die Briefe austrägt, kennt dagegen jeder; eine kleine Frau, die irgendwie verängstigt wirkt. Böse Zungen behaupten, daß Kadik seine Mutter schlägt. »Einen strammen Rüden hat sie da aufgezogen«, sagen sie, » ist erst fünfzehn und sieht schon aus wie ein Zuchtbulle. Der ist froh, daß er keinen Vater hat und kühlt sein Mütchen an der Mutter.« Eddy weiß, daß Kadik seine Mutter nicht schlägt; anschreien tun sie sich allerdings, und zwar ziemlich.

Eddy Baby liebt Kadik, wenn er sich auch ein bißchen über ihn lustig macht. »Kadik« ist kein normaler Name, sondern Kolka hat ihn selbst ausgedacht. Er kommt von »Cadillac«. Das klingt natürlich ein bißchen versnobt, aber schon von Kind auf treibt sich Kadik bei den Jazzern rum, da ist sowas verzeihlich.

Kadik ist auch drauf gekommen, ihn, Edik, nach amerikanischer Art »Eddy-Baby« zu nennen. Er spricht sogar ein bißchen englisch oder amerikanisch – die beiden Sprachen würden sich kaum unterscheiden, behauptet er. »Eddy-Baby« ist an Edik hängengeblieben und jetzt nennen ihn alle so. Aber bevor er Kadik kannte, konnte er auch ganz gut ohne Spitznamen leben.

Im Fall von Edik Sawenko ist »Eddy-Baby« immerhin näher an der Wahrheit, als bei Kolka »Cadillac«, Eddy-Babys richtiger

Name ist nämlich Eduard. In Saltow wohnen noch zwei Eduarde. Der eine bastelt bei sich in der Fabrik »Der Kolben«, wo er als Drehergehilfe arbeitet, Ein-Schuß-Pistolen und verkauft sie an die Jungs. Eddy-Baby hat letztes Jahr eine bei ihm gekauft, aber die funktioniert jetzt nicht mehr, irgend etwas ist mit dem Verschluß. Edik hat versprochen, sie zu reparieren. Dieser Edik hat einen russischen Familiennamen: Dodonow.

Den Vornamen Eduard hat Eddy-Babys Vater ausgesucht. Als die Mutter ihn von der Entbindungsstation aus anrief – »Sie haben einen Sohn, Wenjamin Iwanowitsch!« – und ihn fragte, wie er heißen solle, saß Eddy-Babys Vater, der damals 25 war, in seinem Zimmer und las Gedichte von Eduard Bagrizkij*. Er sagte, man solle den Sohn als »Eduard« registrieren. Bagrizkijs Gedichte gefielen dem Vater sehr. So kam es, daß man Eddy-Baby nach einem jüdischen Dichter benannte.

Letztes Frühjahr hat Eddy-Baby zum ersten Mal Gedichte von Bagrizkij gelesen, die in einem Bändchen mit blauem Pappeinband gesammelt waren, und sie haben ihm auch gefallen, genau wie vor fünfzehn Jahren seinem Vater. Besonders gut fand er das Gedicht »Die Schmuggler«:

Die Fische, die Sterne, sehn das Segelboot gleiten,
Das drei griechische Schmuggler nach Odessa geleiten.

In der Mitte des Gedichtes hatte er zu seiner Überraschung »obszöne« Verse entdeckt:

Mit dem Segen der Sterne wird der Handel sich lohnen,
Mit Kognac, Strümpfen und Kondomen.

Er zeigte diese Verse Kadik – wegen der Kondome – und dem gefielen sie auch, obwohl Kadik Gedichte sonst nicht besonders mag. Er mag Jazz und Rock und er lernt Saxophonspielen.

Eddy-Baby konnte Gedichte lange nicht leiden. Wenn ihm in der Bezirksbibliothek Wiktoria Somoilowna, in ihren Schal gewickelt und hüstelnd – sie war schwach auf der Brust – Gedichte empfahl, lächelte er nur herablassend: so ein Gequassel!

Viktoria Somoilowna kennt Eddy-Baby seit er neun Jahre alt ist. Er ist wahrscheinlich der »älteste« Leser der Bibliothek. Aber zur Zeit geht er, ehrlich gesagt, immer seltener hin, hat keinen Sinn mehr dafür. Er ist ein Mann geworden, und Männer haben andere Probleme. Das letzte Mal war er im Juli bei Wiktoria Somoilowna. Jetzt ist es schon November und die Leihfrist ist längst abgelaufen: zwei Bände Brjussow* und Gedichte von Polonskij*. Er will die Bücher auch gar nicht zurückgeben, und er wird einfach sagen, daß er sie verloren hat. Allerdings ist es ihm peinlich, Wiktoria Somoilowna zu betrügen, deshalb verschiebt er seinen Besuch in der Bibliothek immer wieder. Morgen geh' ich hin… nächste Woche… sagt er sich, und jeden Tag wird es schwerer. Die Schulbibliothek benutzt er schon lange nicht mehr, weil er erstens Lora Jakowlewna, die nach Urin stinkt, nicht ertragen kann und weil es außerdem für ihn dort nichts zu lesen gibt. Er haßt Schulbücher.

2

Eddy-Baby hat es gut getroffen mit der Poesie. Wiktoria Somoilowna war es schließlich gelungen, ihm einen Gedichtband anzudrehen, und die ersten Gedichte, die er in seinem Leben las, waren die »Gedichte der Jugend« von Alexander Blok, mit einem Fliederzweig auf dem Umschlag. Er entdeckte sie im Mai, bei Witja Fomenko im Garten, als gerade der Flieder blühte. Mit seiner ganzen Klasse war er zur Beerdigung von Witjas Mutter gekommen und dabei gab es eine Verzögerung, zuerst wegen einem Regenguß und dann wegen der Oma. Witjas Großmutter bestand darauf, daß ein Priester die Totenmesse halten solle. Währenddessen saß Eddy-Baby in einer Ecke des Gartens, außer Sicht seiner Klassenkameraden, auf einem Holzstoß und verschlang, ergriffen, erschüttert:

»Und träumend bin ich Junge, bin verliebt.
Im Gras des Hohlwegs blüht
Die stachelige Heckenrose noch...

Durch Blüten, Blätter, Zweige wieder blickt
Der Himmel roter Hauch,
Sieht wieder mir das alte Haus ins Herz
Und grüßt dein Fenster auch...

Das Leben und den Kummer geb ich hin
Der Stimme, faßbar kaum...«

(Gleichzeitig klang aus dem Haus das Psalmodieren der alten Frauen herüber...)

»Und küß noch einmal deine liebe Hand,
Und sei es nur im Traum...«

Und bei diesen Worten hätte Eddy sterben können, sterben aus Liebe zu Swetka, die er am ersten Mai gerade erst kennengelernt hatte.
Mit Witja Fomenko hatte eine Menge angefangen, unter anderem die Karriere von Eddy dem Verbrecher. Eigentlich ist Witja ein Feigling, das sieht man gleich: er ist rund, fett und klein. Aber er hat sein eigenes Haus, ein altes aus Holz, ziemlich nah bei der Turbinenfabrik. Hinter seinem Haus sind Maisfelder, dann kommt eine Schlucht, dann wieder Felder, und noch ein Stück weiter wird es richtig ländlich.

Es ist noch nicht lange her, da waren auch dort, wo jetzt die Saltower Siedlung ist, noch Felder, aber vor etwa zehn Jahren hat man angefangen, hier zwei- und dreistöckige Häuser mit drei oder vier Aufgängen zu bauen, und so entstand nach und nach die Siedlung. Eddy-Baby erinnert sich noch haargenau, wie die Soldaten sie 1951 herbrachten, seinen Vater, seine Mutter und ihn. Ihr Haus war noch verschlossen und der Unteroffizier Machitarjan hatte einen dicken Eisendraht genommen, ihn mit dem Hammer auf einem Stein plattgeklopft und dann das Schloß geöffnet. Ihr Wohnungsnachbar, Major Petschkurow, war erst zwei Monate später eingezogen und schon ein halbes Jahr später starb er; zog wieder aus.

Eddy-Babys Vater ist Oberleutnant und bald wird er Kapitän. Das wird er nie, denkt sich Eddy, weil er nämlich schüchtern ist wie ein Fräulein. Seine Mutter sagt, er wird es doch, aber Eddy weiß, daß sein Vater den falschen Beruf erwischt hat. Das findet auch seine Mutter, aber sie vergißt das manchmal. Eddy-Babys Vater hätte Musiker werden sollen. Er ist nämlich sehr begabt, spielt Gitarre, Klavier und noch viele andere Instrumente, und er komponiert sogar. Aus irgendeinem Grund ist er aber nun mal Oberleutnant.

Der Vater von Witja Fomenko arbeitet als Meister in der Turbinenfabrik. Er verdient weniger Geld als Eddys Vater, aber sie leben viel besser und glücklicher, und sie haben ein eigenes Haus. Eddy-Baby wohnt mit seinen Eltern in einem einzigen Zimmer, zwar in einem großen mit Veranda, aber eben nur in einem Zimmer.

Witja Fomenko ist vor knapp einem Jahr in seine Klasse gekommen. Man sah sofort, daß er ein Angsthase ist, allerdings ein lustiger Angsthase, und als er Eddy zusammen mit ein paar anderen Jungen und Mädchen aus seiner Klasse an Neujahr zu sich eingeladen hat, ist Eddy hingegangen. Dort hat er auch Wowa den Boxer, einen hübschen Jungen aus Tjura, kennengelernt, mit dem zusammen er das erste Mal in seinem Leben in ein Geschäft eingebrochen ist.

Tjura spielt im Leben der Saltower und in dem von Eddy-Baby eine wichtige Rolle. Das Viertel beginnt hinter den beiden Friedhöfen: dem grün überwucherten russischen Friedhof, der in Gebrauch ist, und dem stillgelegten jüdischen, mit seinen Steinplatten und Obelisken. Daran vorbei haben die Saltower einen Pfad ausgetreten, auf dem sie bei schönem Wetter jeden Abend zum Tjuraer Teich gehen, um Quellwasser zu holen, das dort schon seit ewigen Zeiten aus einem Eisenrohr kommt. (Im Sommer kommen die Saltower in Massen zum Baden an den Teich.)

Die Jungs von Tjura sind alle »Kulakenkinder« – sagen die Saltower. Sie leben in ihren eigenen Häusern, und das heißt, ihre Eltern sind »Privatunternehmer«. Sie lassen sich gewöhnlich Ende Herbst in der Fabrik anheuern und kündigen wieder, wenn der Schnee getaut ist. Aber weit mehr Geld als in der Fabrik verdienen sie im Sommer, wenn sie auf den Märkten von Charkow ihre Kirschen, Äpfel und Erdbeeren verkaufen. Einige bauen auf ihrem eigenen Stück Land auch Tomaten, Gurken und Kartoffeln an. Tjura wird auch Tjuraer Datscha genannt. Vor langer Zeit, noch vor der Revolution, befand sich anscheinend in der Nähe des Teichs das Anwesen eines Gutsbesitzers, der Tjura hieß. Das erzählt die Großmutter von Witja Nemtschenko.

In ihrer Klasse kommt außer Witja Nemtschenko noch Sascha Tischtschenko aus Tjura. Witja Proutorow und die Tochter vom Doktor, Wika Kosyrewa, wohnen beim Eingang des jüdischen Friedhofs. Das ist noch nicht Tjura, sondern das Ende des Woroschilowprospekts. Witja Proutorow und Wika steigen an einer anderen Straßenbahnhaltestelle ein.

Da nun mal ein Teil der Kinder aus der Tjura in die Saltower Schule geht, sind die Beziehungen zwischen den beiden Vierteln meistens gut. Wenn es ab und zu mal zu kleinen Zusammenstößen kommt, dann mit den Zigeunern aus Tjura; davon gibt es dort eine ganze Menge. Aber im großen und ganzen sind die Jungs aus Tjura und die von Saltow Verbündete. Die leichte Überlegenheit, die die letzteren – überwiegend Kinder von Arbeitern und Angestellten – gegenüber den halbprovinziellen »Kulakenkindern« empfinden, wird voll und ganz durch die Tatsache ausgeglichen, daß die Mineralquelle und der Teich auf dem Territorium von Tjura liegen und außerdem noch ein Abschnitt des einzigen Flußes – in einer Millionenstadt – in dem man baden kann. Genauer gesagt, eines seiner Ufer. Das andere gehört zu Schurawljow.

Die Schurawljower Bande ist mit den Saltowern, mit denen sie keine gemeinsame Grenze haben, genauso verfeindet, wie mit den Tjuraern, an deren Gebiet sie angrenzen. Die großen Schlachten finden meistens im Sommer statt. Die beiden Armeen treffen gewöhnlich auf einer künstlichen Insel in der Flußmitte aufeinander, die ungefähr zwei Quadratkilometer Fläche hat. Auf der Insel gibt es Strände und ein monströses Restaurant aus Beton, das modern sein soll, aber eher einem deutschen Bunker aus dem zweiten Weltkrieg gleicht, als einem Erholungsort für die Charkower Bürger.

Eddy-Baby hat letzten Sommer, im August, an so einer Schlacht teilgenommen. Dabei hat er sich eine Schnittwunde an der Hand eingehandelt und sich, aus Ungeschick, auch noch den Finger gebrochen. Aber einer von den Schurawljowern starb dann im Krankenhaus. Vierhundert Leute wären bei der Schlägerei dabeigewesen, hat ihm Silbermann erzählt. Eddy hat den Unschuldsengel gespielt und von nichts gewußt.

Kadik, der aus irgendeinem Grund alle anderen Freunde aus Eddy-Babys Leben verdrängen will, hatte Eddy-Baby gesagt, er solle sich aus diesen Bandenkämpfen raushalten. Er findet die »eigenen« Leute – die Saltower und Tjuraer – gleichermaßen unerträglich, wie die aus Schurawljow. Er geht lieber ins Zentrum, um sich zu amüsieren, in die Sumskaja. Da hat er seine

Freunde, Jazzer und Modefritzen, alle viel älter als er. »Was findest du bloß an diesem Gesindel, Eddy?« sagt Kadik. Das ist seine übliche Leier, weswegen er der einzige von Eddys Freunden ist, der seiner Mutter gefällt, denn das ist auch ihre Leier.

Eddy-Baby hält Kadik für einen »dekadenten Intellektuellen«. Diesen Ausdruck hat er das erste Mal vom Milizmajor Schepotko gehört. Schepotko ist vor kurzem in ihre Wohnung eingezogen, nachdem Wowa mit seinem Studium am Polytechnischen Institut fertig und weggezogen war. Wowa ist der jüngste Sohn des vorzeitig entschlafenen Majors Petschkurow. Schepotko nennt Eddy-Babys Mutter hartnäckig Larisa Fjodorowno, statt Raissa Fjodorowna. Dieser fidele Dickwanst mit seinen marineblauen Stiefelhosen ist der Chef einer Ausnüchterungsanstalt – aber nicht in ihrem Bezirk. So kommt's daß Eddy-Baby jetzt mit einem Bullen die Wohnung teilt.

Kadik ist also ein dekadenter Intellektueller und Eddy glaubt sogar, daß er vor den Straßenbanden Schiß hat, aber es ist interessant mit ihm. Wenn Kadiks Mutter nicht zu Hause ist, geht er zu ihm, in ihre Neun-Quadratmeter-Wohnung zum Musikhören. Kadik besitzt ein Magnetophon; so etwas haben ganz wenige Leute in Saltow. Sascha Plotnikow, zu dem er morgen Swetka mitzunehmen versprochen hat, hat auch eins. Kadik weiß alles über solche Musiker wie Duke Ellington oder Glenn Miller oder Elvis Presley »persönlich«. Er hat Eddy ganz schön ausgelacht, als er merkte, daß der keine Ahnung hat wer Elvis ist und daß er kürzlich zur Armee eingezogen wurde oder von dort zurückkam, (Eddy kann sich nicht mehr so genau erinnern).

Wenn Eddy-Baby Kadik für einen Feigling hielte, würde er sich bestimmt nicht mit ihm abgeben. Aber Kadik ist kein Durchschnittsmensch, und er ist bestimmt nicht feige. Einmal hat Eddy-Baby gesehen, wie er Mischa Sewtschenko auf die Schnauze gehauen hat, weil der ihn lächerlich machen wollte. Da saßen sie gerade alle zusammen, in der Saltower Chaussee, auf den grünen Bänken unter den Linden. Gewöhnlich versammelten sich da die Älteren – die beiden Gewichtheber Ljowa und Kot, die gerade im Kittchen waren, weil sie einen Milizionär verhauen hatten, der Rote Sanja, Eddys Freund und Beschützer, Slawa der Zigeuner, Bokarjew, Krüppel-Tolik, Fima Meschkow und Witja der Schieler. Die waren alle schon über zwanzig, keine Kinder mehr.

3

Aha, da ist Kadik ja! In genau der gleichen gelben Jacke wie Eddy-Baby kommt er hüpfend und Grimassen schneidend von der grauen Ecke seines Häuserblocks hergerannt und winkt Eddy zu. Die gelben Jacken haben sie sich selber ausgedacht, und Tante Motja, Kadiks Nachbarin, hat sie ihnen genäht. Kadik hat hundert Nachbarn oder mehr, denn bei ihm im Haus führen die Zimmer alle auf einen Korridor, noch aus den Wohnheimzeiten.

Als Modell für ihre gelben Jacken haben sie den österreichischen Lodenmantel genommen, den Kadik vom »Internationalen Festival der Jugend« mitgebracht hat. Mit seinen älteren Kumpels aus dem »Blauen Pferd« war er letztes Jahr zum Festival gefahren. Bei den Jazzern treibt er sich schon herum, seit er zwölf ist, und in Saltow weiß alle Welt, daß Kadik der Typ ist, der im »Blauen Pferd« verkehrt und mit zum Festival nach Moskau gefahren ist.

»Tut mir leid Alter«, sagt Kadik, »meine Mutter, die Kuh, hat mir eine Platte verräumt, die ich heute Judschin mitbringen sollte. Ist 'ne teure Scheibe. Ich hab' alles umgedreht und nichts gefunden. Die alte Schlampe die, das Miststück!...«

Im Unterschied zu den anderen Jungen in Saltow gebrauchen Kadik und Eddy selten Schimpfwörter. Bei den anderen wird jedes »normale« Wort mit einem »beschissen«, »bescheuert« oder »abgewichst« verziert, oder eben mit ausgefalleneren Eigenschöpfungen. Eddy-Baby flucht nur selten, warum weiß er selber nicht.

Bis zu seinem elften Lebensjahr war Eddy ein Musterknabe. Er bekam jedes Jahr eine Auszeichnung und war ein paar Jahre nacheinander Vorsitzender des Pioniergruppensowjets seiner Klasse. Er sieht sich noch mit dem roten Halstuch und der albernen kleinen Haartolle, wie er strammstand und, den rechten Arm zum Pioniergruß erhoben, dem Vorsitzenden der Pioniersfreundschaft oder einem höheren Gruppenleiter rapportierte: »Genosse Vorgesetzter!« – und dann kam so eine Wortgrütze, die Eddy jetzt schon total vergessen hat. Raissa Fjodorowna denkt an diese Zeit zurück, wie an ein verlorenes Paradies.

In seiner Freizeit las Eddy-Baby alles, was ihm in die Finger kam. Und nicht nur das, er schrieb auch alles, was er in den Büchern interessant fand, in seine genau nach Themen geordneten Schreibhefte. Damals hatte er nur Grischa Gurjewitsch als Freund, mit dem er manchmal Karten spielte – Grischa mogelte und gewann immer – und die Felder und Schluchten in der Umgebung erforschte. Grischa, der ziemlich wie ein Frosch aussah, war sehr intelligent und genauso neugierig wie Eddy-Baby...

Man kann sagen, daß Eddy-Baby die ersten vier Schuljahre vor seiner verhängnisvollen Elfjährigkeit verträumt hat... Er las, träumte, schrieb ab. Eine Menge schrieb er ab. Zum Beispiel hatte er mit winziger Handschrift acht achtundvierzigseitige Hefte mit Auszügen aus mehreren Bänden der »Reisen des Doktor Livingstone in Afrika« gefüllt.

An seinem rechten Mittelfinger erschien eine eindrucksvolle Blase, und der Finger selbst wurde krumm. Die Blase schrumpfte zwar allmählich wieder, aber der Finger ist bis heute krumm und schrundig. Nachts, auf seinem Sofa, träumte Eddy-Baby, er würde in Afrika eine Sonnenfinsternis beobachten. Er saß in einer Grashütte und um ihn herum waren vernickelte Navigationsinstrumente zur Bestimmung von Längen- und Breitengraden aufgestellt: ein Sextant, ein Astrolabium usw.; man hörte das TamTam der Trommeln und halbnackte Eingeborene, nur mit Strohröckchen bekleidet, tanzten um Pfähle, auf denen oben, mit wohlig blinzelnden Augen, abgeschnittene Köpfe steckten.

Am treffendsten kann man den Eddy von damals wohl als praktizierenden Romantiker beschreiben. Kaum konnte er lesen, verschlang er in Windeseile eine Riesenmenge Bücher im Stil der »Kinder des Kapitän Grant« und anderer Geschichten von fünfzehnjährigen Kapitänen und Schatzinseln. Nebenbei nahm er alles mit, was die recht umfangreiche Bibliothek seiner Eltern zu bieten hatte, darunter auch vereinzelte Maupassants und Stendhals, die ihn zu dieser Zeit aber kalt ließen.

Es leuchtet ein, daß ihn als praktizierenden Romantiker die zufälligen Funde der Jules Vernes und Stevensons nicht befriedigten. Er hatte beschlossen weiterzugehen und sich streng und gründlich auf das Leben eines romantischen Forschungsreisenden vorzubereiten. Deswegen saß er die nächsten Jahre zielstrebig und zum Leidwesen seiner Wirbelsäule über den runden Eßtisch gebeugt, der mitten im Zimmer stand – als die Eltern seinen Eifer sahen, bekam er später einen kleinen Schreibtisch. Oder manchmal kniete er sogar auf dem Boden, Buch und Heft auf einem Tablett, und schrieb die lateinischen Namen von Pflanzen und Tieren ab, studierte Methoden der Wassergewinnung in der Sahara, oder die Namen von Kakteen, die unter Umständen als Nahrung dienen konnten, falls man sich versehentlich ohne Proviant in der mexikanischen Wüste befand.

Seine Leidenschaft fürs Systematisieren ging soweit, daß er sich Spezialkataloge anlegte, in denen die Pflanzen und Tiere nach Familien und Arten geordnet waren. Auf einem fein säuberlich angelegten Datenblatt erfuhr man von jeder Pflanze Maße, Form von Blättern und Früchten, welche Teile man essen konnte und wo Eddy-Baby sie auf seinen zukünftigen Weltreisen vorfinden würde. Beigefügt war eine Zeichnung. In einem normalen Land hätte Eddy-Baby Tage am Fotokopiergerät zugebracht – in Charkow arbeitete er mit Pauspapier und klebte die Zeichnung dann auf die der jeweiligen Pflanze oder dem Tier gewidmete Seite. In der Welt des zukünftigen Forschungsreisenden herrschte strenge Ordnung. Es muß jedoch gesagt werden, daß den exotischen Pflanzen und Tieren der Vorzug galt und unter diesen wiederum eindeutig diejenigen der tropischen Zone den ersten Platz einnahmen. Das kam möglicherweise daher, daß die kalte Jahreszeit in Charkow viel länger dauerte als die warme.

Es ist nicht schwer zu erraten, daß Eddy-Baby als wahrhafter Romantiker für Reisen zu Wasser Segelschiffe bevorzugte. Wäre ein Gesprächspartner dagewesen – Grischa Gurjewitsch war bald wieder weggezogen – hätte er stundenlang über das lateinische oder das Bermudasegel, verschiedene Takelagearten, Ankertypen, Halsen und Knoten fachsimpeln können und darüber, wie man eine Wende nach Süd-Südwest ausführen mußte, wenn der Wind ungünstig stand.

Zuerst wollte die Bibliothekarin Wiktoria Somoilowna nicht glauben, daß Eddy-Baby die Bücher mit den verzwickten Titeln wirklich las: »Die Fauna Patagoniens« oder »Annalen der russischen geographischen Gesellschaft«, Darwins Arbeiten über die Galapagos Inseln und die endlosen Weltreisen von Biologen und Zoologen, Sagoskins und Senkjewitschs, von denen außer Eddy kein Mensch wußte. Aber als sie eines Tages mit dem blassen Jungen, der da gerade mit seiner Mütze den Schnee von den Filzstiefeln wedelte, ins Gespräch kam, merkte sie, daß der Stöpsel über alles genau Bescheid wußte. Gelegentlich war der kleine Privatgelehrte, der sich eigentlich nicht gerne im Lesesaal aufhielt, gezwungen, bei seinen Studien die große Sowjetenzyklopädie zu Rate zu ziehen, und dann war er stundenlang, kurzsichtig wie er war (eine Brille wäre ihm peinlich gewesen), in die Riesenbände vertieft, um sein Wissen zu komplettieren.

So eine Gestalt gab's im ganzen Stadtbezirk nur einmal. Traditionsgemäß lesen die russischen Kinder viel und auch zu dieser Zeit standen sie in der Bibliothek Schlange; aber Eddy-Baby erhielt bald das exklusive Recht, den Bereich hinter der Theke, wo Wiktoria Somoilowna thronte, zu betreten und durfte dort so viel und so lange in den Büchern wühlen, wie er wollte. Er war glücklich und fügte seinem umfangreichen Katalogbestand, den er mit dem schweigenden Einverständnis der Mitbewohner in dem unbenutzten Badezimmer (es gab sowieso kein warmes Wasser) aufbewahrte, noch einen geologischen Katalog hinzu. Ohne Fleiß, kein Preis!

Die pedantische Wissensanhäufung des Sprößlings mußte Außenstehenden höchst merkwürdig vorkommen, den Eltern war sie, zumal Eddy niemals mit seinem Wissen prahlte und es auch in der Schule nicht offenbarte, völlig unverständlich.

Als Eddy dann zusätzlich zu Schiefer, Basalten und Sand- und Kalksteinen plötzlich begann, französische und englische Könige, römische Imperatoren und sogar österreichisch-ungarische Monarchen, nach denen kein Hahn mehr krähte, zu studieren und klassifizieren, verging den Eltern endgültig das Lachen.

»Edinka, geh doch mal ein bißchen an die frische Luft«, sagte seine Mutter zu ihm, »immer hockst du nur in der Stube. Guck doch mal, wie blaß du bist. Gena ist immer draußen, deshalb hat er so rote Backen und sieht so gesund aus. Geh doch ein bißchen Skifahren!« Sein Vater-Oberleutnant hatte ihm gerade Skier gekauft, die Eddy-Baby bisher noch keines Blickes gewürdigt hatte.

Eddy-Baby konnte Gena vom Nachbareingang, der ihm ständig als Beispiel vorgehalten wurde, nicht ausstehen: er war ein Vollidiot. Eddy hatte sich zwar, bis er elf Jahre alt war, in der Schule ein bißchen abseits gehalten, aber die anderen respektierten ihn trotzdem, wer weiß, vielleicht gerade deswegen.

Jedenfalls hatten sie ihn drei Jahre hintereinander einstimmig zum Vorsitzenden des Pioniersowjets der Klasse gewählt – was ihn aber nicht sonderlich beeindruckt hatte. Wenn er mühsam seine sechs Schulstunden abgesessen hatte, rannte Eddy-Baby sofort in die Bibliothek, die direkt gegenüber der Schule lag und dann nach Hause zu seinen Heften und Katalogen. Vor Gena hatte niemand Respekt. Die Jungs machten sich über ihn lustig und vermöbelten ihn öfters. Eddy-Baby war nur einmal verprügelt worden. Und dieses eine Mal hatte sich für alle Zeiten in seine Seele eingegraben und sogar seinen Charakter geprägt. Aber davon später. Im Moment sind Eddy und Kadik gerade unterwegs zum Gastronom.

Eddy und Kadik haben sich verabredet, um zusammen einen zu heben. Ein Fest bleibt ein Fest, auch wenn man sich nicht unter die Hammelherde mischt, und heute abend hat Kadik keine Zeit: er geht in die Stadt zu Judschin, dem Gegenstand seiner Bewunderung, seinem Helden und Vorbild. Judschin spielt Saxophon im Kulturhaus der Postangestellten. Kadik »begeht« den Oktober mit Judschin und seinen Kumpels. Letzte Woche hat er Eddy vorgeschlagen mitzukommen, aber erstens war er dabei unsicher – schließlich ist er ja nicht der »Boss«. Und Eddy-Baby ist zu stolz und mag sich von den älteren Typen nicht wie ein Säugling behandeln lassen. Und zweitens: obwohl er Judschin, alias Schenja Saborow, kennt, mag er ihn nicht besonders. Kann schon sein, daß er ein genialer Saxspieler ist, aber weder Eddy, noch der Rote Sanja, von dessen Meinung Eddy viel hält – er ist sieben Jahre älter und man kann ihm vertrauen – mögen Judschin.

Und – davon hat er Kadik nichts gesagt – noch aus einem anderen Grund will Eddy den Oktober nicht mit Judschin feiern: wegen Swetka. Er findet es ein bißchen gefährlich, sie in eine Gesellschaft von erwachsenen Typen mitzunehmen. Swetka ist hübsch, und die anderen beneiden ihn darum, daß er mit ihr »geht«, wie man bei ihm im Viertel sagt. Es ist ja Swetka, die will, daß er sie zu Sascha Plotnikow mitnimmt, der auch in die Achte geht, aber in einer anderen Schule. Die Jungs und Mädchen, die dort hinkommen, kennt Eddy alle. Die sind alle ein bißchen versnobt, besonders Garik, der »Morphinist« und seine Rita, aber Eddy-Baby weiß wenigstens, was er von ihnen zu erwarten hat. Er geht erst seit den Maifeiern mit Swetka, hat sich aber schon mehrere Male wegen ihr geschlagen. Sie ist ein ziemlich scharfes Geschoß. Eddy will nicht, daß einer von den Typen sie womöglich abfüllt – trinken tut sie sowieso gern – und sie sich dann »zu Gemüte führt«. Solche Geschichten hat er schon gehört, und obwohl sie ein kleines Biest ist, liebt er sie schließlich.

Kadik ist schwer in Ordnung. Er weiß, daß Eddy pleite ist, deshalb lädt er ihn ein. Normalerweise machen sie es wie alle und teilen sich die Kosten. Aber egal, gestern hat Eddy-Baby für Tolik Karpow und Kadik bezahlt, und da ist heute sowieso Kadik an der Reihe.

Wie immer an Festtagen wird das Gastronom Nr. 7 von einer besonders dichten Menschenmenge belagert. Heute sind nicht nur die Schluckspechte da, die hier auch an Werktagen von morgens bis abends herumlungern, in der Hoffnung, einen Rausch auf fremde Kosten abzukriegen. Sie sind Dauergäste und die Verkäuferinnen kennen sie. Im Viertel sagt man, sie spielen darum, wer in die »Auswahlmannschaft des Gastronom« kommt. An Feiertagen biegt sich der Bürgersteig vor dem Gastronom unter den Massen. Zu den Stammgästen gesellen sich die Arbeiter im guten Anzug, die sich glücklich von der Kundgebung abgeseilt haben. Viele von ihnen tragen braune oder grüne Velourshüte, Krawatte und ein weißes Halstuch. Das ist die Charkower Mode. Aber man merkt gleich, daß sie

Hut und Schlips nicht gewöhnt sind: der Hut sitzt nicht, die Krawatte scheuert am Hals und man kann zusehen, wie sie einer nach dem anderen, vom Alkohol ins Schwitzen geraten, herunterreißt und in der Manteltasche verschwinden läßt.

Die Kinder, gleichfalls herausgeputzt, springen zwischen den Gruppen herum, und natürlich dürfen die Luftballons nicht fehlen. In Saltow kommt heute ein Kind, das auf sich hält, nicht ohne mindestens drei Luftballons aus. Ehefrauen versuchen, die schon ziemlich geladenen Familienoberhäupter von ihren Genossen loszureißen, weswegen es zu kleinen Szenen kommt, aber im Ganzen ist die Stimmung festlich. Die Arbeiter lachen solidarisch, wenn eine allzu energische Frau ihren Gatten aus dem Kreis der Nachbarn und Kollegen wegziehen will: »Vorsicht, der Ärmel! Paß auf, daß er nicht abreißt!« feixen sie.

Sogar hier, vor dem Gastronom, gibt es nur wenige, die schon seit heute morgen Wodka trinken. Sie haben noch den Tag und die ganze Nacht vor sich für ihr Besäufnis, also teilen sie sich's ein, und falls sie doch Wodka trinken, dann kaufen sie zum Beispiel eine Flasche für fünf Mann statt für drei. Am meisten wird der hiesige, ukrainische Wein getrunken, der im Jargon »Biomizin« heißt. Das kommt von ukrainisch »Bile mizne« und bedeutet übersetzt »starker Weißer«. Der Wodka heißt bei den Arbeitern »schiefe Schnauze«, ganz klar deswegen, weil jeder, der einen runterkippt, unwillkürlich das Gesicht verzieht.

Die Alkoholiker gehen zwischen den Arbeitern in Feierlaune herum und halten ihr leeres Glas hin. Ein paar unternehmerisch Begabte bieten eine Art Snack an: eine riesenhafte Salzgurke oder Schmelzkäse in Staniolverpackung. Im Austausch haben diese Geschäftsleute, wie Kadik sie nennt, Anspruch auf eine leere Flasche. Das macht Sinn, die leeren Flaschen werden nämlich zurückgenommen: eine leere Halbliterflasche ist einen Rubel zwanzig Kopeken wert, für die große, 0,8 Literflasche bekommt man einsachtzig; die Halbliterflasche Biomizin, voll, kostet zehn Rubel zwanzig. Somit sitzen die Säufer nie ganz auf dem Trockenen.

Vor dem Gastronom Nummer sieben herrscht unbeschreiblicher Lärm.

»Die Proleten amüsieren sich«, bemerkt Kadik ironisch, während er sich einen Weg zum Ladeneingang bahnt. Eddy-Baby folgt ihm.

Die zwei Verkäuferinnen schaffen es heute kaum, die dürstende Saltower Bevölkerung zu bedienen. Regelrechte Flaschentrauben wandern über die Theke; niemand hat Lust aufs Schlangestehen, deshalb wird immer gleich auf Vorrat gekauft.

»Da kommen die Modeaffen«, kreischt ein kleines, schon ziemlich fertiges Männchen mit weißer Mütze, die es bis über die Ohren gezogen hat.

Zugegeben, Kadik und Eddy sehen mit ihren knallgelben Jacken schon einigermaßen seltsam aus: wie tropische Vögel in der Menge der dunklen Wintermäntel und der grauen, wattierten Jacken mit Krägen aus Kunstpelz. So ist die proletarische Mode. Vor einem Jahr trug man diese halblangen Jacken – die Prolos nennen sie »Moskauer« – noch mit Stiefeln. Das ist jetzt out; nur wenige Leute in der Schlange haben noch Stiefel an.

Vielleicht sind die beiden versnobt, aber sie gehören dazu. Die Säufermannschaft kennt sie gut und die Verkäuferinnen Marussja und Schura auch. Als Schura Kadik sieht, ruft sie ihm zu, ohne mit dem Flaschen- und Geldzählen aufzuhören: »Wie geht's deiner Mutter, Kolja? Wie ich gehört habe, ist sie ein bißchen angeknackst?«

»Es war nicht so schlimm, Tante Schura. Sie hat sich ein bißchen erkältet, aber sie geht arbeiten«, antwortet Kadik verlegen.

Eddy-Baby weiß als einziger, daß Kadik sich wegen seiner Mutter, der Postbotin, schämt. Seinen Vater hat er nie gesehen und nur einmal hat er Eddy gegenüber kurz angedeutet, daß sein Vater ein berühmter Gelehrter war. Aber das glaubt Eddy nicht. Wie könnte sich ein berühmter Gelehrter denn für so eine kleine, unscheinbare und verhutzelte Frau wie Kadiks Mutter interessieren? Selbst wenn man berücksichtigt, daß sie vor fünfzehn Jahren noch viel jünger und attraktiver war. Im übrigen ist es ihm ganz egal, was für eine Mutter Kadik hat. Ihn interessiert Kadik.

Kadik nimmt zwei Flaschen Biomizin und dann drängeln sie sich, unterwegs ein Dutzend Hände schüttelnd, wieder in Richtung Ausgang. In der Schlange sichten sie zwei Klassenkameraden von Eddy – Witja Golowaschow und Ljona Korowin – die sich gerade am Ende angestellt haben. Witja und Ljona sind keine Lackaffen sondern interessante Typen, und sie treten immer zusammen auf. Es war Witja, der Eddy das erste Mal zum Freistilringen mitgenommen hat. Witja macht das schon ein Jahr, Eddy hat gerade erst damit angefangen.

Witja und Ljona sind moderne Menschen und keine Gauner oder Proleten wie die meisten Jungs in Saltow. Eltern wie die von Eddy-Baby oder von Witja (sein Vater ist Bauleiter) oder die von Wika Kosyrjewa (da sind beide Arzt) sind in Saltow, Tjura und Iwanow selten. Hier wohnen hauptsächlich Arbeiter. In der Gegend gibt es mindestens drei große Fabriken: »Hammer und Sichel«, »Die Turbine« und »Der Kolben«. Bis zur größten Fabrik von Charkow, der Traktorenfabrik, fährt man von Saltow aus eine halbe Stunde mit der Straßenbahn. Dort sind mehr als hunderttausend Arbeiter beschäftigt, und fast alle wohnen bei der Fabrik in der »Traktorensiedlung«.

Glücklich wieder draußen, suchen sich Kadik und Eddy ein Plätzchen abseits vom Rest der Trinkergemeinde, zwischen der Mauer des dreistöckigen Gebäudes, dessen gesamtes Erdgeschoß vom Gastronom eingenommen wird, und einem Kiosk, wo normalerweise Bonbons, Zucker, Gebäck und Lebkuchen verkauft werden. Heute, wegen dem Fest, ist die Baracke mit riesigen Vorhängeschlössern verrammelt: der Kiosk ist geschlossen.

Kadik macht eine Flasche auf – das ist kein Problem, Biomizin ist nicht verkorkt, sondern wie Wodka mit einer Metallkapsel verschlossen – und hält sie Eddy hin. Beide trinken am liebsten aus der Flasche und sind da ziemlich geschickt: Eddy-Baby kann den Kopf nach hinten legen, den Mund aufmachen und die ganze Pulle, fast ohne zu schlucken, reinlaufen lassen, wie in ein Faß.

Was er nicht kann, ist Wodka durch die Nase trinken. Aber Kadik kann das. Der zieht sich glatt ein fünfhundert Gramm Glas Wodka rein! Klar, daß er das nicht jeden Tag macht. Das verbrennt die Nase. Aber um Mädchen zu imponieren, macht er's, oder wenn um Geld gewettet wird. Sogar so alte Hasen, wie die von der »Auswahlmannschaft« des Gastronom, haben deswegen Achtung vor ihm und verzeihen ihm die gelbe Jacke, die engen Hosen und die Pomadenhaare.

Dafür kann Kadik nicht so viel Wodka vertragen, wie Eddy-Baby. Der nutzt gelegentlich sein seltenes Talent, indem er auf dem Pferdemarkt um die Wette trinkt. Jetzt nicht mehr so oft, denn die Fleischer und die reichen Aserbeidschaner kennen ihn langsam alle. Aber früher ging er jede Woche zum Wettsaufen.

Der Rote Sanja arbeitete damals als Fleischer auf dem Pferdemarkt. Normalerweise hatte Sanja immer Geld in der Tasche, nur an dem einen Abend hatten sie unheimlich Lust zu trinken, aber Sanja war blank. Da kamen sie auf die Idee mit der Wette. Sie gingen in die Imbißstube, wo sich meistens die Aserbeidschaner trafen, die auf dem Pferdemarkt mit Obst handelten. Sie holten sich jeder ein Bier, und dann fing der Rote Sanja vorsichtig an, die Aserbeidschaner vom Nebentisch zu provozieren: sie könnten nichts vertragen und so weiter.

Ein Wort gab das andere und schließlich hatte er sie soweit

gereizt, daß – als er ihnen vorschlug, mit ihm um die Wette zu saufen – ihr Chef Schamil antwortete: »Also gut, trinken wir. Aber du, Roter, bist wie ein Stier, da sind die Chancen ungleich verteilt. Wir Aserbeidschaner trinken mehr als ihr Russen, aber wir sind kleiner.«

In der Tat: Sanja ist einsachtzig und für seine 22 Jahre gut im Futter, er wiegt hundert Kilo. Eigentlich ist er auch kein Russe, sondern ein Deutscher. Seine Mutter heißt Elsa, seinen Vater hat nie jemand gesehen, aber Eddy-Baby weiß, daß er Walter hieß, wie die Pistole und auch Deutscher war. Seine Schwester, Sweta, ist von einem anderen Vater, diesmal einem Russen. Mama Elsa arbeitet im Klub »Stachanowez« an der Kasse. Den Beinamen »Der Rote« hat Sanja, weil seine Haut ganz rosa ist, von Geburt an. Er sieht Göring ähnlich, und das gefällt Eddy. In einem Buch über die Nürnberger Prozesse war ein Foto von Göring, und außerdem hat er ihn einmal in einem Farbfilm über den Großen Vaterländischen Krieg gesehen. Er ist auch rosa wie Sanja, bzw. war es.

»Kneif nicht, Schamil«, hatte ihm Sanja geantwortet, »nicht nur ich trinke jeden von euch unter den Tisch, der da (er hatte auf Eddy gezeigt), mein kleiner Bruder, kann das auch. Stimmt's Ed?« Damit es überzeugender wirkte, nannte er Eddy-Baby »Ed«. Sowieso hatten sie vorher abgesprochen, wie sie sich verhalten würden. Nicht einmal Sanja konnte so viel trinken wie Eddy, der aussah wie ein Küken.

»Der?« fragte Schamil zurück und musterte Eddy-Baby grinsend, »der hat doch auch ohne Wodka nur noch zwei Tage zu leben!«

Die Aserbeidschaner, die »Schwarzärsche«, wie Sanja sie hinter ihrem Rücken nannte, lachten sich tot.

»Der Junge schluckt ohne weiteres einen Liter«, beharrte Sanja kaltblütig.

»Verarsch mich nicht«, langsam wurde Schamil ärgerlich, »wenn der einen Liter Wodka trinkt, stirbt er.«

Eddy dachte, wie frech diese Schwarzärsche doch eigentlich waren. Frech und dämlich. Aber Geld hatten sie jede Menge. Brachten ihr Obst nach Charkow und verkauften es hier dreimal so teuer. Witja Schielauge, der vor kurzem aus Moskau, wo er seinen Militärdienst ableistete – Mann, hatte der Schwein – auf Heimaturlaub da war, hatte im Suff angefangen auszupacken und erzählt, daß er auf dem Weg in die Armee (er hatte nicht viel zu verlieren, den Schädel hätten sie ihm sowieso rasiert und wenn er sich hätte erwischen lassen, hätten sie ihm, anstelle von drei Jahren in der Armee, sieben Jahre gegeben, von denen ihm auf Grund der Erstverurteilung die Hälfte erlassen worden wäre) zusammen mit zwei anderen Typen ein paar Aserbeidschaner ausgeplündert hätte, die mit ihnen im Zug nach Baku saßen. Einen Koffer voller Scheine hätten sie ihnen abgenommen. Das Schielauge lachte und meinte, die Sache sei nicht besonders gefährlich gewesen, denn die Aserbeidschaner hätten sowieso keine Anzeige erstattet: »Die Mandarinen, die sie als Kolchoseware verkauften, waren in Wirklichkeit ihre eigenen und soviel Geld wie die, darf man in der Sowjetunion gar nicht besitzen. Das Schlimmste ist, daß sie immer bewaffnet sind, wenn sie Geld transportieren. Die können einen glatt umbringen.«

Eddy-Baby wirkte äußerlich völlig ruhig; das hatte er trainiert. Scheiß Aserbeidschaner, dachte er, laut sagte er lediglich: »Vier 250 Gramm Gläser in einer Stunde, jeweils mit einer Viertelstunde Pause.«

Die Aserbeidschaner waren platt. Keiner von ihnen konnte eine solche Menge Wodka verkraften. Das wußte Eddy. Kaum einer kann das. Aber Eddy konnte. Onkel Schora, der Vater von Wanja aus ihrem Haus, hatte es ihm beigebracht. Im Krieg war Schora in deutscher Gefangenschaft, und dann war er mit seinem deutschen Boss bis nach Frankreich gekommen.

Zuerst hatte man ihn zum Arbeiten in die Bergwerke an der Ruhr geschickt. Die Deutschen in seinem Bergwerk waren korrekt, viel schlimmer waren die eigenen Landsleute, die russischen Aufseher und Einsatzleiter. Die Deutschen hatten gar keine Lust, in den Schacht hinunterzusteigen. Sie fanden, daß es dazu genug ausländische Arbeiter gab. Ein deutscher Ingenieur, der Stefan hieß, wurde dann auf Onkel Schora aufmerksam; er hatte beobachtet, daß Schora trank, ohne je besoffen zu werden, und das brachte ihn auf eine Idee. Er holte ihn aus dem Bergwerk heraus, für ein paar Tage zuerst, und ging mit ihm in die Stadt. Abends trank Schora in ihrer Kneipe Wodka und verblüffte das deutsche Volk. Stefan setzte diese Vorführung dramatisch in Szene: es gab einen Trommelwirbel und neben Onkel Schora wurde eine Reihe großer, russischer Kristallgläser aufgebaut. Sein Kostüm, das Stefan einem Theater abgekauft hatte, sollte eine russische Nationaltracht darstellen, war in Wirklichkeit aber eine ungarische.

Schließlich gab Stefan seinen Posten im Bergwerk auf, da Onkel Schoras folkloristisches Wodkaschlucken sich als großer Publikumserfolg erwiesen hatte und nahm Schora mit, so, als würde er ihn persönlich in Dienst nehmen. Tatsächlich aber machten die beiden ganz gemächlich allerhand Geld und kamen dabei sogar bis nach Paris.

»In Paris«, erzählte Onkel Schora, sich mit großer Befriedigung seiner ruhmreichen Vergangenheit erinnernd, »da bin ich in den Folies-Bergères aufgetreten. Überall in der Stadt hingen Plakate: ›Heute trinkt der russische Bär bei uns Wodka!‹«

Onkel Schora hat auch erzählt, daß man Trinken nicht lernen kann; mit einer ausgepichten Kehle und dem entsprechenden Magen muß man schon geboren sein. »Aber«, fügte er hinzu, »selbst ein guter Trinker muß wissen, wann und wieviel er trinken kann. Es gab Phasen«, erzählte er, »da habe ich meine Auftritte abgesagt, weil ich fühlte, daß mein Magen den Wodka nicht so gut vertragen konnte, wie sonst. Da konnte mich Stefan soviel beschimpfen wie er wollte und mir vorwerfen, ich würde ein glänzendes Engagement sabotieren, wir würden wegen mir

Geld verlieren, ich gab niemals nach. Deshalb lebe ich jetzt noch«, schloß er mit belehrendem Ton.

Eddy-Baby hatte den Verdacht, daß Onkel Schora ein bißchen übertrieb. Hatte er zum Beispiel wirklich in den Folies-Bergères auftreten dürfen? Und war er überhaupt in Paris?

Aber wie dem auch gewesen sein mag, Eddy-Baby hatte bei sich entdeckt, vor nicht allzu langer Zeit, daß auch er mit eisernem Magen geboren war. Dem Roten Sanja fiel es später ebenfalls auf. Einige Ratschläge von Onkel Schora sind ihm zudem auf seinem Lebensweg dienlich gewesen: »Vor einem großen Trinkgelage mußt du ein Gläschen Öl trinken. Schmier dir so den Magen ein, wenn du Angst hast, besoffen zu werden« – hatte er ihn gelehrt. »Und mach dir zur Regel: nach einem großen Auftritt mußt du, auch wenn du nicht blau bist, immer aufs Klo gehen. Steck dir zwei Finger in den Hals und spuck alles wieder raus, ohne dich zu zieren. Aber paß auf und mach es so, daß keiner es hört oder sieht. Seine Künstlerehre muß man sich bewahren! Und essen darfst du auch nichts. Zwischen den Gläsern kannst du eine Tomate oder Salzgurke kauen – aber es reicht auch schon ein bißchen Salzwasser – und sonst nichts. ›Sakuski‹ passen nicht zu einem großen Besäufnis, denn wenn man etwas ißt, wird man schneller blau.«

Bewaffnet mit solchem Wissen und seinem eisernen Magen, bleichgesichtig und mit 57 Kilo Gewicht bei einer Größe von einsvierundsiebzig, saß Eddy-Baby einer Horde braungebrannter Schwarzärsche gegenüber. Sie palaverten miteinander auf aserbeidschanisch. Eddy-Baby wußte, daß die Aserbeidschaner Türken sind. Er selber ist ein halber Tatare; seine Mutter ist Tatarin, das sieht man sofort an den Backenknochen, und außerdem kommt sie aus Kasan. Sein Vater nennt sie im Spaß »mein tataro-mongolisches Joch«. Aber seine tatarische Mutter und sein ukrainischer Vater fühlen sich als Russen, was ja auch ganz zutreffend ist. Was hätten sie schon anderes sein können? In seiner Klasse schämen sich sogar die echten Ukrainer, ihre Sprache zu sprechen, weil man dann nämlich als Dorftrampel gilt. Die Schüler bezeichnen sich alle als Russen, sogar die Juden Jaschka Slawuzkij, Saschka Ljachowitsch, Ljudka Rochman...

Eddy-Baby saß den Schwarzärschen gegenüber und wartete, wie sie sich entscheiden würden.

»Ich wette 500 Rubel, daß er's schafft«, sagte Sanja.

Eddy wußte genau, daß Sanja nicht mehr als zwei Rubel und ein paar Zerquetschte in der Tasche hatte, aber der Pferdemarkt war sein Territorium, und selbst wenn sie verlören, würde er sich schon wieder aus der Klemme ziehen. Aber sie werden nicht verlieren. Unmöglich. Das ist ja nicht das erstemal, daß Eddy-Baby einen Liter Wodka trinkt.

»In Ordnung«, sagte Schamil, endlich von seiner Barbarensprache ablassend, »das aserbeidschanische Volk liebt Wodka nicht. Wir lieben Wein und Chacha. Aber ich setze 500 Rubel. Die kriegt das Bürschchen, wenn es tatsächlich vier Gläser austrinkt und nicht stirbt.

Das Schwein, dachte Eddy, der hat also beschlossen, mich zu beleidigen! Aber, ach was, soll er zum Teufel gehen. Für 500 Rubel schuften die Arbeiter von Saltow einen halben Monat, ich krieg' sie hier an einem Abend. Natürlich muß er mit Sanja teilen. Aber ohne Sanja hätten die Aserbeidschaner ja nicht mal mit ihm geredet. Sanja kennen sie alle, und die Lappen geben sie ihm. Eddy allein würden sie einen Dreck geben.

Der Rote Sanja handelte noch ein bißchen mit den Aserbeidschanern, damit sie noch den Liter Wodka und ein halbes Kilo gesalzene Tomaten bezahlten. Es ist offiziell verboten, in einem Café Wodka zu trinken, aber was ist nicht alles verboten. Nach zwei Minuten standen Wodka und Tomaten auf dem Tisch und ein 250 Gramm Glas. Ein einziges.

Onkel Schoras Ratschläge in Erinnerung verlangte Eddy noch drei Gläser: um die Dramatik der Situation zu steigern. Sanja entstöpselte die zwei Wodkaflaschen und leerte sie bis auf den letzten Tropfen in die nebeneinander aufgestellten Gläser. Langsam versammelte sich Publikum um sie. Sanja nahm seine goldene Armbanduhr und legte sie auf den Tisch. »Fangen wir an?« fragte er leicht aufgeregt – er machte sowas nämlich zum ersten Mal. Eddy-Baby nickte ihm zu und griff nach dem ersten Glas...

6

Natürlich gewannen sie. Eddy-Baby war zwar betrunken, aber nicht bis zur Bewußtlosigkeit. Deshalb erinnert er sich noch daran, wie die Schnapsbrüder vom Pferdemarkt zu ihm kamen und ihn küßten: er sei ein Mordskerl, er habe die nationale Ehre glänzend verteidigt und den Schwarzärschen gezeigt, was ein echter Russe ist. Danach schüttelte ihm ein dicker, alter Knabe mit Aktentasche, der sich als »satanischer« Schriftsteller Mamlejew aus Moskau vorstellte, lange die Hand und dankte ihm dafür, bewiesen zu haben, daß »bei uns selbst die Kinder fliegen können«. Eddy-Baby begriff den Sinn dieser Aussage nicht.

Um die besiegten Aserbeidschaner aufzumuntern, teilte er ihnen mit, daß seine Mutter Tartarin sei, worauf sie höflich grienten und ihn ebenso höflich zu sich nach Aserbeidschan einluden, wo sie eine gute Frau für ihn finden würden.

Sanja der Rote klopfte Eddy ununterbrochen auf die Schulter und wiederholte voller Bewunderung: »Verdammt stark, Ed! Du hast zwar keinen Arsch, aber du bist ein echter Macker!«

Der Spruch mit dem Arsch ist Sanjas Lieblingsscherz. Er will damit andeuten, daß alle älteren Jungs, die sich auf der Saltower Chaussee unter den Linden treffen, Fleisch auf den Knochen haben, nur der magere Eddy nicht. Der Scherz ist abgegriffen und grob, aber liebevoll gemeint. Man muß dazu noch sagen, daß die Jungs in Saltow ihre Muskeln »aufpumpen«, so weit es geht. Diese Mode kam vor ein paar Jahren – woher weiß keiner

– mit der allgemeinen Sportbegeisterung nach Saltow. Man nimmt an, durch die Athletenfotos in den polnischen Zeitschriften. Die meisten »pumpen« mit Hanteln und Expandern und die ganz verbissenen auch mit Gewichtstangen. Als Ajax- und Achillesverschnitte stolzieren sie dann im Sommer auf »unserer« Seite des Schurawljower Strandbads herum und ziehen die bewundernden Blicke der »städtischen Schönheiten« auf sich. Überhaupt ist die Saltower Siedlung, das starke und freie Saltow, das das dekadente und schwächlichere Zentrum verachtet, im Grunde doch voller Bewunderung für dieses und schielt ständig in seine Richtung. Die Saltower Jungs züchten ihre Muskeln pausenlos, mehrere Stunden täglich. Die schleppen die Hanteln und andere Geräte raus aus der engen Bude, wo sie mit ihren Eltern zusammengepfercht leben, an die frische Luft, in den Schnee sogar, einzig und allein mit dem Ziel, ihre gestählten muskulösen Körper im Sommer den Mädchen aus dem Zentrum (und den rachitischen, krummen Jünglingen, die dort studieren) zeigen zu können. Kraftstrotzendes Saltow!

Eddy hat auch versucht, sich aufzupumpen, aber einen Arsch hat er nicht gekriegt. Er ist gut gebaut, kräftig und drahtig, aber seine Muskeln lassen sich nicht vergrößern. Kot und Ljowa hatten gemeint, er brauche deswegen nicht zu verzweifeln, Kot habe dasselbe Problem gehabt, bis er ausgewachsen war. Möglicherweise würde Eddy ja noch wachsen. Wenn er mal nicht mehr weiterwachse, dann könne er sich um seine Muskeln kümmern. »In deinem Alter, Eddy, ist es sogar gefährlich, Gewichte zu stemmen«, hatte Kot gesagt.

Witja Kosyrjew, mit Spitznamen Kot, die Katze, ist ein sympathischer Kerl und sogar gebildet, obwohl er als Schlosser und Schablonenfertiger arbeitet. Er wohnt mit seiner Mutter in einem kleinen, sauberen Zimmer im Haus Nr. 5. In Saltow beschreibt man sich gegenseitig mit Hilfe der Hausnummern: »der Glatzkopf aus Nr. 3... Genka aus der Elf...« Die Nr. 5 liegt direkt an der Tram-Haltestelle, zwanzig Meter von den Bänken unter den Linden entfernt.

Die Schwester von Kot hat einen Ungarn geheiratet und lebt jetzt in Budapest, von wo sie Pakete nach Charkow schickt. Wenn sie in den Ferien herkommt, bringt sie Kot und seiner Mutter schöne ungarische Kleider mit. Kot ist nicht direkt ein Modefan, aber er trägt die farbigen Hosen und die knallbunten Pullis und Jacken. Die Hälfte der Sachen schenkt er Ljowa, aber an dem sehen sie ganz anders aus: er hat eine Gewichtheberfigur, schwer und klobig, während Kot groß und breitschultrig ist. Ljowa erinnert an einen prallgefüllten Mehlsack, die ungarischen Klamotten sehen an ihm noch schlimmer aus als die russischen. Kot und Ljowa sind dicke Freunde. Sie haben auch schon mal gemeinsam einen Milizionär verprügelt, und das hat ihnen je drei Jahre eingebracht. Sie hätten mehr kriegen können, wenn der Milizionär nicht besoffen gewesen wäre. Kot und Ljowa sind Helden...

7

Eddy und Kadik haben eine Flasche Biomizin geleert und machen sich, immerzu rauchend, an die zweite, als Kadik plötzlich sagt:

»He, Eddy, ich hab' ja ganz vergessen: beim ›Pobjeda‹ gibt's morgen einen Dichterwettbewerb. Willst du da nicht ein paar von deinen Gedichten vorlesen?«

»Bei welchem Pobjeda?« Eddy kapiert nicht.

»Na, beim Kino Pobjeda. Das gehört zu den Festveranstaltungen; man kann sich anmelden, um seine Gedichte vorzutragen und dann vergibt eine Jury Preise«, erklärt Kadik geduldig, während er sich eine Jawa ansteckt, »du mußt die Gedichte selbst geschrieben haben und kannst vorlesen, was du willst, aber besser wäre es wohl, ihnen die Sachen vorher zu zeigen.«

»Woher weißt du das alles?« fragt Eddy-Baby argwöhnisch.
»Hab' ich in der Zeitung gelesen, im »Sozialistischen Charkow«. Lag bei Muttern auf dem Tisch rum. Auf, Eddy, zeig der Hammelherde wie man Gedichte schreibt! Wenn du willst, komm' ich mit.«
»Aber da sind bestimmt zehntausende von Leuten«, sagt Eddy unschlüssig.
»Naja, du hast noch nie vor solchen Massen gelesen. Aber die haben eine tolle Technik dort, gute Verstärker, spitze Mikros«, sagt Kadik mit einem Anflug von Neid, ihre Verstärker und Mikros betreffend, »man wird alles hören können... Komm, da sehen dich die Mädchen... Wie isses, machst du mit?«
Kadik glaubt an Eddy. Er hat zwar nicht viel für Gedichte übrig, aber er ist überzeugt, daß Eddy Talent hat. Er hätte gern, daß Eddy berühmt wird und möchte ihm ständig irgendwelche Projekte aufschwatzen. Einmal hat er ihn sogar zur lokalen Jugendzeitung »Komsomolskaja Smina« geschleppt, aber dabei ist nichts rausgekommen. Sie haben seine Gedichte nicht gedruckt. Die Zeitung liegt auf Kadiks Lieblingsstraße, der Sumskaja oder »Suma«, wie er sie nennt. Eddy gegenüber gebraucht er nicht alle seine Spezialwörter, weil der die Hälfte davon nicht versteht und ihn auslacht.
»Also, gehen wir hin, Kumpel?« insistiert Kadik, stockt dann aber plötzlich und starrt auf einen Punkt hinter Eddys Rücken, Widerwillen im Gesicht.
»Was treiben die ehrenwerten Bürger hier zu so früher Stunde?« ertönt eine bekannte Stimme. Ohne sich umzudrehen, weiß Eddy, wem sie gehört: Slawa Sablodskij mit dem Beinamen »der Zigeuner«, hat sich höchstselbst zum Gastronom begeben. Den kriegt man nicht so leicht wieder los, der klebt wie eine Klette, aber als ordinären Säufer kann man ihn auch nicht direkt bezeichnen. Er ist ein undurchsichtiges Individuum.
Undurchsichtig und nicht uninteressant. Schade, daß Kadik ihn nicht mag, obwohl er ihn eigentlich mögen müßte, denn

Slawa hat auch mal, allerdings nur für ganz kurze Zeit, zu den Leuten vom »Blauen Pferd« gehört. Vor zwei Jahren hat das Charkower »Blaue Pferd« im ganzen Land Furore gemacht. Nachdem damals der Artikel in der »Komsomolskaja Prawda« erschienen war, wurden die Charkower Dandies extrem berühmt. In der Zeitung hatte gestanden, daß die Jungs und Mädchen vom »Blauen Pferd« sich grell kleideten, nichts arbeiteten, westliche Musik hörten und Orgien veranstalteten. Wegen der Orgien hatte sich Eddy-Baby bei Kadik erkundigt. Der hatte ihm ganz lässig geantwortet, natürlich würden die Kumpels saufen, Jazz hören und Mädchen aufs Kreuz legen, aber solche Freuden könne die Hammelherde nicht verstehen, weil es ihr immer nur darum gehe, so langweilig wie möglich dahinzuvegetieren und den anderen den Spaß zu verderben.

»Die ehrenwerten Bürger saufen natürlich am Nationalfeiertag«, läßt sich Slawa, der jetzt hinter Eddy-Baby hervortritt, wieder vernehmen. Eddy ändert seine Haltung kein bißchen; er bemüht sich um männliches Auftreten. Im Moment imitiert er gerade einen Schauspieler aus einem der wenigen Cowboyfilme, die Chruschtschow aus Amerika mitgebracht und der Bevölkerung zu sehen gestattet hat. Eddy-Baby möchte unerschütterlich wirken.

»Die ehrenwerten Bürger Kadik und Eddy haben sich also zu den Volksmassen gesellt, um am Jahrestag der großen Revolution einträchtig Biomizin zu gluckern«, sagt Slawa und, indem er die Hand nach der Flasche ausstreckt, verkündet er weiter: »Der letzte noch unter den Lebenden weilende Vertreter der antisozialen Organisation ›Blaues Pferd‹ möchte sich ebenfalls den Volksmassen anschließen.«

»Du bist schon dicht genug, Zigeuner, es reicht«, brummt Kadik, gibt ihm die Flasche aber trotzdem. Slawa saugt gierig daran. Trotz der Kälte und den paar Schneeflocken, die träge zu fallen beginnen, trägt er einen leichten, weißen Regenmantel; an den Füßen hat er irgendwelche Latschen von undefinierbarer

Farbe, die unmittelbar in enge schwarze Hosen mit breiten Aufschlägen übergehen.

Als er Eddys Blick bemerkt, reißt sich Slawa von der Flasche los und holt Luft: »Was glotzt du so? Wohl noch nie einen Aristokraten im Unglück gesehen? Gestern bin ich aus Tallin zurückgekommen; meinen Koffer haben sie mir geklaut.«

Eddy ist sicher, daß Slawa lügt. Das würde doch eher ihm selbst ähnlich sehen, einfach so einen Koffer mitgehen zu lassen. Einmal hat er das schon gemacht, hat seinem Freund, dem Trompeter Koka, den Koffer gestohlen. Da kamen sie auch gerade zusammen aus Tallin. Die Dandys fahren alle von Zeit zu Zeit nach Tallin, Estland ist grade in Mode.

Eben wegen dieser Geschichte kann Kadik Slawa nicht leiden: er macht lange Finger. Und außerdem ist Koka ein Freund von Judschin. Kadik ist immer auf Judschins Seite. Diebstahl ist für die Jungs aus Saltow eigentlich nichts Verwerfliches, aber die eigenen Leute beklauen ist niederträchtig. Hätte der Zigeuner statt einen Dandy einen von den Rowdys, den Leuten, mit denen Eddy umgeht, beklaut (Kadik ist fast der einzige schicke Bekannte von Eddy), hätten sie ihm mit dem Rasiermesser »die Visage signiert«. Man kann das auch mit einem Messer machen, dann muß man das Messer so in der Faust halten, daß die Klinge nur zwei Finger breit herausschaut, damit man den Kerl nicht umbringt. »Die Visage signieren« heißt, eine Lektion erteilen, eine Erinnerung hinterlassen, ein paar Narben, damit er es sich nächstes Mal besser überlegt. Seit seinem elften Lebensjahr läuft Eddy mit einem Rasiermesser in der Jackentasche herum. In Saltow und Tjura hat jeder eine Waffe, ein Messer meistens. Borja Wetrow hat oft einen Revolver dabei (eine TT) und Kostja Bondarenko trägt außer seinem finnischen Dolch, der mit dem Futteral am Mantelfutter festgenäht ist, noch ein großes Gewicht an einer Kette mit sich herum.

Eddy-Baby mustert Slawa und findet, daß er ziemlich kaputt aussieht. Irgendwo hat er sich rumgetrieben, nicht in Tallin vielleicht, aber in der Siedlung hat man ihn seit dem Frühling nicht gesehen. Slawa hat eine lange Nase, schwarze Augen und Haare und eine olivfarbene Haut, eine ziemliche Seltenheit, die ihm den Spitznamen Zigeuner eingebracht hat. Sein jüngerer Bruder, der Brillenjura, gilt in der Siedlung als Intellektueller, eben weil er eine Brille trägt und weil er eifrig am Technikum studiert. Die Leute lachen über ihn, mögen ihn aber trotzdem gern. Er ist ein unkomplizierter Typ: arbeitet tagsüber in der Fabrik »Der Kolben« und abends rennt er in sein Technikum. Slawa dagegen ist ein Parasit. Für Saltower Verhältnisse ist er schon alt – er ist vierundzwanzig – und nicht genug, daß er nicht arbeitet – das machen ja viele, auch Kadik – Slawa ist auch noch ein Schnorrer. Er hat nie einen Pfennig und verbringt seine gesamte Zeit damit, nach einer Möglichkeit zu suchen, sich auf fremde Rechnung vollaufen zu lassen. Manchmal verschwindet er für eine Weile, wie diesen Sommer, dann ist er wieder da. Eddy betrachtet den Zigeuner von der Seite, während der mit Kadik auf nicht besonders liebenswürdige Art Konversation betreibt, und findet, daß er eigentlich wie ein Iltis aussieht. Ein ekelhafter Typ, denkt Eddy beim Anblick der verkrusteten Spucke in Slawas einem Mundwinkel. Und mit dem habe ich aus einer Flasche getrunken! Eddy schüttelt sich. Aber er hat trotzdem eine Schwäche für Slawa, weil er seine Geschichten so gerne hört.

»Njet, man«, sagt Slawa gerade zu Kadik, »dein Judschin spielt doch kein vernünftiges Sax. Für Charkow reicht's vielleicht, aber es gibt noch andere Städte, mein Freund. Im Baltikum – und ganz zu schweigen von Mütterchen Moskau – hätte man ihn von der Estrade geworfen!«

»Mannomann, du hast doch keine Ahnung!« regt sich Kadik auf, »ich war mit Judschin auf dem Festival. Da hat er mit den Amerikanern zusammen gespielt. Bill Novak persönlich hat ihn eingeladen, in seinem Orchester zu spielen. Judschin ist ein hochklassiger Saxophonist, Weltklasse ist der, Mann!«

»Schon gut, schon gut, Cadillac«, krächzt Slawa, »hör schon auf, deine Freunde zu beweihräuchern, damit willst du dich ja nur selbst aufwerten. Aber mir brauchst du nichts vorzumachen, Freund Kadik, ich hab' den Existentialismus studiert, Sartre gelesen. Ihr seid ja alle so hohl, ihr...« Er schaut Eddy an, damit der das bezeugt. Aber Eddy hat keine Lust, sich in ihren Streit einzumischen. Die sollen das alleine ausmachen. Er hat keine Ahnung, ob Judschin ein guter Saxophonist ist oder nicht. Sein Vater hat schon vor langem festgestellt, daß er kein Gehör hat und Stimme auch nicht. Seither nimmt er's gelassen hin, daß er auf musikalischem Gebiet eine Null ist. Die musikalischen Talente in der Familie sind nun mal alle an den Vater gegangen – das sagt seine Mutter – für ihn ist nichts übriggeblieben.

Slawa und Kadik streiten. Die Menschenmenge vor dem Gastronom verändert ständig ihre Form: manche Gruppen lösen sich auf, Leute gehen, andere, von der Kundgebung zurück, nehmen ihren Platz ein. Eddy-Baby weiß, daß es so bis Ladenschluß weitergehen wird. Das hier ist wie ein Klub, und sogar gegen sieben, wenn sich das Sowjetvolk und die Bürger von Saltow zu Tisch setzen, um den 41. Jahrestag der Großen Sozialistischen Oktoberrevolution feierlich zu begehen, werden hier immer noch Männer und Jungs disputieren bis sie heiser sind, schreien, sich umarmen und ihren Biomizin oder Portwein trinken. So sind sie's gewöhnt, da ist nichts dran zu ändern. Aber damit nicht genug, auch nach zehn Uhr noch ist den Leuten jeder Vorwand recht, um sich von Familie und Festmahl loszureißen und dann nichts wie hierher.

Der richtige Klub im Kinotheater »der Stachanowist« mit seinen Samtvorhängen, dem Marmorfoyer, dem großen Saal, und roten Plüschsesseln, ist gleich um die Ecke, aber die männliche Bevölkerung geht dort nicht hin. Erstens gibt es da weder Biomizin noch Wodka; man kann sich keine Gurken und keinen Schmelzkäse beschaffen; Mütterchen Luscha und die Alkoholiker gehen nicht mit ihren Gläsern herum; es gibt dort keine frische Luft und keinen Schnee, der einem den Bart kitzelt, wie jetzt gerade, und im Sommer keine kleinen Regenschauer oder warme Sonnenstrahlen. Zweitens, selbst wenn man dort plötzlich Biomizin und Wodka verkaufen würde, die Leute gingen trotzdem nicht hin; sie würden sich eingeschüchtert fühlen, von all den großartigen Portraits alter Männer mit Krawatte, dem kirschroten Plüsch und dem blitzsauberen Rauchsalon. Außerdem wird man in den stark geheizten Räumen schnell betrunken. Eddy-Baby kennt den Sohn des Klubdirektors, Jura Pantschenko, und manchmal, selten, profitiert er von dieser Bekanntschaft, um sich in den Klub zu schmuggeln, wenn Tanz ist. Seine Kumpels mögen den Stachanowklub nicht, sondern gehen viel lieber ins kleine, gemütliche »Bombay«, und für die anspruchsvolleren Vergnügungen fahren sie mit der Tram zum »Pobjeda«.

Der riesige Bau des Pobjeda, Produkt des frühen sowjetischen Konstruktivismus, ist ein Betonwürfel in der Mitte des Platzes, auf dem sich vieltausendköpfig das Volk versammelt, nicht nur an Feiertagen, sondern auch samstags. Ungeachtet seines konstruktivistischen Stils wirkt das Pobjeda wie ein vergrößerter Parthenon. Es beherbergt hunderte von Kultureinrichtungen und dahinter liegt ein großer Park. Im linken Teil des Parks gibt es unter freiem Himmel eine Tanzfläche, auf der tausend Tänzer Platz finden. Dorthin begeben sich die Jungs aus Saltow und Tjura zu »anspruchsvolleren« Vergnügungen und wegen der grandiosen Schlägereien, die ein paarmal im Jahr, gewöhnlich im Sommer, stattfinden.

Das Pobjeda liegt auf dem Territorium von Plechanow, das ist schon eine Stadt für sich. Eine Menge Leute leben auf der langen Plechanower Straße; beinahe soviel, wie in Saltow und Tjura zusammen. Gewöhnlich verhalten sich die Plechanower neutral und erlauben den Saltowern und Tjuraern, gleichzeitig mit dem Feind Schurawljow ins Pobjeda zu kommen. Manchmal aber schlagen sich die Plechanower heimtückisch auf die eine oder andere gegnerische Seite und dann beginnt ein richtiger Partisanenkrieg, mit Hinterhalten, Überfällen und Messerstichen in den Rücken. Es kommt vor, daß dabei einer auf der Strecke bleibt.

8

Kadik muß gehen. Eddy-Baby findet, daß es noch ein bißchen früh ist, aber Slawa der Zigeuner ist Kadik unangenehm. »Mach's gut Eddy-Baby«, verabschiedet sich Kadik, »du liest also morgen im Pobjeda? Wenn du willst, komme ich gegen sechs bei dir vorbei.«

»O.K.«, sagt Eddy, »ich bin mir noch nicht sicher, ob ich für die Hammelherde lese. Aber auf jeden Fall können wir dort einen hinter die Binde gießen, ohne daß meine Mutter meckert. Sie hat was für dich übrig.«

Kadik geht, seine beschlagenen Schuhe knallen hart auf den Asphalt. Eddy hat auch solche Schuhe, bzw. auch solche fast hufeisengroße Beschläge an seinen Sohlen. Das ist ihre gemeinsame Erfindung. Die Beschläge sind aus besonders hartem Stahl gemacht: als er die drei Löcher für die Schrauben bohrte, hat der arme Edik Dodonow mehrere Bohrer abgebrochen. Dafür prahlen Kadik und Eddy jetzt damit und können sich gegenseitig im Dunkeln erkennen. Wenn man beim Gehen die Absätze schleifen läßt, ziehen sie orangefarbene Funken, die kleinen Lichtbögen gleichen, hinter sich her. Sieht man nachts auf der anderen Seite der Saltower Chaussee Funken sprühen, dann kann das nur Kadik sein. Wer denn sonst?

Slawa der Zigeuner und Eddy-Baby rauchen eine Weile und schauen sich um. Als Eddy sieht, wie Kolja Warschainow sich gerade zu Witja Golowaschow und Ljona Korowin stellt, gesellt er sich auch zu ihnen. Er hat etwas mit Kolja zu bereden. Der Zigeuner schlappt ihm hinterher. Eddy-Baby hätte natürlich sagen können: »Verpiß dich!« aber er traut sich nicht so recht. Der Zigeuner ist zwar aufdringlich wie alle Schnapsdrosseln, aber er ist schon älter und man kann ihn nicht einfach so davonjagen.

Alle begrüßen sich. Kolja Warschainow zieht sogar den Handschuh aus.

»Da, Ed, trink einen Schluck«, sagt Ljona. Noch im Frühling war Ljona der Kleinste in ihrer Klasse. Aber diesen Sommer hat er sich plötzlich in einen Riesen verwandelt. Aus Mangel an Gewohnheit hält er sich noch ein bißchen krumm, er weiß noch nicht so recht, was er mit seinem neuen Körper anfangen soll. Ljona hält Eddy die Biomizinflasche hin. Eddy trinkt und fühlt neben sich die gespannte Erwartung des Zigeuners, der bereit ist, die Flasche just in dem Moment zu packen, in dem Eddy sie absetzt.

Genau das tut er. Zu einem anderen Zeitpunkt hätten die Jungs ihn, ohne Zögern, ganz einfach zum Teufel gejagt, aber heute ist ein Festtag, alle haben ein bißchen Geld, und man gibt sich großmütig.

»Ist das gut!« stöhnt der Zigeuner, nachdem er sich die halbe Flasche reingezogen hat. »Dank euch, Kumpels. Ihr habt einen alten Mann erfreut! Ich bin gerade pleite, aber das nächste Mal geb' ich einen aus.«

Alle wissen, daß Slawa nie einen Pfennig hat: Das »nächste Mal« kann man also vergessen!

Eddy-Baby nimmt Kolja Warschainow beiseite: »Hast du's?« fragt er ihn leise. »Erst am Montag, Ed«, antwortet Kolja betreten. »Jetzt sind doch alle am Feiern...«, versucht er sich zu rechtfertigen.

Dem Aussehen nach ist Kolja ein völlig normaler Vertreter der Hammelherde – ein junger Arbeiter, ein Schlosser. Er hat eine alberne, weiße Kappe auf dem Kopf, wie sie die Mehrheit der Normalmenschen schon längst nicht mehr trägt, seine ewige, graue Steppjacke ist mit einem Gürtel von gleicher Farbe zusammengezurrt. An den Füßen trägt er leuchtend ockerfarbene, beinahe orangefarbene Schuhe. Kolja hat eine ausgesprochene Vorliebe für diese Schuhfarbe. Eddy-Baby erinnert sich noch an die ebenfalls orangefarbenen Gummistiefel, mit denen Kolja vor vielen Jahren das erste Mal in der Klasse 2b der Mittelschule Nr. 8 erschienen ist. Kolja hat seine sieben Schuljahre abgesessen und ist dann in die Fabrik gegangen, zum Malochen als Schlosser. Er ist kein Sascha Plotnikow, mit der Universität hat er nichts am Hut.

Aber in seiner Fabrik wird er bestimmt nicht alt werden, denkt sich Eddy. Hinter seinem unscheinbaren Äußeren, seinem sommersprossigen Russengesicht mit der Stupsnase, versteckt sich ein gewitzter »Businessman«, wie Kadik sagt – ein anderer Kolja. Er handelt mit allen möglichen Waren, darunter auch mit solchen, die selbst hier, bei den Saltower Rowdys, selten sind: man kann bei ihm z.B. eine Pistole kaufen. Eddy-Baby und Kostja haben bei ihm schon eine TT erstanden und jetzt soll er ihnen eine zweite beschaffen. Höchstwahrscheinlich kauft er sie den Soldaten ab, und die stehlen die Waffen einfach bei den Offizieren.

Kolja Warschainow hat große Achtung vor Eddy. Das ist schon in der Klasse 2b so gewesen. Irgend jemand hatte ihm erzählt, daß Eddy-Babys Vater General sei, obwohl er schon damals lediglich Oberleutnant war und es die ganze Zeit geblieben ist. Der Generaltitel löste sich langsam wieder von Wenjamin Iwanowitsch, aber die Achtung des Saisonarbeitersohnes vor dem »Generalssohn« blieb.

»Jetzt paß mal auf«, sagt Eddy zu Kolja, »Kostja hat gesagt, es ist eilig. Wir brauchen die Kanonen bald.«

»Montag hab' ich's totsicher. Sag Kot, er braucht sich nicht zu beunruhigen.«

Kostja Bondarenko, alias »Kot«, die Katze, – nicht zu verwechseln mit dem Gewichtheber Kot – ist Eddy-Babys engster Freund. Er und Kadik sind Rivalen. Genauer gesagt, Kostja war schon da als Kadik auf der Bildfläche erschien. Kostja und Eddy gehören zur gleichen Bande. Kadik ahnt so etwas, weiß aber nichts Genaues. Kostja ist der »Ataman«, der Anführer. Er verteilt die Aufgaben und bestimmt die Objekte. Ihre Bande besteht außerdem noch aus Grischa, Ljona Trasjuk und manchmal schleppt Kostja noch andere Typen an, aber die kommen und gehen; nach einem gemeinsamen Bruch verschwinden sie in der Regel wieder. Einmal hat sogar Garik der Morphinist bei einem ihrer Einbrüche mitgemacht. Aber der feste Kern der Bande, das sind Kostja, Eddy-Baby und Grischa.

9

Fast alle Jugendlichen in der Saltower Siedlung sind Rowdys. Nur wenige gehören – wie Kadik – zur Schickeria, oder – wie Sascha Plotnikow und Aljoscha Wolin – zu den Intellektuellen. Die träumen davon, auf die Universität zu gehen und dann Ingenieur oder Arzt zu werden. Mit einem Offizier als Vater müßte sich Eddy-Baby eigentlich auch den »Intellektuellen« anschließen – in Aljoscha Wolins Schwester war Eddy-Baby im Frühling, vor Swetka, verliebt –, aber irgendwie mag er die nicht, die Rowdys sind ihm lieber.

Sie sind in der Siedlung in der Mehrheit. Nehmen wir zum Beispiel das Haus Nr. 3: es erinnert eher an ein Stadtviertel, als an ein einziges Haus. Es wurde als geschlossenes Viereck konstruiert; der Innenhof, so groß wie ein Fußballplatz ist mit lauter Schuppen zugebaut. Das ganze Haus Nr. 3 wird von Rowdys bewohnt. Nur ein Mädchen aus ihrer Klasse, das auch da wohnt – Lara Gawrilowa – gehört nicht zu ihnen. Ihr Vater ist Buchhalter, ihre Mutter Jüdin. Die anderen Jugendlichen sind alles Gauner. Schlimmer noch: auch ihre älteren Brüder sind Ganoven, und eine ganze Anzahl von ihnen sitzt oder hat im Knast gesessen. Ihre Väter, falls sie welche haben, sind auch schon durchs Kittchen gewandert. Erst jetzt, wo ihre Kinder erwachsen sind, hat sich die Mehrzahl der Väter aus der Welt des Verbrechens zurückgezogen und schuftet in der Fabrik in allen möglichen Scheißberufen, meistens als Stahlkocher, Stahlschneider oder am Fließband; schwere Arbeit, aber gut bezahlt. Sie brauchen alle viel Geld, denn sie haben viele Kinder.

Eddy liebt Gauner. Aber er hat schon begriffen, daß er früher oder später von ihnen lassen muß. Ganove sein macht Spaß, solange man minderjährig ist. Ein krimineller Prolet will er nicht werden. Genau wie Kostja wäre er gern ein berühmter Gangster.

Kostja und Eddy-Baby haben sich bei einem schrecklichen Streit zwischen ihren Eltern kennengelernt. Kostja kam in der dritten Klasse aus einer anderen Schule zu ihnen. Ihre Klassenlehrerin war damals eine schöne Armenierin namens Walentina Pawlowna Nasarjan. Eddy-Baby hatte Kostja nicht die geringste Aufmerksamkeit geschenkt, bis eines Tages, als er es wieder eilig hatte, zur Bibliothek zu kommen und dann zu seinen geliebten Büchern, Walentina Pawlowna und die Mitglieder seines Gruppensowjets ihn aufhielten, um ihm die Details der Fabrikexkursion am kommenden Sonntag zu erklären. Als er schließlich ging, fand er in der Garderobe seinen Mantel nicht mehr.

Schon damals war Eddy kurzsichtig, oder vielleicht ist er auch schon so auf die Welt gekommen, wer weiß. Was man weiß ist, daß Eddys Mutter Malaria hatte, als sie mit Eddy schwanger war, und die Ärzte ihr Chinin gegeben haben. Anscheinend zuviel, denkt seine Mutter jetzt, deshalb ist das Kind kurzsichtig geboren. Aber damals wußte nur Eddy-Baby von seiner Kurzsichtigkeit, und er hütete sich, irgend jemandem davon zu erzählen. Ein Reisender und unerschrockener Seefahrer durfte keine Brille tragen, fand er.

Jedenfalls, selbst der kurzsichtige Eddy merkte, daß an der

Garderobe ein dunkler, seinem ähnlicher Mantel hing, der aber nicht seiner war. Seiner war neu, die Eltern hatten ihn ihm gerade gekauft. Der an der Garderobe war alt und an Ärmeln, Aufschlägen und Kragen ordentlich abgeschabt.

In der Garderobe der achten Mittelschule gab es keine Aufsicht. Jeder hängte seinen Mantel beim Kommen an die Kleiderhaken vor der Klasse und nahm ihn beim Gehen wieder von dort mit. Eddy hatte schüchtern versucht, sich beim Schulpersonal nach dem Schicksal seines Mantels zu erkundigen, aber weder der Pförtner Wassja, noch seine Frau, die sie Wasiljewna nannten, konnten ihm sagen, wo er geblieben war. Er wollte weiter niemanden mit seinem Problem belasten, daher zog er den fremden Mantel an, ging in seine geliebte Bibliothek, wählte einige neue Geographiebücher aus und ging nach Hause.

Zu Hause machte seine Mutter ein Riesentheater. Das Theater war nicht gerechtfertigt, also stand Eddy-Baby vom Küchentisch auf, wo er gerade Borschtsch aß, und verschwand demonstrativ in Richtung Veranda, ohne den Borschtsch, der doch seine Lieblingsspeise war, aufzuessen. Die Veranda war sein Territorium. Eingewickelt in eine Decke, vertiefte er sich dort in seine Studien.

Abends kam der Vater nach Hause und zog die Stiefel aus. Die Mutter stellte sie auf die Veranda hinaus, um den Gestank von Stiefeln und Socken, der sich in dem einzigen Zimmer sofort ausbreitete, zu vertreiben.

»Geh in die Küche, dein Vater hat mit dir zu reden«, sagte sie.

Sein Vater machte dasselbe Theater, damals erlaubten sie sich das noch. Wenjamin Iwanowitsch saß auf dem Hocker zwischen den beiden Küchentischen – ihrem und dem der Nachbarn – da, wo vorher Eddy gesessen hatte und aß auch Borschtsch.

»Dummkopf, wo hast du deine Augen?« fragte er vom Tellerinhalt aufblickend. »Hast du denn nicht gesehen, daß das ein fremder Mantel ist, ein alter noch dazu, und nicht mal einer aus Tuch?«

»Und auch kein dunkelblauer, sondern ein schwarzer!« fügte seine Mutter hinzu und hob die Hände gen Himmel«. Wir müssen ihm dringend eine Brille kaufen.«

»Aber, Papa«, erwiderte Eddy-Baby, »das war der einzige, der noch an der Garderobe hing. Die anderen waren alle schon lange gegangen, aber Walentina Pawlowna hat den Gruppensowjet nach der Schule noch zurückgehalten. Ein anderer Mantel war nicht mehr da.«

»Er hat recht«, sagte sein Vater, »geh du morgen mit ihm in die Schule, Raja, und kläre die Angelegenheit. Der Mantel wurde eindeutig nicht gestohlen. Sonst hätten sie nicht diesen Lappen zurückgelassen«, und er nickte mit dem Kopf zu dem Fetzen hin, der an der Klinke der Küchentür hing.

»Als wäre er ansteckend«, hatte Eddy gedacht.

Raissa Fjodorowna begleitete Eddy-Baby zur Schule und fand während des Unterrichts, mit Walentina Pawlownas Hilfe, Eddys neuen Mantel, den aus marineblauem Tuch, wieder. Nur war innen schon ein kleines Stoffleckchen eingenäht, auf das mit einem chemischen Stift geschrieben worden war: Kostja Bondarenko, 3b.

Damit fing der Ärger an: Kostjas Eltern waren gekommen. Es stellte sich heraus, daß sein Vater auch beim Militär war, und zu allem Überfluß auch noch zwei Dienstgrade mehr hatte als Eddys Vater: er war Major und Leiter des örtlichen Rekrutierungsbüros. Die Alten stritten. Raissa Fjodorowna geriet außer sich, denn sie war völlig unfähig, mit fremden Leuten zu streiten und Wenjamin Iwanowitsch war nicht da (er war am Morgen auf eine seiner langen Dienstreisen gegangen und abgesehen davon, war er ebenso unfähig, mit Fremden zu streiten), so daß Eddys armer Mama nichts anderes übrigblieb, als Kostjas unverschämten Eltern allein die Stirn zu bieten. Ohne Walentina Pawlowna, die den sanften Eddy mit seinen Heften gern hatte, hätte diese ganze Geschichte wer weiß wie geendet. Aber Walentina Pawlowna hatte bestätigt, ja, sie habe den Mantel an Eddy gesehen, und davor habe er einen anderen, einen alten getragen. Es könne jedenfalls nicht der geringste Zweifel bestehen, daß der neue Mantel seiner sei. Der Bürger Major Bondarenko und seine Frau hätten sich wohl leider geirrt.

Das weiße Stoffstückchen wurde wieder herausgetrennt und der Mantel seinem Besitzer zurückgegeben. Eddy-Baby war es so schrecklich peinlich, dieser Szene beizuwohnen – man hatte ihn und Kostja nämlich kommen lassen – daß er mit Vergnügen seinen neuen Tuchmantel hergegeben hätte, um nicht das Gekeife der beiden Parteien anhören zu müssen, die sich gegenseitig beschuldigten. Er hätte Kostjas an den Ärmeln abgeschabten Mantel getragen, nur um dieser Schande zu entgehen. Das Ganze spielte sich im Biologieraum ab, wo ständig Lehrer und ältere Schüler hereinkamen und jedesmal stehenblieben, um zuzuhören. Kostja machte es offenbar auch kein Vergnügen: er stand da mit finsterem Blick und gesenktem Kopf und wand sich jedesmal, wenn seine Mutter »mein Junge« sagte.

Ihre Eltern blieben auf ewig verfeindet. Sie seltsamerweise nicht. Sie wurden nicht sofort Freunde, aber die gemeinsam erlittene Demütigung hatte sie einander näher gebracht. Nach etwa zwei Wochen war Kostja während der Pause zu Eddy gekommen und hatte sich entschuldigt. Die zwei Wochen hatte er wohl mit Nachdenken verbracht.

Und schon am nächsten Tag hatte Kostja ihm seine Zwille geschenkt. Eddy-Baby hatte den sorgfältig gearbeiteten, aber für ihn völlig nutzlosen Gegenstand in seinen Händen gedreht, sich dann bedankt und ihn in seine Tasche gesteckt: Er war kein Jäger. Er betrachtete sich als Forscher.

Im darauffolgenden Sommer war Kostja nicht ins Pionierlager gefahren. Er war in Saltow geblieben und hatte Eddy bei seinen Streifzügen durch die Felder und Schluchten der Umgebung Grischa Gurjewitsch ersetzt. Er hatte Eddys Kenntnisse der Vorstadtgeographie sogar beträchtlich erweitert. Kostja wohnte ganz am anderen Ende der Siedlung, er kannte die in der Nähe gelegenen Sandsteinbrüche ganz genau und einmal kamen sie, nachdem sie den ganzen Tag durch Weizenfelder und an Schweinefarmen vorbei gewandert waren, bis an einen künstlichen See.

Aber als die Schule wieder anfing, erschien Kostja nicht mehr in ihrer Klasse. Seine Eltern hatten ihn, aus Gründen, die nur sie allein kannten, wieder in eine andere Schule geschickt, die fünf Tramstationen von der achten Realschule entfernt war. Kostja und Eddy-Baby sahen sich ein paar Jahre lang nicht und trafen sich erst wieder, als sie beide schon vierzehn waren und sich total verändert hatten.

10

Eddy-Baby und der schon ziemlich »breite« Zigeuner-Slawa sitzen auf dem kleinen Platz gegenüber vom Stachanowklub, rauchen und trinken die Flasche Biomizin (Typ Feuerlöscher) aus, die der Rote Sanja ihnen überlassen hat. Er ist weggegangen zu seiner Alten, der Friseuse Dora. Sie unterhalten sich.

»Ach, Eddy-Baby«, sagt Slawa, »du bist ein netter Kerl, Eddy-Baby; sag mir bloß, was machst du hier?«

»Ich lebe«, antwortet Eddy-Baby, »genau wie du«, fügt er grinsend hinzu.

»Du bist ein Arsch, Eddy«, ruft Slawa aufgebracht, »ein totaler Vollidiot!«

»Und wieso?« fragt Eddy-Baby ungerührt. Hätte ihn ein Kerl in seinem Alter als Idiot bezeichnet, hätte er ihm die Flasche übergezogen, die er gerade in der Hand hält, aber Slawa ist ein alter Knabe und schon erledigt. Die Jungs haben erzählt, daß er auch seinen Bruder auf die Art anmacht und der, ein unschuldiger Bastler mit Brille, hat den besoffenen Slawa deswegen vor kurzem verprügelt. Tatsächlich hat der Zigeuner an der linken Backe eine Blutkruste.

»Du hast doch hier in Saltow nichts verloren, unter dem Gesindel hier verkommst du«, fährt der Zigeuner betrübt fort, »im Knast wirst du landen. Merk dir gut, was ich sage: Sitzen wirst du und zwar bald. Du wirst übel enden, wenn du von hier nicht abhaust. Hast du erst mal gesessen, bei deinem Charakter, dann sitzt du auch bald das zweite Mal. Du bist ein Hitzkopf, wie ich...«

»Und du, was hast du hier zu suchen, Zigeuner?« unterbricht ihn Eddy und hält ihm die Flasche hin.

Der Zigeuner schüttet den Wein in sich rein, und als er schließlich die Flasche wieder vom Mund loskriegt, sagt er leise hicksend:

»Nimm dir bloß kein Beispiel an mir, Freund Eddy, ich bin schon alt, und wenn du's genau wissen willst, ich bin fertig. Ich hab' mein Leben schon hinter mir. Bin Alkoholiker und das ist mir auch schon scheißegal. Schlafe bis drei Uhr mittags und hab' dann keine Lust, aufzustehen. Ich hab' Angst, auf die Straße zu gehen, so kalt ist es hier. Jura und meine Mutter gehen in die Fabrik. Ich steh' mit ihnen auf und tu' so, als wollte ich mich auf Arbeitssuche machen; aber wenn sie gegangen sind und mir zwei Rubel für die Tram dagelassen haben, leg' ich mich wieder hin. Ich hasse Arbeit. Ich hasse Eisen und die Leute, die damit herumlärmen. Ich hab' empfindliche Ohren. Ich bin anders, ich bin nicht wie die Proleten. Guck meine Hände an...«

Eddy-Baby schweigt und schaut die Hände des Zigeuners nicht an. Er weiß, was für Hände Slawa hat; der zeigt sie ihm heute nicht zum ersten Mal.

Der Zigeuner redet weiter: »Verdammter Winter! Wo leben wir bloß! Ist dir klar, Eddy, daß wir in einem Scheißklima leben, im allerbeschissensten Scheißklima der Welt. Und warum, weißt du, warum, Kumpel?«

»Warum?« fragt Eddy.

»Weil die Slawen vor uns, unsere Vorfahren, verdammte Feiglinge waren, deshalb. Weißt du, daß auf Englisch ›slave‹ Sklave bedeutet?«

»Tatsächlich?« Eddy ist ehrlich erstaunt.

»Ja, ja!« bekräftigt der Zigeuner. »Unsere Vorfahren waren Sklavenseelen. Und deshalb, anstatt sich mutig die warmen Länder um das Mittelmeer herum zu erkämpfen – dort wachsen Zitronen, verstehst du, Eddy, ZITRONEN wachsen dort!« Slawa zieht die Worte ganz lang und verfällt plötzlich in ein verächtliches Flüstern: »Sie haben auf den Kampf verzichtet und sind schimpflich in diese verdammten Schneewüsten geflohen; und wir beide sitzen jetzt hier auf dieser verdammten grünen, sowjetischen Bank, und es ist kalt, es schneit und ich hab' nur diesen verdammten Regenmantel. Und der gehört Jura«, fügt er mit betrunkenem Lachen hinzu. »Ist das etwa ein Leben?«

»Ja«, stimmt Eddy ihm zu, »in den Tropen ist es besser, irgendwo in Rio oder in Buenos Aires. ›Saudade de nuestra de señora de Buenos Aires‹«, sagt er verträumt vor sich hin. »Weißt du, was das bedeutet, Slawa?«

»Weiß ich, Kumpel, ›Stadt der heiligen Jungfrau, Beschützerin der Seeleute‹. Die Einheimischen sagen abgekürzt Baires.«

Slawa weiß alles. Mit ihm ist es nie langweilig, und man kann eine Menge von ihm lernen. Und dann, wenn er nicht allzu betrunken ist, ist er auch geistvoll. Deshalb sitzt Eddy-Baby jetzt hier mit ihm auf der Bank. Slawa liest immer, sogar auf Englisch: aus seiner Tasche schaut irgendeine ausländische Zeitung heraus. Zwei Jahre lang hat er an der Universität studiert, bis sie ihn rausgeschmissen haben.

»Mach dich aus dem Staub, Eddy-Baby, solange es noch nicht zu spät ist, und treib dich nicht mit dem Gesindel herum, die haben nur eine Zukunft – den Knast. Aber du bist ganz anders«, lamentiert Slawa weiter, und er zieht Eddy-Baby heftig am Jackenkragen zu sich heran. »Schau mich an«, fordert er lallend.

»Hör auf, Zigeuner!« wehrt sich Eddy-Baby gereizt.

»Nein. Schau mir in die Augen«, insistiert Slawa. Eddy-Baby schaut ihm in die Augen.

Slawa lächelt verschwommen: »In deinen Augen leuchten Intelligenz und natürliche Vornehmheit!« ruft er. »Alle deine Kadiks, Karpows und Kots haben das nicht und werden es nie haben!« schreit er.

»Du bist voll wie ein Schwein«, bemerkt Eddy-Baby nüchtern. »Fängst an, mich zu langweilen.«

»Vielleicht«, gibt Slawa ruhig zu, »vielleicht bin ich ja besoffen. Ach!« macht er dann plötzlich und seufzt, »wenn es doch bald Sommer wäre! Ich geh' im Sommer nach Wladiwostok. Hier mit euch, das hängt mir zum Hals raus. Warst du mal in Wladiwostok, Eddy-Kumpel?« fragt er.

Eddy war noch nie dort, er schüttelt den Kopf: »Nein.« Seine Lippen sind beschäftigt, er trinkt die letzten Tropfen Feuerlöscher.

»Wladiwostok ist toll«, sagt Slawa genußvoll. »Die Fischer im stillen Ozean haben massenhaft Geld und die Walfänger auch«, fügt er begeistert hinzu. »Wladiwostok ist die Basis der Walfangflotte im Stillen Ozean. Wenn sie nach sechs Monaten auf See wieder in den Hafen zurückkommen, haben sie die Taschen gestopft voll mit Geld. Stell dir vor, Eddy, die TASCHEN! Es ist ein Kinderspiel da ein paar Kröten rauszuziehen. So ein Seemann, der monatelang ohne menschlichen Kontakt war, hat ein irres Bedürfnis mit jemandem zu reden. Nach dem Sex ist das das Zweitwichtigste. Kommst Du mit mir nach Wladiwostok, Eddy, wie wär's? Wir kämen zu zweit gut zurecht. Ich spiel' den Seemann, und du bist mein kleiner Bruder.«

»Einverstanden«, willigt Eddy ein und stellt die leere Flasche neben die Bank.

»Stell dir vor, wir sitzen zusammen in der Kneipe – da gibt's eine oben auf dem Berg, dort gehen die Walfänger immer hin.

Unten liegt die Bucht vom Goldenen Horn und in der Bucht siehst du die Lichter der Transatlantik-Liner. Kannst du dir das Bild vorstellen, Alter, häh?« Und Eddy, der gerade den Mund aufgemacht hat, das Wort abschneidend, fügt der Zigeuner hinzu: »Hast du gewußt, Kumpel, daß die Bucht von Wladiwostok zu Ehren des Goldenen Horns von Istanbul so heißt?«

Davon hat Eddy schon gehört. »Ja«, sagt er, »warum?«

»Weil sie, Kumpel Eddy, sogar ihren Konturen nach an die Istanbuler Bucht erinnert«, trägt Slawa mit salbungsvoller Stimme vor, wie ein Lehrer, und auf einmal fängt er an zu singen: »In Istanbul, in Konstantinopel...«, und schlägt dazu mit seinen Händen den Takt auf der Bank. Er sitzt mit weit gespreizten Beinen da und sein Blick fällt auf die dünnen Oberschenkel in seiner Hose. Er umfaßt einen mit den Händen: »Guck, wie dünn ich geworden bin«, wendet er sich zu Eddy, »in eurem verdammten Charkow, in eurem Scheißladen von Saltow.«

»Ach was, dein Saltow ist das also nicht?« wirft Eddy ein. »Außerdem bist du kein Gramm dünner geworden, du warst schon immer so.«

»Ich bin in Moskau geboren, Freund Eddy«, sagt Slawa. »In Moskau, schreib dir das hinter die Ohren und nicht in eurer verlausten Stadt. Mein Vater war ein polnischer Aristokrat: Seine Exzellenz Pan Sablodski«, deklamiert er bedeutungsschwanger. »Es stimmt allerdings, daß meine Mutter nur eine russische Hure ist. Nur ihr Name macht was her, Jekaterina – Katerina – Katka...«, skandiert er. »Jura ist ihr nachgeschlagen und ich meinem Vater.«

Eddy-Baby lacht, Slawa seufzt wieder, beugt sich dann über Eddy, der am einen Bankende sitzt, und greift nach der Flasche. Als er merkt, daß sie leer ist, schmeißt er sie quer über den Weg gegen einen Gitterzaun. Die Flasche zerbricht mit scharfem Klirren.

»Mann, was soll der Scheiß!« fragt Eddy-Baby. »Da ist doch

gleich die Polente da, heute, wo ein Fest ist. Die laufen doch massenhaft hier rum.«

»Erzähl mir nicht, wie ich leben soll«, fährt ihm Slawa über den Mund. »Du bist noch zu jung, um mich zu schulmeistern. Damit kannst du anfangen, wenn du mal so viel erlebt hast, wie ich. Ich pfeif' auf die Bullen und auf dich auch!« verkündet er beleidigt. Er ist unverkennbar besoffen.

»Ein Blödmann bist du!« sagt Eddy. »Bist zwar schon alt, aber bescheuert bist du trotzdem.«

Eddy-Baby steht von der Bank auf und geht. Slawa hat keine Lust, alleine zu bleiben, deshalb schlurft er hinterher.

»Stop, Kumpel!« brabbelt er hinter Eddy her. »Warte mal, wohin gehst du?«

Eddy-Baby beschleunigt seinen Schritt und bald hört er Slawa nicht mehr.

11

Der Park ist leer und schon leicht mit Schnee überpudert. Es hat angefangen, richtig zu schneien, deshalb zieht Eddy-Baby die Kapuze über seine von Wazlaw geschaffene Frisur. Praktisch ist die gelbe Joppe, und das deshalb, weil sie dem österreichischen Lodenmantel nachgeschneidert ist, den Kadik immer noch trägt. Jetzt schont er ihn, weil er langsam alt wird. Natürlich hatten sie in den Charkower Läden so einen Stoff, wie den, aus dem der Mantel ist, nicht gefunden. Deshalb haben sie Möbelstoff genommen. Der ist zwar nicht wasserdicht, wenn es regnet, aber das macht nichts, sie haben dafür ein dickes Futter ausgesucht. Kadik hatte sogar vorgeschlagen, Schultern und Kapuze mit Plastikfolie auszuschlagen, damit Kopf und Schultern nicht naß würden, aber Eddy war dagegen: Plastik raschelt. Das mag er nicht.

»Tag, M'sieur Sawenko.«

Die Stimme erkennt Eddy-Baby unter tausend anderen: Assja Wischnewskaja. Sie steht mit Tamara Gergelewitsch am Parkeingang. Tamara hat eine Tasche mit Lebensmitteln in der Hand.

»Guten Tag, Mademoiselle Assja«, sagt Eddy-Baby formvollendet und gibt ihr die Hand. Aber während er die kalte Hand des großen, bebrillten Mädchens schüttelt, lacht er sie an und schließlich küßt er sie, gar nicht mehr förmlich, auf die Wange. Assja und er sind gute Freunde.

»Guten Tag, Mademoiselle Tamara«, sagt er dann und schüttelt die Hand des Mädchens, die in einem Fausthandschuh steckt. Tamara hat ihre Tasche in den Schnee gestellt.

»Na, sind wir gerade aufgestanden?« fragt Eddy-Baby boshaft.

Er nimmt sie auf den Arm. Alle wissen, daß sie am allerliebsten schläft. Tamara ist ein schönes Mädchen, schon ziemlich groß für ihr Alter: sie ist sechzehn Jahre alt und größer als Eddy. Ihre dunkelroten Haare sind immer zu einem Knoten geschlungen. Sie gefällt Eddy gut, und er hat Lust, sie zu reizen, um sie aus ihrem gewohnten melancholischen Halbschlaf herauszuholen. Die verschiedensten Gerüchte sind über sie in Umlauf: Die einen sagen, sie vögelt mit einem, der »Flasche« genannt wird, einem berühmten Spieler und Betrüger aus dem Zentrum. Nach einer anderen Version schläft sie bis drei Uhr nachmittags, geht nirgends hin und liest die ganze Zeit Bücher, womit ihre Eltern äußerst unzufrieden sind. Ihr Vater ist Bauleiter, wie der von Witja Golowaschow, deshalb haben sie eine Wohnung für sich allein, und es ist auf Grund der Abwesenheit von Mitbewohnern unmöglich, irgend etwas Zuverlässiges über Tamaras Leben zu erfahren. Eddy-Baby und Tolik Karpow haben mal Tamaras kleinen Bruder abgefangen, um aus ihm ein paar Informationen herauszuholen. Tolik hat dem verstockten Drittklässler sogar die Arme umgedreht, um so zu erfahren, ob seine Schwester nun mit der »Flasche« vögelt, aber der hat nur gekreischt und geschrien, daß Tolik ein Faschist ist, ein Scheißkerl und Abschaum, seine Schwester hat er nicht verraten. Man hatte ihn wieder loslassen müssen. Eddy-Baby hatte die Grausamkeit Toliks gegen den kleinen Sturkopf nicht gutgeheißen, aber die rote Tamara hätte er gerne mal aus dem Gleichgewicht gebracht.

Deshalb waren noch in der gleichen Nacht Tolik, Kadik, er und Toliks kleiner Hund auf den russischen Friedhof gegangen. Dort hatten sie von einem neuen Grab einen frischen Kranz entwendet, ihn dann vor Tamaras Tür gelegt und sich, nachdem sie geklingelt hatten, aus dem Staub gemacht.

Ein anderes Mal, als sie von irgendwo beschwipst zurückkamen (Tolik wohnt bei Tamara nebenan und Eddy-Baby nur ein paar Häuser weiter), hatten sie beschlossen, Tamara wieder eine Gemeinheit anzutun, als Rache für ihren Hochmut. Tolik hatte in der Eingangshalle Tamaras Katze gefangen, sie mit einem Schlag gegen die Mauer getötet und den Katzenkadaver dann an die Klinke von Tamaras Haustür gehängt. Das war eine blutige Rache. Sie wußten genau, wie sehr Tamara ihre Katze liebte.

Ein oder zwei Tage vor dem Katzenmord hatte Eddy-Baby Tamara auf dem Rückweg von der Schule zufällig in der Straßenbahn getroffen. Da hatte er ihr – seinen ganzen Mut zusammennehmend – vorgeschlagen, mit ihm »zu gehen«, und morgen mit ihm auf dem alten jüdischen Friedhof »einen Spaziergang« zu machen. Tamara hatte ihm mit einem Lächeln und einem desinteressierten Seufzer geantwortet. Morgen wäre zwar Sonntag, aber sie sei beschäftigt. Sie würde schlafen, einen guten Traum würde sie Spaziergängen auf dem Friedhof vorziehen.

»Natürlich«, hatte Eddy gesagt, »du mußt dich ausschlafen. Du bist müde. Die ›Flasche‹ läßt dich nicht genug schlafen.«

»Selber 'ne Flasche«, hatte Tamara wütend geantwortet und sich einen Weg zur Tür gebahnt.

Jetzt gerade blinzelt sie träge und sieht über Eddy hinweg, während sie sagt:»Du und Karpow dagegen, ihr kommt wohl überhaupt nicht zum Schlafen. Habt ihr schon alle Katzen in der Siedlung getötet? Barbaren!«

Das hat sie also doch getroffen, denkt Eddy. Da haben wir gut gezielt.

»Und wohin begeben sich unsere Damen?« fragt Eddy-Baby.

»Unsere Damen begeben sich nach Hause«, antwortet Assja. »Wir wollten eine kleine Runde drehen und sind bei der Gelegenheit gleich beim Gastronom vorbeigegangen. Tamaras Mutter hat sie gebeten, ein paar Sachen einzukaufen.«

»Ich geh' auch heim«, sagt Eddy, »gehen wir zusammen?«

Er zögert einen Moment; er weiß nicht, ob er Tamara die Tasche abnehmen soll, die sie in der Hand hält, oder nicht. In diesem Augenblick kommt Slawa angewankt.

»Ooooh!« jault er, »Eddy-Baby hat schon Weiber aufgerissen und jetzt geht er's mit ihnen treiben. Heute wird es Saltow, Tjura, Charkow und das ganze unermeßliche Land des triumphierenden Sozialismus mit Getöse treiben, sobald die Lichter aus sind. Eimerweise wird das Proletariersperma, das Sperma der Angestellten, der sowjetischen Intellektuellen, der Soldaten und Matrosen, Sergeanten und Adjudanten, wie auch der Offiziere und Generäle in die wertvollen Gefäße fließen, die die sowjetischen Bürgerinnen zwischen ihren Beinen haben. Eddy-Baby, wozu brauchst du zwei Schüsseln? Gib mir doch eine ab!«

Verblüfft von soviel Unverschämtheit ist Eddy-Baby noch ganz sprachlos, da steuert Slawa schon auf Tamara zu, schnappt ihre Tasche, und gröhlt:»Señora! Öffnen Sie mir bitte ihre Tasche, damit ich hineinspucke!« Und... er spuckt. Fetter, gelber Rotz klatscht auf die Dosen und Flaschen in der Tasche.

»Das symbolisiert meinen Orgasmus«, grient Slawa. Mehr kann er nicht mehr sagen, denn Eddy packt ihn am Arm, dreht ihn mit einem Ruck zu sich her, dann noch ein paar Griffe, und er läßt ihn über seine Schulter sausen. Eine Sekunde später liegt Slawa auf dem hartgefrorenen Dreck, und Blut aus seinem Mund verästelt sich im weißen, dünnen Schnee.

»Los gehn wir!« kommandiert Eddy-Baby. Er nimmt Tamaras Tasche und überquert die Straßenbahnschienen.

Die Mädchen folgen ihm wortlos. Assja bricht schließlich das Schweigen: »Warum hast du das gemacht? Er ist doch im Grunde ein armes Schwein.«

Assja ist Humanistin. Erst vor drei Jahren ist sie aus Frankreich repatriiert worden.

»Ich auch«, sagt Eddy verbissen. Jetzt fängt ihm sein Verhalten schon selbst an, leid zu tun.

»So ein Arschloch! Auswurf der Menschheit! Abschaum!«

»Er soll mit seiner Mutter schlafen«, bemerkt Tamara kühl, »ich hab' gehört, daß ihn sein großer Bruder deswegen verprügelt hat.«

Sie verlassen die Saltower Chaussee und gehen eine Querstraße entlang. Die Erbauer von Saltow hatten offenbar keine besonders weitreichende Phantasie. Die Straße, in der Eddy und Tamara wohnen, heißt Erste Querstraße, und dann gibt es noch die Zweite, die Dritte und die Vierte. Die Kantine in der Ersten Querstraße im Souterrain hat heute geöffnet: von dort her klingt Musik und das Klirren von Bierkrügen. Eddy-Baby wirft einen gleichgültigen Blick hinüber, aber dann durchzuckt es ihn plötzlich: Was wäre, wenn…?

Sie sind jetzt ganz in der Nähe von Tamaras Haus. Sie bleibt stehen, sie ist am Ziel.

»Was machst du über die Feiertage?« fragt Eddy sie.

»Willst du mich einladen, oder was?« spottet Tamara. »Hat Swetka dich etwa schon fallengelassen?«

»Wieso sollte sie?« fragt Eddy-Baby gereizt, »du bist albern, Tamara.«

»Dann nichts für ungut«, erwidert Tamara. »Ich hab' nichts gesagt.«

In einem Fenster in der zweiten Etage erscheint der Kopf ihrer Mutter.

»Tomotschka, meine Kleine, wir warten auf dich!« ruft sie, »Tag, Kinder!«

Assja winkt zu Tamaras Mutter hoch, Eddy-Baby nicht.

»Ich muß gehen«, Tamara streckt ihm ihre behandschuhte Hand hin: »Dank Euch, kühner Kavalier, für die Rettung meiner Ehre. Schöne Feiertage! Bis bald, Lisok!« sagt sie zu Assja, »ich komm' morgen vorbei.«

»So eine Zimtziege«, mault Eddy ihr wütend hinterher.

»Sie ist nett und hat nichts gegen dich«, sagt Assja, »aber du bist ein kleiner Junge für sie.«

»Sie ist bloß ein Jahr älter als ich«, beharrt Eddy.

»Eine Frau ist immer reifer als ein Mann«, pariert Assja gelassen, »Tamara interessiert sich für Studenten. Der Junge, mit dem sie sich trifft, ist dreiundzwanzig.«

Assja sagt »trifft sich« anstatt »geht mit«, überlegt Eddy. Wieso wurde ihre Familie wohl in Saltow angesiedelt? Sie gehört nicht hierher. Laut sagt er:

»Wenn das so ist, dann soll sie sich mit dem Zigeuner-Slawa ›treffen‹. Der ist vierundzwanzig!«

Assja lächelt: »Warum nicht? So übel ist er doch gar nicht. Er hat etwas im Blick...« Sie sucht das Wort, »etwas Provozierendes; etwas, das Frauen gefällt: die Sehnsucht nach der Frau...«

»Haha«, Eddy lacht schallend. »Dieser langnasige Alkoholiker! Und die Arme hängen bei ihm dran, wie mit Scharnieren festgemacht. Und ich hätte wohl nichts, was den Frauen gefallen könnte?« fährt er halb fragend fort und sieht Assja von der Seite an. »Nebenbei bemerkt, unsere Ästhetiklehrerin, Jelena Sergejewna, hat mein Gesicht sogar als Modell für das anziehendste männliche Antlitz der Klasse genommen.«

Assja lacht.

»Männliches Antlitz!«, wiederholt sie, »männliches Antlitz«.

Eddy-Baby ist beleidigt.

»Warum lachst du?« fragt er und runzelt die Stirn. Er und Assja sind dicke Freunde und jemand anderem hätte er die Geschichte mit der Ästhetiklehrerin nie erzählt. Warum lacht sie?

»Tut mir leid«, sagt Assja jetzt ernsthaft, »du wirst ganz bestimmt ein wunderschöner Mann, aber im Moment bist du noch ein Junge. Hab noch Geduld, zehn Jahre oder fünfzehn«, schätzt sie.

»Mit Dreißig!« ruft Eddy entsetzt, »da bin ich ja schon alt!«

»Aber jetzt siehst du aus wie zwölf«, lacht Assja.

Um Assja zu begleiten war Eddy an seinem Haus vorbeigegangen. Jetzt stehen sie vor Assjas Haustür.

»Möchtest du mit hochkommen?« fragt sie.

Eddy-Baby zögert. »Deine Eltern sind sicher da...«

»Aber du kennst sie doch. Geh einfach direkt in mein Zimmer. Da kommt keiner rein.«

»Also gut«, sagt Eddy und sie gehen hinein.

12

Die Familie Wischnewskij verfügt über ein Dreizimmerappartement. Der älteste Sohn Arsenij ist Kommunist und man sagt, er habe in Frankreich Schwierigkeiten gehabt und deswegen sei die Familie in die Sowjetunion zurückgekehrt. Wenn sie keine Repatriierten wären, hätte man ihnen keine Dreizimmerwohnung zugeteilt, obwohl die Familie groß ist: Vater, Mutter, die zwei älteren Töchter – Marina und Olga – Arsenij, Assja und der kleine Bruder Wanja, der auch Jean gerufen wird.

Anfangs hatte Assja kein eigenes Zimmer, aber inzwischen sind die Schwestern verheiratet und leben mit ihren Männern im Stadtzentrum. Ihr Fenster geht auf die mit Kopfsteinen gepflasterte Chaussee hinaus und auf die hohe, graue Steinmauer der Autowerkstatt, wo Wazlaw als Friseur arbeitet. Jedesmal, wenn er bei Assja ist und aus dem Fenster schaut, denkt Eddy-Baby an Wazlaw. Im Frühling und im Herbst verwandelt sich die Straße vor diesem Fenster in ein Meer von Schlamm, wie übrigens fast alle Straßen in Saltow. Aber zur Zeit ist der Schlamm gefroren, und die Leute laufen darauf beschwingten Schrittes nach Tjura und wieder zurück.

»Willst du Wein?« fragt Assja, die aus dem hinteren Teil der Wohnung zurückkommt, wo sie ein paar Worte mit ihren Eltern gewechselt hat, auf Französisch.

Eddy-Baby lernt in der Schule Französisch, aber er kann natürlich nicht verstehen, was sie sagen, vor allem nicht bei der Geschwindigkeit.

»Gern«, antwortet Eddy-Baby. Nicht weil er gerade besondere Lust auf Wein hätte: bei Assja zu Hause ist der Wein immer herb und nicht besonders stark und er hat nicht dieselbe Wirkung wie Biomizin, zum Beispiel. Er weiß, daß es immer sehr guter Wein ist (Assjas Vater war in Frankreich Weinkoster), aber Eddy-Baby mag guten Wein nicht. Was er mag, sind die Gläser in denen Assja den Wein serviert und die Oliven, die es dazu gibt und die Servietten. Er würde es vor Assja nie zugeben, daß er diesen Wein nicht mag, sondern lieber Biomizin trinkt.

Eddy-Baby fühlt sich wohl bei Assja. Die Unmenge von Büchern im Haus gefällt ihm. Nicht nur im großen Zimmer sind alle vier Wände damit vollgestellt (im wesentlichen sind es französische Bücher, aber es gibt auch russische und englische), sondern auch in Assjas Zimmer nehmen sie eine ganze Wand ein: jedes Familienmitglied hat seine eigenen. Sogar über dem Bett hängt ein Bücherbord. Niemand in Saltow besitzt so viele Bücher, außer vielleicht Boris Tschurilow, und wenn doch, dann sind es, wie bei den Eltern von Sascha Plotnikow, schrecklich langweilige Ansammlungen von Gesamtausgaben in vielen Bänden mit dunklen Einbänden. Die Bücher von Assja sind ungewöhnlich: die meisten sind im Ausland herausgegeben worden, sogar die auf Russisch. Und Assja ist nicht knausrig: sie leiht Eddy-Baby gern welche aus. Im Moment hat er mehrere bei sich zu Hause: Den Roman »Drei Kameraden« von Remarque, und einige Nummern der Zeitschrift »Vaterländische Annalen« in denen der Roman eines sehr merkwürdigen Schriftstellers abgedruckt ist: »Das Geschenk« von W. Sirin*.

Der Lebensstil von Wischnewskijs gefällt Eddy. Sogar die einfachen Holzbetten, die sie sich selbst gebaut haben, gefallen ihm. Die meisten Einwohner von Saltow haben Eisenbetten mit einem Drahtrost. Im Sommer kann man beobachten, wie sie ihre Betten einfach auf die Straße stellen, sie mit heißem Wasser abbrühen und dann Petroleum darüberschütten. In vielen Wohnungen gibt es Wanzen und die loszuwerden ist äußerst schwierig. Bei Eddy-Baby zu Hause gibt es keine Wanzen; seine Mutter ist ebenso penibel, wie die deutsche Tante Elsa, die Mutter vom Roten Sanja.

Auf Assjas Bett liegt eine bunte Decke und darüber ein Fuchsfell. Eddy-Baby setzt sich auf das Fuchsfell.

Ihm gefällt auch die Beleuchtung in der Wohnung: überall stehen kleine Tischlampen mit Schirmen aus alten geographischen Karten. Ein guter Einfall und sehr gemütlich. In den Saltower Wohnungen kommt das Licht gewöhnlich von oben, aus Birnen, die von der Decke baumeln und entweder ganz nackt sind oder von roten oder orangenen Schirmen mit Fransen verhüllt werden. Deshalb erinnern die Zimmer, im ersten Fall, an eine öffentliche Toilette, oder, im zweiten, an einen Harem. So einen Harem mit solchen Lampenschirmen hat Eddy-Baby mal in einem geographischen Buch über die Türkei gesehen.

Außerdem ist es bei den Wischnewskijs auch noch geräumig. Sie haben nicht diese nilpferdförmigen Kommoden und Schränke herumstehen, die einem den Lebensraum wegnehmen; sie haben nur notwendige Möbel.

Assja bringt auf einem Tablett Wein und Oliven. Es ist ein ungarischer Wein, der »Stierblut« heißt, und sich entschuldigend, sagt sie: »Verzeihen sie, M´sieur, daß wir gezwungen sind, ihnen ungarischen Wein zu kredenzen, statt französischen. Aber leider haben die Eingeborenen dieses Mal keinen französischen Wein in die hiesige Gastronomiehandlung geliefert.« Sie stellt das Tablett auf einen niedrigen Tisch neben Eddy-Baby und macht, bevor sie sich hinsetzt, einen Knicks, wie es die Damen aus vornehmer Familie in den Filmen über das Leben vor der Revolution tun. Assja mag die hiesigen Eingeborenen nicht. Wenn sie von Paris erzählt, glänzt manchmal so etwas wie eine Träne in ihren Augen.

Als Eddy-Baby Assja kennenlernte, war er in der sechsten Klasse. Assja sprach Russisch mit Akzent, sie war gerade aus Frankreich nach Charkow gekommen. Sie begegneten sich unter sehr romantischen Umständen: im Theater.

13

Die Schüler der achten Mittelschule von Charkow werden selten in Ruhe gelassen. Sogar während der Ferien versucht man, ihre Freizeit zu organisieren, sie zusammenzuhalten, zu leiten und kulturell weiterzubilden. Die Jungs von Saltow sind schwer zu erziehen und die Mädchen auch. Viele fangen schon im ersten Schuljahr an zu rauchen, wie Tolja Sacharow zum Beispiel, und an der Flasche hängen sie auch schon im zarten Alter. Zwei Drittel von ihnen verlassen die Schule gewöhnlich nach der sechsten oder siebten Klasse, und wer nicht in die Fabrik geht, treibt sich halt auf der Straße rum. Aber es gilt anscheinend die Regel: Je schwieriger das Material, desto eifriger die Pädagogen.

Damals also, während der Neujahrsferien, hatte man sie in die Oper geführt. Hätte Eddy-Baby, der dreizehn war, an diesem Tage etwas anderes vorgehabt, wäre er nicht mitgegangen. Aber es war keinerlei Zerstreuung in Sicht und so hatte er sich für seinen Ausgang die dunkelblauen Röhrenhosen selbst gebügelt. Sie waren aus einer Uniformhose seines Vaters gemacht worden, von der man lediglich die blauen Streifen des MWD entfernt hatte. Bei dieser Hose hielt die Bügelfalte hervorragend und zudem war sie die engste Hose in der ganzen Schule: sechzehn Zentimeter. Eddy-Baby war stolz darauf. Als kluger Junge, der es vermeidet, seine Alten unnötig aufzuregen, hatte er seine Hosen allmählich, in drei oder gar vier Etappen, selbst enger gemacht, damit seine Eltern sich langsam daran gewöhnten. Zu seiner Ehre muß man sagen, daß er diese Aufgabe tadellos bewältigte, obwohl er nie zuvor Nadel und Faden in der Hand gehabt hatte. Daß die Hose nur noch sechzehn Zentimeter Schlag hatte, entdeckte Raissa Fjodorowna erst später, im Februar 1956, als es ihr von Rachel berichtet wurde. Rachel, eine alte Jüdin, war ab der fünften Klasse ihre Klassenlehrerin. Davor war es die Armenierin Walentina Pawlowna Nasarjan gewesen.

Zu diesem Zeitpunkt hatte er Rachel Israeljewna Katz noch nicht vor der ganzen Klasse »alte Jüdin« genannt; ihr Verhältnis war damals noch in Ordnung. Zwar war Eddy-Baby als Vorsitzender des Gruppensowjets schon lange gestürzt, aber er war immer noch mit der Gestaltung und Redaktion der Wandzeitung der Klasse betraut und befand sich auf der schulischen Wertskala noch relativ weit oben. Allerdings hielt man ihn bereits für einen Nichtsnutz, mit dem es noch ein schlimmes Ende nehmen würde, wie seine Flucht im März 1954, die die ganze Schule in Aufregung versetzt hatte, bereits erkennen ließ.

Kurz und gut, Eddy-Baby ließ sich von zwei Straßenbahnen quer durch die ganze Stadt bis zur Charkower Oper kutschieren. Obenherum trug er ein weißes Hemd von seinem Vater, die Fliege, die ihm Witja Golowaschow zum Geburtstag geschenkt hatte und ein Jackett, das nur ein bißchen dunkler war als die bekannte Hose, so daß das Ganze wie ein Anzug aussah. Darüber den neuen beigefarbenen Mantel, ein tschechoslowakisches Modell von sackartigem Schnitt, das ihm seine Eltern gekauft hatten, ohne sich zu überlegen, wie er darin aussehen würde. Zu der Zeit bemühte sich Eddy-Baby um ein elegantes Äußeres, und die Straßenbahnfahrt inmitten seiner Klassenkameraden, die entweder wie Dorftrampel oder wie Kinder angezogen waren, ging ihm auf die Nerven. Er schämte sich für sie.

Eddy-Baby hatte mühsam den ersten Akt hinter sich gebracht. Es wurde wieder mal »Dornröschen« gegeben, die achte Mittelschule hatte das Stück schon zweimal gesehen. Bei dem Gedanken, daß ihm noch zwei Teile bevorstanden, stieg ihm die Wut hoch: Abhauen war nicht möglich. Ihre Unterdrücker hatten in der Garderobe angeordnet, keinem der Schüler vor Ende der Vorstellung seinen Mantel herauszugeben. Er stand mit den anderen zusammen in der Toilette und rauchte.

Alle maulten und spuckten aufmüpfig auf den Boden. Und auch Eddy schimpfte in einem Anfall ohnmächtiger Wut über die Dämlichkeit der Schulleitung. Da machte Wowa Tschumakow, damals sein bester Freund (der, mit dem Eddy-Baby 1954 nach Brasilien abgehauen war), den Vorschlag, sich einen hinter die Binde zu gießen.

»Wenn es um Getränke geht, legen wir natürlich jederzeit zusammen, aber wie willst du drankommen?« hatte Eddy-Baby gefragt, »die Schweine lassen niemanden raus, und an der Tür steht der Sportpauker Ljowa und die Pioniergruppenleiterin.«

»Nichts leichter als das«, feixte Tschuma, »ich geh' einfach zum Fenster raus. Guck doch mal, was für ein großes Klappfenster die hier haben. Bloß, ich hab' keine Knete.«

Das hätte auch niemand erwartet, Tschuma war nämlich der ärmste in der Klasse. Seine Mutter wusch Wäsche, sein Vater war an der Front umgekommen; er hatte nicht mal immer ein Pausenbrot dabei. Aber Tschuma wurde geschätzt: er war mutig, und er war schön, er hatte kastanienbraune Locken, große grüne Augen und war groß gewachsen. Eddy-Baby hatte zu der Zeit schon einen Meter vierundsiebzig erreicht, aber Wowa Tschumakow war größer.

Die Jungs kramten in ihren Taschen und fingerten zerknüllte Rubelscheine und Münzen heraus. Tschuma steckte alles ein, feixte und turnte durchs Fenster.

»Hau uns bloß nicht ab!« sagte Witja Golowaschow zu ihm.

»Bist du verrückt, oder was«, fragte Tschuma über die Schulter zurück. Einen Fuß hatte er schon draußen. »Ich hab' doch meinen Mantel hier!«

Alle lachten. Aus der Kabine, die die ganze Zeit besetzt gewesen war, kam ein Opa mit Bärtchen, der die fremden Jugendlichen ängstlich beäugte, während er sich in Ordnung brachte. Die Horde fing an zu pfeifen und zu stampfen und Witja Sitjenko schnellte dem Alten sogar zwei Finger entgegen, als wollte er ihm die Augen eindrücken.

Der Opa suchte das Weite.

Die Klingel rief die Leute in den Saal zurück. Alle, die zu den Getränken etwas beigesteuert hatten, beschlossen, im Klo zu bleiben und dort auf Tschumakow zu warten. Das Geschäft war gleich nebenan, über die Straße. Aber Witja Golowaschow vermutete mit gutem Grund, daß der Sportlehrer Ljowa, der ihre Gewohnheiten kannte, die Toiletten kontrollieren würde. Witja war ein findiger Bursche, und deshalb riet er den anderen vier, sich wie er auf die Kloschüsseln zu stellen und die Kabinen abzuschließen. Es war nicht anzunehmen, daß Ljowa in die Kabinen reinguckte, er würde lediglich nachsehen, ob nicht irgendwo Füße herausschauten. Die Kabinen im Theater waren unten offen.

So machten sie es. Aber weil es nur vier Kabinen gab, mußten sich Witja Sitjenko und Witja Golowaschow eine Kloschüssel teilen. Sie drehten und wendeten sich auf ihrem Örtchen und kicherten, bis die anderen »scht« machten. Da hielten sie still.

Genau wie von Witja vorhergesehen, kam beim dritten Klingeln Ljowa herein. Schon am Klang seiner Schritte konnte man erkennen, daß da ein älterer, mittelmäßiger Athlet kam, der auf seinem Posten als Sportlehrer einer Provinzschule Speck angesetzt hatte.

Die Mädchen versicherten, daß er versuchte, ihre Busen zu betatschen, wenn er ihnen an den Ringen oder am Barren hochhalf. Eddy-Baby verachtete Ljowa und ging nicht in seine Stunden. Ljowa seinerseits behandelte Eddy als einen Fatzke. Ljowa blieb einen Moment stehen, vorm Spiegel wahrscheinlich, kämmte sich, um mit den ihm verbliebenen Haaren seine Glatze zu verdecken und ging wieder.

Die fünf sprangen alle gleichzeitig von ihren Kloschüsseln und fast im selben Augenblick steckte auch Tschuma seinen Kopf durchs Klofenster. Er schaute sich um, sah seine Kumpane, grinste fröhlich, zog den Kopf wieder hinter die Milchglasscheibe zurück und streckte stattdessen zwei Hände herein, die vier Flaschen vom starken Rosé hielten. Es stellte sich heraus, daß Witja Golowaschow fünfundzwanzig Rubel ausgegeben hatte.

Als Eddy-Baby und Tschumakow gegen Ende des zweiten Aktes an ihre Plätze zurückkehrten, waren sie besetzt. Auf Eddys Platz saß eine schöne, junge Dame im langen Kleid. Eddy-Baby war von der ersten Klasse an in die Mittelschule Nr. 8 gegangen, aber sie hatte er bisher noch nie gesehen. Auf Tschumas Platz saß ein ebenfalls sehr hübsches Mädchen in einem schwarzen Taftkleid mit weißem Spitzenkragen.

»Oho«, rief Tschumakow höchst zufrieden, »während ich mit d´Artagnan auf Achse war, wurden unsere Plätze von Damen eingenommen! Wer seid ihr schönen Unbekannten?« sprach er sie kokett an. Er wußte, daß er ein hübscher Knabe war.

»Unsere Klassenlehrerin hat uns hierher gesetzt«, sagte das Mädchen auf Eddys Platz streng. Dabei fiel Eddy-Baby auf, daß sie mit Akzent sprach.

»Schon möglich«, erwiderte Eddy, »aber wir müssen uns auch irgendwo hinsetzen. Das sind unsere Plätze.«

»Geht auf den Balkon, da ist noch was frei«, sagte das Mädchen auf Tschumakows Platz.

»Wir wollen aber nicht auf den Balkon«, gab Tschuma, vom Wein übermütig geworden, zurück, »wir wollen uns auf die Plätze setzen, die auf unseren Karten angegeben sind.«

Und mit boshaftem Lächeln zog er aus seiner Tasche ein ganz zerknülltes hellblaues Billet des Charkower Schewtschenko-Theaters.

»Man hat uns hierhergesetzt. Wir haben uns die Plätze nicht selbst ausgesucht«, sagte das strenge Mädchen auf Eddys Platz, »außerdem seid ihr doch Männer und ein Mann muß ein Gentleman sein und der Dame den Vortritt lassen.«

»Als Gentleman schlage ich ihnen vor, Mylady, sich bei mir auf den Schoß zu setzen«, antwortete Tschuma, nun bis über beide Ohren grinsend, dem Mädchen auf seinem Platz.

Anscheinend begann er seiner Gesprächspartnerin zu gefallen, denn die beiden steckten die Köpfe zusammen und tuschelten kichernd miteinander.

Aber Assja Wischnewskaja saß kerzengerade da und sah zur Bühne, wo der Prinz gerade irgendwelchen Unsinn redete.

Eddy-Baby war noch nie bösartig gewesen, aber schon immer ziemlich stur. Also ging er, nachdem er sich einmal zu zivilisiertem Benehmen entschlossen hatte, ins Parterre hinunter und suchte die Klassenlehrerin Rachel. Ihr erzählte er, vorsichtig bemüht, ihr nicht seine Weinfahne ins Gesicht zu blasen, daß seiner und Tschumakows Platz von irgendwelchen Mädchen aus einer anderen Klasse besetzt worden waren.

Als er von Rachel begleitet zu ihrer Loge zurückkam, war ihm sein Benehmen schon peinlich, aber jetzt gab es kein Zurück mehr. Rachel hatte das Problem bald ohne besondere Schwierigkeiten gelöst. Sie wollte die Mädchen nicht kränken und suchte ihnen einfach andere gute Plätze. Aber als Olga und Assja gingen, warf ihm Assja einen Blick zu, der ihn schlagartig nüchtern machte.

Auch Tschuma war von Eddys Verhalten keinesfalls begeistert. Er und Olga waren sich schon näher gekommen, und er hatte von ihr erfahren, daß Assja, die in Wirklichkeit Lisa Wischnewskaja hieß, gerade aus Frankreich eingetroffen war, von wo man ihre Familie repatriiert hatte, daß sie Olgas beste Freundin war und das romantischste und interessanteste Mädchen, das sie je getroffen hatte und daß sie (Olga) ihr Leben für Assja hingeben würde.

»Verdammt, warum hast du das gemacht?« fragte Tschuma, »warum zum Teufel?«

Eddy-Baby wußte es selbst nicht. Wohl aus Sturheit. Es sollte nach seinem Kopf gehen. Sein ganzes Leben lang sollte immer alles nach seinem Kopf gehen.

14

Sie versöhnten sich einen Monat später: es stellte sich nämlich heraus, daß sie Nachbarn waren. In Saltow waren die Häuser nicht durch Höfe voneinander getrennt, sondern durch Bäume und Sträucher. Die Architekten der Siedlung hatten wohl von der Stadt der Zukunft geträumt, bewachsen mit Ahorn und Holunder. Wenn er zwischen den Gerten der Ahornsetzlinge und den niedrigen, staubigen Holundersträuchern durchlief, war ihm schon öfter aufgefallen, daß vor oder hinter ihm ein Mädchen ging, das ein bodenlanges Kleid und immer den gleichen Kapuzenmantel aus Samt trug.

Assja besaß zwei solcher Mäntel – Gegenstände des Neids aller Saltower Mädchen – die Kadiks Lodenmantel sehr ähnlich waren.

Manchmal war Assja in Begleitung von Mitschülern, manchmal alleine. Eines Tages nahm sich Eddy-Baby ein Herz und sagte: »Guten Tag, Mademoiselle!« worauf sie ihm antwortete: »Guten Tag, Barbar!«

Es war Abend und es fiel nasser Schnee. Eddy-Baby ging lange mit Assja in der Nähe ihres Hauses spazieren und sie redeten über die Bücher, die sie gelesen hatten. Assja war erstaunt über Eddys Belesenheit; die hatte sie bei ihm nicht vermutet. Dann sprachen sie über die Seele, Gott und die Liebe.

Über diese Dinge hatte er schon mal mit einem Mädchen gesprochen: mit Weta Wolina. Sie war hübsch, sah aus, wie ein Engel auf einem mittelalterlichen Bild. Aber diese Ähnlichkeit hatte er nicht selbst entdeckt, die Pionierführerin hatte ihn darauf hingewiesen. Mit Weta Wolina war es jedoch ganz anders gewesen. Bei ihr war Eddy-Baby entsetzlich schüchtern und hatte sich erst einen Monat nach ihrem ersten Rendezvous getraut, sie zu küssen. Assja hatte ihn von sich aus geküßt, noch am gleichen Abend. Der Schnee fiel ihnen auf Gesicht und Lippen und ihre Küsse wurden naß. Beide waren sie nach dem dreistündigen Gespräch total erfroren und Eddy-Baby mußte dringend mal. Ihre Lippen waren eiskalt, und die von Assja rochen leicht nach Tabak: sie rauchte viel.

Eine Liebesgeschichte ergab sich daraus nicht, stattdessen wurden sie aber richtige Freunde. Nach Assjas Meinung war es mit der Liebe nichts geworden, weil Eddy-Baby erstens leider ein Jahr jünger war und sie außerdem beide sehr starke Persönlichkeiten waren. »Zwei so starke Charaktere können sich nicht lieben«, hatte sie gesagt. Assja war der erste Mensch, der entdeckte, daß Eddy-Baby einen Charakter hatte.

»Wie geht's Swetka?« fragt Assja, nachdem sie ein Schlückchen Wein getrunken und das Glas auf den Tisch zurückgestellt hat. Dann geht sie zur Tür, schließt sie, geht von dort zum Fenster, öffnet es und steckt sich erst dann eine Zigarette an. Ihre Eltern rauchen nicht.

»Wie? Naja, wie immer halt«, sagt Eddy und zuckt mit den Schultern, »vor kurzem wurde sie wieder beim Tanz im ›Stachanowist‹ mit Schurik gesehen.«

Assja seufzt. Sie kann Eddy-Babys Liebe zu Swetka, die launisch und versponnen ist, nachfühlen, obwohl sie findet, daß die Tochter einer Prostituierten nicht das Richtige für ihn ist. Ganz Saltow weiß, daß Swetkas Mutter für Geld mit Männern schläft. Aber Assja verneigt sich vor der Liebe und nimmt in ihrer Eigenschaft als Ratgeberin lebhaften Anteil an allen Liebesdingen ihrer Freunde und Freundinnen.

»Vielleicht sollte ich ihm mal in die Fresse hauen?« fragt Eddy-Baby nachdenklich.

»Das wäre dumm!« widerspricht Assja. »Was weißt du denn – vielleicht ist ja gar nichts zwischen den beiden. Dürfen sie denn nicht einfach mal zusammen tanzen gehen? Und was ist das überhaupt für eine idiotische Sitte, alle Probleme per Faustschlag zu lösen? Er ist ja außerdem auch dein Freund...«

»Von wegen mein Freund!« protestiert Eddy verdrossen, »Swetka hat ihn mir vorgestellt. Er ist ihr Freund!«

»Gut«, sagt Assja, »dann betrachte die Sache mal von einer anderen Seite. Wenn man logisch ist...«

Eddy fällt ihr ins Wort: »Wie soll man denn mit Swetka logisch sein? Letztes Mal, als wir am Ersten Mai zusammen gefeiert haben, das erste Mal wir zwei, war es da etwa logisch, daß sie hinterher zum Teich rennt und sich ertränken will? Mal ganz abgesehen davon, daß der Teich weit weg ist und sie, bis sie dort gewesen wäre, keine Lust mehr gehabt hätte, sich zu ersäufen. Sie ist verrückt!«

»Eddy!« unterbricht ihn Assja, »das darf jeder sagen – bloß du nicht. Sogar deine Freunde finden nämlich, daß du sie auch nicht alle hast. Wußtest du das etwa nicht?« Assja ist aufgeregt und fuchtelt mit ihrer Zigarette.

»Ich glaub' es nicht«, sagt Assja, »sonst würdest du nicht hier bei mir sitzen, ich glaube, du bist ein sehr feiner und sensibler Junge und fast alle deine Freunde sind einfache Arbeiterkinder, die dich nicht verstehen. Aber du hast ja auch Humor! Bist schon selber Schuld, wenn Swetka wegläuft und sich ertränken will.

Warum hast du ihr denn bloß das Messer gezeigt und gesagt du würdest sie umbringen, wenn sie dich betrügt?«

»Sie hat zu lange mit Tolik Ljaschenko getanzt«, verteidigt sich Eddy-Baby verwirrt. »Mir kam es so vor, als würde sie sich an ihn pressen und dann, als wir das Flaschenspiel gemacht haben, da haben die anderen so widerlich gelacht, als Swetka mit ihm zum Küssen ins Nebenzimmer ging. Und dann sind sie so lange nicht wiedergekommen... Außerdem wollte ich sie ja nicht umbringen, ich wollte ihr nur Angst machen.«

»Wie charmant!« ruft Assja empört, »an Swetkas Stelle hätte ich nie mehr ein Wort mit dir geredet. Aber offensichtlich liebt sie dich, wenn sie nach dieser Geschichte zu dir zurückkommt.«

»Glaubst du?« Eddy-Babys Stimme klingt hoffnungsvoll.

»Natürlich!« versichert Assja, »und trotzdem – du weißt ja – ich glaube nicht, daß eure Beziehung eine Zukunft hat. Du bist so anders, sie paßt nicht zu dir.«

Eddy-Baby schweigt.

»Ich glaube, ich verstehe dich«, spricht Assja weiter, »wir sind verwandte Seelen.«

Draußen klingelt es. Assja geht hinaus und kommt mit einem Mädchen zurück, das einen rotbraunen Mantel trägt. Das Mädchen hat schwarze, kurz geschnittene Haare und stützt sich leicht auf einen Stock. Zwischen ihren Zähnen qualmt beißend eine »Bjelomor-Kanal«.

»Darf ich vorstellen«, sagt Assja, »das ist meine Freundin Katja Murawjowa. Sie ist auch repatriiert und sie schreibt Gedichte wie du. Das liegt bei ihr in der Familie: Ihr Vorfahre, der berühmte Dekabrist Murawjow-Apostol, der erschossen wurde, hat auch Gedichte geschrieben.«

»Hallo«, sagt das Mädchen kurz und schüttelt Eddy-Baby energisch die Hand, »freut mich, dich kennenzulernen.«

»Katja wohnt in Moskau, aber sie ist jetzt ein paar Tage bei mir zu Besuch.«

»Angenehm, Eduard«, stellt Eddy sich vor.

»Heißt du tatsächlich Eduard?« fragt die Kurzhaarige freiweg und läßt die Zigarette geschickt in den anderen Mundwinkel wandern – mit der Zunge, Eddy-Baby weiß, wie das geht.

»In der Tat«, antwortet er einsilbig.

»Also, ich geh' dann mal, es ist Zeit«, kündigt Eddy-Baby an. Er hat das Gefühl, die Mädchen wollen unter sich sein.

»Denkst du noch dran, daß du mir das Buch von Romain Rolland versprochen hast? Die Seele...« setzt er zögernd an.

»Die verzauberte Seele«, springt ihm Assja bei »natürlich, nimm's mit. Aber es handelt von einer Frau und ist überhaupt eher ein Buch für Frauen. Willst du's trotzdem?«

»Ja, gib schon«, entscheidet Eddy-Baby, der »Jean Christoph« hat ihm gut gefallen und da ist dieses Buch sicher auch interessant.

15

Draußen wird es schon dunkel. Es schneit nicht mehr, und der Schnee, der gefallen war, ist weggetaut. Hier und da tauchen aus dem Saltower Dunkel (Laternen kaputtschießen ist der Lieblingssport der Kinder von Saltow, deshalb ist es hier immer finster) Paare oder Gruppen auf, die mit Flaschen und Proviant beladen, zu jemandem auf Besuch gehen, um den Oktober zu feiern. Swetka ist mit ihrer Mutter zu Verwandten nach Dnjepropetrowsk gefahren, deshalb ist Eddy-Baby an diesem Festtagsabend allein. Sie kommt erst morgen zurück und da gehen sie dann zu Sascha Plotnikow. Swetka möchte ihren Freundinnen hinterher erzählen können, daß sie den Oktober mit Sascha Plotnikow zusammen gefeiert hat. Für sie ist das genauso wie eine Einladung an einen Königshof. Eddy-Baby weiß, daß sie gerne angibt, aber, was soll er machen.

Eddy-Baby macht kehrt und geht nach Hause. Sein Vater ist auf Dienstreise und seine Mutter »begeht« das Fest bestimmt mit den Nachbarn aus der Parterrewohnung, der häßlichen »Tante« Marussja und ihrem Mann, dem stattlichen, schwarzhaarigen »Onkel« Wanja. Ihn haben sie auch eingeladen, aber was soll er mit diesen langweiligen Erwachsenen anfangen? Es ist sicher noch die andere Tante Marussja mit ihrem Gatten, Onkel Sascha Tschepiga, da. Der ist wenigstens ganz witzig, aber er gehört auch zur Hammelherde, denkt Eddy voller Verachtung.

Seine Mutter genießt großes Ansehen bei den Arbeitern in der Nachbarschaft. Sie ist viel gebildeter als die und hat früher mal Chemie studiert; allerdings hat sie nur während des Krieges gearbeitet und ihr ganzes weiteres Leben als Hausfrau und mit Bücherlesen verbracht. Die beiden Marussjas wenden sich immer an sie, wenn sie Schwierigkeiten haben, und das ist bei ihnen ein Dauerzustand: Onkel Sascha trinkt und Onkel Wanja ist für seine Angetraute zu schön. Eddy-Baby vermutet, daß es in seinem Leben noch andere Frauen gibt. Also ist Raissa Fjodorowna rund um die Uhr als Beraterin tätig.

Sieht so aus, als wäre Onkel Wanja ein bißchen in meine Mutter verliebt, denkt Eddy-Baby, während er auf dem nassen Asphaltweg, der sich zwischen Büschen und Bäumen hindurchschlängelt, auf sein Haus zugeht. Ihm ist aufgefallen, daß sich seine Mutter in Onkel Wanjas Gegenwart auch ein bißchen seltsam benimmt, irgendwie verlegen... Sie sagt, Onkel Wanja hätte Zigeunerblut. Möglich, denkt Eddy-Baby, er sieht aus wie ein Zigeuner.

Seine Mutter langweilt sich in Saltow. Gebildet wie sie ist, fühlt sie sich den Arbeiter- und Bauersfrauen ihrer Nachbarschaft überlegen. Sie hat hier keine richtigen Freundinnen mehr. Seinem Vater dagegen fehlt nichts, er ist den ganzen Tag auf der Arbeit oder macht Dienstreisen. Seine Mutter ist sozusagen in Saltow gefangen. Vor ein paar Jahren hatten sie noch wesentlich interessantere Nachbarn; die Hälfte davon waren Militärs. Kapitän Posin, dessen ältester Sohn nur ein Jahr älter war als Eddy und der Kommandant Sokolowskij mit seinen zwei schönen Töchtern Galina und Larissa. Schepelskijs wohnten in einem anderen Teil des Hauses. Schepelskij war Doktor der Naturwissenschaften und Bergsteiger, seine Söhne Wladik und Ljona studierten. Ljona kam, genauer gesagt, ein bißchen später nach Saltow und da war er schon verrückt. Er hatte in einer anderen Stadt, in Pawlograd wahrscheinlich, den Verstand verloren. Als er bei seinen Eltern ankam, war er ungewöhnlich still und schaute mit seinen blauen Augen sanftmütig in die Welt. Aber Eddy weiß noch, wie er sich einmal, während eines Anfalls, mit dem Beil seinen kleinen Finger abgehackt und aus dem Fenster auf die Straße geworfen hat. Er sieht noch genau vor sich, wie die Ambulanz kam und wie man ein paar Minuten später Ljonas gefesselten Körper aus dem Nachbarhaus heraustrug und in den Sanitätswagen lud.

All das gehört schon längst zur Geschichte der Nr. 22 auf der Ersten Querstraße. Schepelskij hatte sich scheiden lassen und seine Frau, Alexandra Wasiljewna war kurz nach der Scheidung gestorben. Er hatte ein junges Mädchen, eine seiner Studentinnen geheiratet, die mit ihm im Kaukasus herumgeklettert war. Alexandra Wasiljewna konnte das nicht mitmachen. Sie war älter als Schepelskij, hatte geschwollene Beine und war oft krank. Als Schepelskij seine erste Frau begrub, ging seine Mutter zur Beerdigung und nahm Eddy-Baby nicht mit, obwohl er unbedingt mitgehen wollte. Schepelskij war zum Vizeminister der ukrainischen Sowieso-Industrie ernannt worden, daraufhin nach Kiew umgezogen und dort lebte er nun in einer großen Wohnung. Das war wie ein Signal: Saltow leerte sich schnell. Die Militärs und Intellektuellen zogen ins Stadtzentrum, das nach der Zerstörung durch die Deutschen wieder aufgebaut worden war, und das Vakuum, das so entstand, füllte sich mit lärmenden Arbeiterfamilien – mit dem Proletariat oder dem »Hegemon«, wie Kadik abschätzig sagte. Darunter waren brave Leute, wie die beiden Tanten Marussja und ihre Ehegatten, aber manchmal ödeten sie seine Mutter halt an.

Eddy-Babys Mutter langweilt sich besonders seitdem ihre letzte enge Freundin, die Jüdin Beba, mit ihrem Mann Dodik und ihren zwei Söhnen Mischa und Ljona aus Saltow weggezogen ist. Dodik war Ingenieur. Bei ihrer Abreise hatte seine Mutter geweint. Es war eine sehr fröhliche Familie und sie hatten alle Feste miteinander gefeiert. Dodik war Hobbyfotograph. Eddys Mutter hatte jede Menge Aufnahmen von Eddy-Baby, Mischa und Ljona in ihren Sonntagsanzügelchen und mit Luftballons in der Hand, wie sie dastanden oder im Maigras lagen und ihre Gesichter dem Fotographen zuwandten. Und der Clown Ljona machte eine Fratze oder streckte die Zunge raus.

Nach der Abreise ihrer Freundin Beba fing Eddys Mutter an zu nörgeln, und nach ein paar Tagen machte sie Wenjamin Iwanowitsch eine Szene, während der sie behauptete, aus Hilflosigkeit und Mangel an Charakter würde er ihr Leben und das des Kindes verderben. Mit »Kind« war Eddy-Baby gemeint, ein anderes gab es in der Familie nicht. Unter »Mangel an Charakter« verstand sie die Unfähigkeit des Oberleutnants Sawenko, von seinen Vorgesetzten eine andere Wohnung zu erwirken, in der Stadtmitte, nicht hier, in diesem von der Zivilisation vergessenen Saltow, wo nach jedem Regen die Straßen im Schlamm versanken. Nicht genug, daß sie immer noch in einem einzigen Zimmer wohnten, wo doch sogar einige seiner Untergebenen bereits eine ganze Wohnung für sich hatten, »wir müssen auch noch in dieser schrecklichen Gegend leben. Unser Sohn ist gezwungen, in der Stube zu hocken und sich beim Lesen die Augen zu verderben, weil er mit den Straßen- und Bauernkindern hier keinen Umgang haben kann«, machte sie ihrer Unzufriedenheit Luft.

Zweifellos hatte sie recht, obwohl noch nichts auf das Unheil hinwies, das durch Eddys unvermeidlichen Umgang mit dem

Gesindel von Saltow und Tjura auf die Familie Sawenko und Eddy-Babys Erziehung zukam. Sein Vater antwortete ihr niedergeschlagen, daß er ein anständiger Mensch sei und es deshalb ablehne, seine dienstliche Stellung für persönliche Zwecke auszunützen; und daß einige seiner Untergebenen zwar eine eigene Wohnung hätten, aber doch nur, weil ihre Familien so groß seien. »In unserer Einheit gibt es eine Warteliste für Wohnungen, und die Leute, die vor mir dran sind, brauchen eine Wohnung viel dringender als wir«, sagte er. Und als Antwort auf den Vorwurf der Charakterlosigkeit gab er zu bedenken, daß das Schicksal der Frauen, deren Männer Säufer waren oder Schürzenjäger, noch weitaus schlimmer sei. Eddy-Babys Vater war weder das eine noch das andere, obwohl er ziemlich gut aussah; viel attraktiver als Eddy, wie seine Mutter einmal gesagt hatte, um ihn zu ärgern. Er hatte eine gerade Nase, keine Stubsnase, wie Eddy-Baby und seine Mutter, und schöne große Augen.

Beeinflußt von seiner Mutter, war Eddy-Baby mit der Überzeugung aufgewachsen, daß »unser Vater einfach zu gut ist«. Schon zu der Zeit, als er noch in seine Bücher vergraben war, hatte er sich fest vorgenommen, nicht so zu werden, wie er. Er wollte sein eigenes Zimmer haben, wenn auch nur ein winziges, um dort seine geographischen Karten aufzuhängen, Bücher und Exzerpte auszubreiten, die Skizzen von Pflanzen und Tieren an die Wand zu pinnen, sowie seine Zeichnungen von Zwei- und Dreimastern mit ihren verschiedenen Takelagen. Aber sein Vater war ein guter Mensch, und deshalb hatten Eddys Schätze ihren Platz in einer Ecke des Badezimmers, umgeben von altem Gerümpel. Langsam aber sicher ging ihm Vaters Gutmütigkeit auf die Nerven.

16

Als Eddy-Baby elf war, veränderte sich sein Leben radikal und zwar an dem Tag nach der Rauferei mit Jura. Jura Obejuk wiederholte die Klasse, war also ein Jahr älter als Eddy. Er hatte die rosigen Pausbacken eines Jungen aus dem sibirischen Krasnojarsk, wo er geboren war, und einen kraftvollen, stämmigen Körper. Nach Eddys Meinung war er ein Vollidiot. Aber unerfahren, wie Elfjährige eben sind, war ihm nicht klar, daß so ein Vollidiot stark sein kann wie ein junger Stier, stark und gefährlich. Sie hatten sich gezankt. Eddy-Baby hatte eine ganz harmlose Karrikatur von Jura gezeichnet: Jura, während des Unterrichts schlafend. Tatsächlich neigte der robuste Junge dazu, in der stickigen Luft des Klassenzimmers einzuschlafen. Nachdem Eddy-Baby und der andere Künstler, Witja Proutorow, die Wandzeitung aufgehängt hatten, wälzte sich Jura auf Eddy zu und sagte, er wolle sich mit ihm »kloppen«.

»Los, wir kloppen uns, Sawecha!« Sawecha war die gerade moderne Abwandlung von Eddys Familienname.

»Dann mal los«, hatte Eddy geantwortet. Nach dem ungeschriebenen Gesetz der 8. Mittelschule wäre eine Ablehnung in dieser Lage unehrenhaft und feige gewesen. Sie kamen überein, sich während der großen Pause im leeren Klassenzimmer zu schlagen.

Der Sibirier Jura vermöbelte Eddy-Baby bis zur Bewußtlosigkeit und änderte damit jäh sein Leben – wie die Erscheinung des Engels Gabriel Mohammeds gesamtes Leben verändert, und der fallende Apfel aus Newton Newton gemacht hatte.

Als Eddy wieder zu sich kam, lag er im Klassenzimmer auf dem Boden. Um ihn herum standen ein paar Mitschüler mit erschrockenen Gesichtern und ein bißchen abseits saß – seelenruhig – Jura Obejuk.

»Wie isses, haste genug?« fragte er, als er sah, daß Eddy die Augen geöffnet hatte.

»Hab' genug« gab Eddy-Baby sich geschlagen. Er verstand vielleicht nicht alles, aber die objektive Realität sehr wohl. Mit Hilfe von mitfühlenden Klassenkameraden schleppte er sich auf die Toilette, wo sie die Mischung aus Kreide und Staub, die an seiner Hose und der schwarzen Kordjacke klebte, mit Wasser abwuschen. Auf seine blauen Flecken – Eddy-Babys Gesicht war mit Veilchen und Schrammen verziert – legten sie Fünfkopekenstücke, die sie ihm zu diesem Zweck ausliehen. Damit war der Zwischenfall beigelegt.

Als er an diesem Tag nach Hause gegangen war, hatte Eddy-Baby sein Leben analysiert und es aus verschiedenen Blickwinkeln betrachtet: seine ganzen elf Jahre. Davon ließ er sich nicht ablenken, bis er, zu Hause angekommen, die ersten Entsetzensschreie seiner Mutter hörte und er ihre Fragen: »Wo? Wer? Wann?« parieren mußte.

Er sagte nur, daß sie sich geschlagen hätten. Wer ihn vermöbelt hatte, sagte er nicht, da er völlig zu Recht annahm, daß das nur ihn allein etwas anging. Die Fragen »Wo?« und »Wann?« machten seiner Ansicht nach sowieso keinerlei Sinn.

An diesem Tag rührte er seine französischen Könige und römischen Kaiser nicht an und öffnete auch keins seiner Hefte und Bücher. Er lag auf dem Sofa, mit der Nase zum weichen Sofarücken, und dachte nach. Er hörte wie sein Vater heimkam, stand sogar brav auf, damit der sein mit blauen Flecken und Beulen verschönertes Gesicht betrachten konnte, legte sich dann aber gleich wieder hin, in der gleichen Position, mit der Nase zur Wand. Als er das Gesumms der Eltern hinter seinem Rücken satt hatte, zog er ein Sofakissen unter seinem Kopf heraus und legte es sich aufs Ohr. So machte es sein Vater, wenn er sonntags, nach dem Mittagessen, sein Nickerchen hielt. Eddy-Baby schlief jedoch nicht, er überlegte noch immer.

Die ganze Nacht schlief er nicht. Doch als er am nächsten Morgen aufstand, sich anzog, wusch und wie ein Automat in die Küche lief, wo er sein übliches Frühstücksomelett mit Wurst verspeiste, dann die alte Feldtasche seines Vaters, die ihm als Schulmappe diente, ergriff und sich in Richtung Schule auf den Weg machte, da war er schon ein anderer Mensch. Ein durch und durch anderer Mensch.

Bis jetzt erinnert sich Eddy-Baby an die kleinsten Einzelheiten dieses Morgens: an die strahlende Frühlingssonne, und daran, wie er den Pfad hinter seinem Haus entlang gegangen war, den üblichen Weg zur Ersten Querstraße, die zur Schule führte. Aber an diesem Tag war er, unweit seines Hauses, unter den Fenstern von Wladik und Ljona Schepelskij kurz stehengeblieben, hatte seine Mappe abgestellt, sein Pionierhalstuch abgenommen und in die Tasche gesteckt. Diese Geste hatte nichts mit einer Ablehnung der Pionierorganisation zu tun. Sie symbolisierte für Eddy-Baby vielmehr den Beginn eines neuen Lebens. Er hatte beschlossen, von seinen Büchern abzulassen, in die reale Welt zu treten und dort der Stärkste und Mutigste zu werden.

Er hatte sich entschieden, ein anderer Mensch zu werden und war es noch am gleichen Tag geworden. Sonst immer schweigsam und in sich gekehrt, warf er heute mit Witzen und frechen Bemerkungen um sich, wofür ihn die Französischlehrerin, aus der Fassung geraten, sogar der Klasse verwies, und er so den Rest der Stunde, in Gesellschaft des Riesen und Sitzenbleibers Prichodko, auf dem Flur verbrachte, Fliegen fing und sich auf dem Fensterbrett von der ersten Frühlingssonne wärmen ließ. Und da, mit eben diesem Prichodko, hatte er auch das erste Sexualverbrechen seines Lebens begangen. Sie waren im dritten Stock ins Mädchenklo eingedrungen, wo sich ein paar Schülerinnen aus der 5A versteckt hatten, um den Sportunterricht zu schwänzen und hatten sie »in die Zange genommen«. Eddy hatte das früher schon bei anderen Schülern gesehen, aber nie Lust gehabt, diesen Akt selbst auszuführen.

Bei dem Überfall auf die Damentoilette hatte er sich, Prichodkos Beispiel folgend, von hinten auf sein Opfer gestürzt – ein dickliches Mädchen namens Nastja, dessen Familiennamen er nicht kannte – und hatte sie mit den Händen da gepackt, wo ungefähr die »Brust« sein mußte. Das Mädchen versuchte sich loszureißen, aber richtig laut schreien konnte sie ja nicht, sonst hätte man sie in den Klassen gehört, und sie wäre als Schwänzerin bestraft worden. Also kratzte sie lediglich und stieß kleine Schreie aus. Durch diesen Widerstand gereizt und weiterhin Prichodko nachahmend – dieser hatte gerade die schon ausgesprochen vollbusige, vierzehnjährige Olja Oljanitsch am Waschbecken festgeklemmt und fuhr ihr mit beiden Händen unter den Rock – schob der Novize Eddy-Baby ebenfalls beide Hände unter Nastjas Uniformrock und faßte sie da an, wo die Mädchen ihre »Möse« haben. Das Wort kannte er seit der zweiten Klasse, und er wußte, wo sich die Möse befindet.

In der Zweiten hatten seine Klassenkameraden Tolja Sacharow und Kolja, mit dem wenig rühmlichen Beinamen »der Pisser« (die anderen sagten, er würde noch ins Bett machen) versucht, Lara Gawrilowa zu vergewaltigen. Das war während der großen Pause, auf einem Haufen Mäntel. Damals gab es in der Schule nämlich noch keine Garderobe, man stapelte die Mäntel auf den hinteren Bänken. Jetzt, mit fünfzehn, kann Eddy-Baby nicht verstehen, wie achtjährige Buben bei einem gleichfalls achtjährigen Mädchen einen »Vergewaltigungsversuch« machen konnten. Womit denn? fragt er sich grinsend. Was für einen Pimmel kann so ein Achtjähriger schon haben, selbst wenn er so ein Rowdy ist wie Tolja Sacharow oder Kolja der Pisser. Tolja und Kolja waren damals aus der Schule ausgeschlossen worden, aber nach zwei Wochen hatte man sie wieder aufgenommen.

Eddy-Baby faßte Nastja an die Möse. Da war es ganz heiß. Er preßte seine Hand auf die warme Stelle und Nastja fing an zu heulen. Er hatte das Gefühl, daß es da nicht nur heiß war, sondern auch feucht. Sie hat wahrscheinlich gerade gepinkelt, dachte er.

Obwohl die Mädchen ihre Schreie unterdrückten, hatten sie doch die Putzfrau Wasiljewna angelockt, die Frau des Hausmeisters Onkel Wassja. Die schlug den beiden Jungs ihren nassen Scheuerlappen um die Ohren, schimpfte sie »geile Böcke« und schrie, sie gehörten ins Gefängnis.

»Rette sich wer kann!« rief Prichodko. Sie ließen die Mädchen los und entkamen, ihre Köpfe mit den Händen vor Wasiljewnas Scheuerlappen schützend, auf den Flur.

17

Nach dieser Geschichte auf dem Mädchenklo war Eddy-Baby der gönnerhafte Beifall Prichodkos sicher, wie auch sein unverholenes Erstaunen. Zur gleichen Zeit begann seine Freundschaft mit Wowa Tschumakow und im darauffolgenden März lief er mit ihm weg, nach Brasilien.

Dank des Zusammentreffens verschiedener Umstände, wurde ihre Flucht nach Brasilien in der ganzen Schule bekannt. Bevor sie aufbrachen, versteckten sie ihre Schultaschen im Keller von Tschumas Haus unter alten Eisenteilen, denn wozu braucht der Mensch in Brasilien eine Schultasche. Warum sie sie nicht weggeworfen, sondern sorgfältig versteckt haben, bleibt ein Geheimnis – zumal sie nicht die Absicht hatten, nach Charkow zurückzukehren.

Jedenfalls, die Schultaschen wurden von Elektrikern, die zur Reparatur von Leitungen in den Keller gestiegen waren, entdeckt und in der Schule feierlich der Klassenlehrerin Rachel übergeben. Zu diesem Zeitpunkt suchte man bereits nach Eddy und Tschuma.

Bei der Erinnerung an seine Flucht nach Brasilien muß der Eddy von heute herablassend lächeln: die ersten, naiven Erfahrungen. Er versteht heute auch nicht mehr, warum sie damals zu Fuß und mit Kompaß nach Brasilien gehen mußten. Sie waren nach Süden gegangen und natürlich hatten sie sich sehr schnell verirrt. Anstatt in Brasilien waren sie etwa zehn Kilometer von ihrem Ausgangspunkt entfernt, bei der städtischen Müllhalde gelandet. Dort hatten die Penner und Invaliden sie ausgeplündert und ihnen ihr ganzes Kapital abgenommen: 135 Rubel und 90 Kopeken, die sie für ihre Flucht gespart hatten. Sie ließen ihnen nur die Geographiebücher, die Eddy-Baby mitgenommen hatte, um sich durch das Betrachten der Fotographien von tropischen Tieren und Vögeln und heißen Amazonaslandschaften zum Durchhalten anzuspornen. Eins der Bücher hatte den Titel »Reise nach Südamerika«.

Es war März und noch ziemlich kalt, obwohl der Schnee schon im Februar getaut war.

Ohne Geld würden sie nicht bis nach Brasilien kommen – war der vernünftige Standpunkt des Wäscherinnensohns Tschuma, der realistischer dachte als Eddy-Baby, der Romantiker. Sie saßen an einem Feuer, das in einer alten Eisentonne brannte. Nicht mal bis zur Krim würden sie kommen, wo Eddy-Baby vorgeschlagen hatte, den Anbruch der warmen Jahreszeit abzuwarten. Dann wollten sie dem Kompaß nach in Richtung Westen gehen, nach Odessa und sich dort nach Brasilien einschiffen. »Gehen wir nach Hause!« sagte Tschumakow.

Eddy-Baby wollte nicht nach Hause. Er schämte sich umzukehren. Er war viel dickköpfiger als Tschuma. Der war – ohne Kompaß – in Richtung Bushaltestelle gegangen. Eddy-Baby war allein zurückgeblieben und hatte die Nacht im Heizungskeller eines großen Wohnhauses verbracht, neben dem Heizkessel, weshalb er sich bis aufs Hemd ausgezogen hatte. In den Ecken raschelten Mäuse oder Ratten und er tat kein Auge zu. Am nächsten Morgen, als er in einer Bäckerei Brot stahl, erwischten ihn die Verkäufer und übergaben ihn der Miliz.

18

Der Eddy-Baby von heute steht vor seinem Haus, Erste Querstraße Nr. 22, aber nach Hause oder zu Tante Marussja zieht es ihn nicht. Er betrachtet eine Weile nachdenklich die erhellten Fenster von Tante Marussja im Parterre, dann beschließt er, die Bänke unter den Linden aufzusuchen. Vielleicht sind ein paar von den Jungs dort und trinken oder quatschen. Also zieht er den Reißverschluß seiner gelben Jacke hoch bis zum Hals, steckt die Hände in die Taschen und strebt mit entschlossenem Schritt, die »Verzauberte Seele«, die Assja ihm geliehen hat, fest unter den Arm geklemmt, der Saltower Chaussee zu, auf dem kleinen Asphaltweg, der an Kadiks Haus vorbeiführt. Direkt daneben befindet sich ein öffentliches WC und verpestet die Luft. Eddy-Baby muß mal. Wäre es nur um die Entleerung der Blase gegangen, hätte er sich einfach an eine Wand gestellt; die Sitten in Saltow sind nicht die feinsten. Aber bedauerlicherweise handelt es sich um ein »großes Geschäft«, wie Eddys Eltern zu sagen pflegen, bzw. muß er »einen Neger abseilen«, wie Kadik sich ausdrückt, oder auch: »scheißen«, wie es die Ungeschlachteren unter den Saltowern nennen.

Das öffentliche WC, eine Steinbaracke mit zwei Eingängen, einem für Frauen, einem für Männer, ist das einzige auf »ihrer« Seite der Saltower Chaussee. Eddy-Baby haßt es, da hineinzugehen, aber da er jetzt den größten Teil seiner Zeit auf der Straße verbringt (seine Eltern erinnern sich wehmütig an die Zeiten, als man ihn nicht aus dem Haus kriegte), ist er gezwungen, diese Einrichtung zu benutzen.

Als er die Holztür aufstößt, sieht er mit Entsetzen, daß die ganze Baracke von einer Mischung aus Schlammwasser und Pisse überschwemmt ist. Unbekannte Meister des Volkes haben bereits aus Ziegelsteinen eine Brücke gebaut, die zu dem hölzernen Podest, in das drei Löcher gesägt sind, hinführt. Er versucht, möglichst wenig von der verseuchten Luft zu atmen, balanciert vorsichtig über die trübe Brühe und hockt sich dann, nachdem er die Hosen runtergelassen hat, auf eins der Löcher. Von Zeit zu Zeit muß er aber eben doch mal Luft holen, und dabei entdeckt er unwillkürlich, daß es nicht nur nach Pisse und Scheiße, sondern auch noch nach Kotze stinkt. Die ihm gegenüberliegende Seite des Podestes ist total mit Erbrochenem von künstlich-roter Farbe bespritzt. Das Opfer, das hier seinen Mageninhalt zurückließ, hat offensichtlich während des 41. Jahrestages der Großen Sozialistischen Oktoberrevolution ausschließlich starken Roten getrunken. Die Spezialisten, die Profis – und dazu gehört Eddy-Baby – nehmen an, daß der starke Rote zu 50 Prozent aus Farbstoff besteht und dem Idioten, der so unvorsichtig ist, davon zu trinken, den Magen zerfrißt.

Eddy-Baby reißt von dem rostigen Nagel an der Wand einen Zeitungsfetzen ab, den eine gute Seele – und so eine gibt es immer – hier zurückgelassen hat, und, während er sich abwischt, muß er lachen, weil er an eine Theorie von Zigeuner-Slawa denken muß, die besagt, daß Druckerschwärze für den Hintern schlecht ist und daß man vom ständigen Abwischen mit Zeitungspapier Arschkrebs kriegen kann.

Das Klo ist heute dermaßen ekelhaft, daß Eddy-Baby so schnell wie möglich wieder raus will, aber er begeht einen unverzeihlichen Fehler. Als er aufsteht und das Papier ins Loch wirft, schaut er hinein und bemerkt, daß die Scheiße außergewöhnlich hoch steht – bis zu den Brettern des Podestes fehlen noch zehn, fünfzehn Zentimeter – und hier und da krümmen sich rosafarbene Würmer in den Exkrementen. »Pfui Teufel«, Eddy würgt es. Fluchtartig verläßt er die widerliche Kloake und verflucht sich, daß er da hineingeguckt hat. Erst in 50 Meter Abstand atmet er erleichtert auf.

Zu seiner Überraschung und Freude erspäht Eddy-Baby unter den Linden nicht nur Kot und Ljowa, sondern auch den Roten Sanja, den er heute eigentlich gar nicht hier erwartet hat.

Zwischen ihnen steht ein halber Liter Stolitschnaja-Wodka

und ein Teller mit Gurken und gebratenen Fleischstücken. Den hat sicher Kot oder Ljowa gebracht; ihr Haus – die Nr. 5 – liegt am nächsten.

»Ed!« rufen die drei Schränke ihm fröhlich zu.

Eddy-Baby reagiert nicht; er geht schweigend und lächelnd auf sie zu, denn er weiß: Wenn er jetzt »Was?« fragt, grölen die drei Herkulesse im Chor: »Friß deinen Schwanz!« Das beleidigt ihn nicht, es ist ein traditioneller Scherz, aber er läßt sich nicht reinlegen, und deshalb antwortet er nicht.

Gerechtigkeitshalber muß man sagen, daß es Kot, Ljowa und Sanja untereinander genauso machen. Sanja schreit zum Beispiel »Kot!« und wenn der antwortet: »Was?« dann kriegt er unter Gelächter das gleiche »Friß deinen Schwanz!« zu hören. Das sind so ihre freundschaftlichen, wenn auch groben Scherze.

»Setz dich, Ed« sagt Sanja. » Ljowa, schenk dem Pimpf was ein!«

Ljowa gießt Eddy-Baby ein halbes Glas Wodka ein. Eddy kippt die scharfe, kalte Flüssigkeit hinunter. Dann, ohne sich zu beeilen, wendet er sich an Sanja:

»Wie kommt's, Sanja, daß du heute nicht beim Narbigen feierst?«

Erst nach diesem Satz erlaubt er sich, seine Hand nach einem Stück Fleisch und einer Gurke auszustrecken. Nichts zu überstürzen ist im Trinkerfach ein Zeichen höchster Meisterschaft.

Es stellt sich heraus, daß Sanja, obwohl es erst halb zehn ist, bereits tierisch mit seiner Friseuse gestritten hat. Er hat sie zum Teufel geschickt, ihr die Fresse poliert und ist türeschlagend davongegangen.

Und jetzt sitzt er hier unter den Linden auf dem Bänkchen. Was bleibt so einem jungen Mann aus Saltow schon anderes übrig, wohin geht er in seinem Schmerz, wer tröstet ihn, wenn nicht seine fröhlichen und treuen Freunde und ein gutes Glas Wodka?

»Verdammte Hure«, sagt Sanja und meint damit seine Friseuse. Er beißt in eine Gurke und fährt dann fort: »Spielt die Unbefleckte. Dabei hat Abanja mir vor einem Monat erzählt, daß Schorka, der kleine Gott, sie flachgelegt hat; das ist so ein Drecksack aus Schurawljow. Ich hab's nicht geglaubt, aber jetzt seh' ich, daß er recht hat.«

»Laß sie doch sausen, Sanja«, sagt Ljowa, »findest du denn keine andere Schnecke? Du brauchst doch nur zu pfeifen und gleich kommt ein ganzes Dutzend an.«

»Frag doch mal dein Schwesterherz«, übertrumpft Eddy-Baby Ljowa, »die hat so viele Freundinnen, da wird doch auch für dich was dabei sein!«

»Mit ihren Freundinnen hab' ich nichts am Hut!« weist Sanja diesen Vorschlag zurück, möglicherweise ein bißchen eingeschnappt. »Ich brauch' nur tanzen zu gehen, schon himmeln mich die Weiber an und wollen alle nur das eine: eingeladen und gevögelt werden. Und was meine Schwester betrifft«, hier wendet Sanja sich zu Eddy, »die macht noch in die Hosen und ihre Freundinnen wären eher was für dich, für mich jedenfalls sind sie zu jung.«

Eddy-Baby schweigt. Er schämt sich, daß er noch so jung ist.

Schweigend kauen die Freunde an ihren Gurken. Aus den Nachbarhäusern kommt fetzenweise betrunkener Gesang, Musik oder Gelächter herüber.

»Wie sieht's aus? Soll ich noch eine holen?« fragt Kot Sanja und bricht damit das Schweigen.

»Ja, mach nur«, willigt Sanja ein und wühlt in seiner Tasche nach Geld. Das Gastronom Nr. 7 ist heute bis Mitternacht geöffnet.

Kot wehrt ab. »Ich hab' heute selber Pinke.«

Kot ist ein netter Typ, und er verdient nicht schlecht in seiner Fabrik. Als Fleischer verdient Sanja natürlich wesentlich mehr und sitzt dazu noch direkt an der Fleischquelle, aber er bezahlt auch meistens für alle. Dieses Mal will Kot einen ausgeben, das ist sein gutes Recht. Er steht auf, zieht seine Jacke zurecht und sagt: »In zwei Minuten bin ich wieder da.«

»Wenn's Schiguljewskoje gibt, bring zwei Flaschen mit!« ruft Ljowa ihm nach.

»Geht klar, Dicker«, antwortet Kot, ohne sich umzudrehen.

19

Aber nach ein paar Schritten bleibt Kot stehen und schaut angestrengt in Richtung Straßenbahnstation.

»Leute, da kommt ein Bulle angerannt!« ruft er.

»Na, soll er doch kommen«, sagt Sanja ungerührt, »der kann uns nichts wollen. Wodka haben wir ja keinen mehr.«

Mit schweren, aufs Pflaster hämmernden Stiefeln und offenem Mantel rennt ein Milizionär auf die Linden zu. Eddy-Baby kennt ihn, ebenso wie alle anderen. Stepan geht auf die Fünfzig zu. So ein Bulle kann natürlich kein guter Mensch sein. Aber Stepan Dubnjak ist kein komplettes Schwein, obwohl er es faustdick hinter den Ohren hat. Wenn von den Jungs einer für zwei Wochen sitzen muß, schafft er ihm in seiner Tasche immer was zu Trinken in die Zelle, trotz Verbot. Und schon ein paar Mal hat er die Saltower Jungs nicht eingebuchtet, obwohl er's eigentlich hätte tun müssen. Stepan will mit den Rowdys in Frieden leben. Jetzt, wo der Rote Sanja vom Pferdemarkt weggegangen ist und in dem neuen Lebensmittelgeschäft auf der Materialistitscheskaja arbeitet – demselben, in das Eddy-Baby und Wowa der Boxer eingebrochen sind – kauft Stepans Frau ihr Fleisch bei Sanja. Er legt für sie die guten Stücke zurück, oder erzählt ihr zumindest, daß er das tut. Er treibt gerne kleine Scherze mit seinen Kunden. Einmal, als Eddy-Baby dabei war, hat er wegen einer Wette aus einem Gummistiefel das dicke, rote Innenfutter herausgerissen, es kleingehackt, in Blut gewälzt, unter richtiges Fleisch gemischt und verkauft. Das komplette Futter.

»Was ist denn los, Stepan?« fragt Sanja mit gespielter Anteilnahme, »sind Hunde hinter dir her oder was?«

»Ihr müßt mit helfen Kinder!« und außer Atem erzählt er in einem Zug: »Die Schwarzärsche vom 12. Baubataillon machen Randale. Sie haben Hasch geraucht, und jetzt sind sie auf dem Weg hierher, über die Materialistitscheskaja in Richtung ›Stachanowist‹. Unterwegs schlagen sie jeden, der ihnen in die Quere kommt, zusammen, und ein Mädchen haben sie auch schon vergewaltigt. Meinen Kollegen, Nikolaij, haben sie im Schwitzkasten gehabt, ich hab' ihn im Klub gelassen, bewußtlos...«

Stepans Gesichtsausdruck nach zu urteilen, ist die Sache ernst. Dem geht der Hintern nicht so schnell auf Grundeis.

»Wieviele sind's?« fragt Kot, »womöglich das ganze Bataillon?«

»Es waren etwa zwanzig Mann«, sagt Stepan, immer noch außer Puste, »jetzt sind's noch zehn oder zwölf, alles Usbeken. Aber ihr Anführer, ein Sergeant, ist Russe. Die haben sicher von ihren Verwandten aus Usbekistan zum Fest eine Haschsendung gekriegt. Sie sind wie angestochen, haben schon Schaum vor dem Mund...«

»Und was haben wir damit zu tun?« mault Ljowa. »Soll ich vielleicht meinen Kopf für euch Bullen hinhalten? Mit eurer Hilfe hab' ich schon gesessen. Das reicht mir, hab' die Schnauze voll!«

»Sind die bewaffnet?« fragt Sanja, ohne sich um Ljowas Gemaule zu kümmern.

»Gott sei Dank nicht. Sie schlagen mit ihren Gürteln. Sie hauen auf alles und jeden drauf, auch auf Frauen und Kinder... Helft mir Jungs, ich werd's euch nicht vergessen! Auf dem Revier ist nur der Diensthabende, und bis wir von woanders Verstärkung kriegen, haben diese Schwarzärsche schon wer weiß wie viele Leute massakriert.«

»Wie sieht's aus!« wendet sich Sanja hauptsächlich an Kot. »Helfen wir den Organen von Miliz, Partei und Regierung, in ihrem Kampf gegen die schwarzärschigen Schlägertrupps?«

Eddy-Baby versteht, daß Sanja seine Wut auf die Friseuse Dora an irgend jemandem auslassen will.

»Was hat das mit der Partei und der Regierung zu tun?« schreit Stepan. »Es sind doch eure Mädchen, die sie angreifen. Über das Mädchen dort beim Park ist die ganze Bande hergefallen!«

»Wenn sie meine erwischen, die freut sich nur«, lacht Sanja.

»Also los«, willigt Kot ein, »da kommt mal wieder der Rost runter!«

Sie rennen alle zusammen los, quer über die Straßenbahnschienen, und verschwinden im Dunkeln. Vorneweg Stepan, hinterher Sanja, Kot, Ljowa und dann Eddy-Baby, obwohl ihm mulmig ist und ihn niemand zum Mitkommen aufgefordert hat.

Beim schwacherleuchteten »Stachanowist« der heute geschlossen hat, erfahren sie von den beiden alten, verängstigten Pförtnern, daß sich die unter dem Einfluß von Rauschmitteln randalierenden Soldaten nicht in Richtung Klub gewandt haben, wie von Stepan erwartet, sondern aus irgendeinem Grund weiter, auf die Saburower Datscha zugerannt sind. In der Gegend zieht sich auf der einen Straßenseite über zwei Kilometer die Umfriedung der Fabrik »Hammer & Sichel« hin, auf der anderen Seite die von »Der Kolben«. Dazwischen verläuft die Tramlinie, die die Leute nach Saltow bringt und von dort wieder zurück.

Gut möglich, daß die sich einfach verirrt haben, denkt sich Eddy-Baby, dort gibt es nämlich für im Drogenrausch durchgedrehte Soldaten absolut nichts zu tun. Erst nach diesen 2 Kilometern unkrautüberwucherten und stellenweise sumpfigen Geländes beginnt wieder bewohntes Gebiet – und dann die Stadt. Wollen die vielleicht in die Stadt?

»Wo ist denn heute der verdammte Rest von eurem Verein?« ruft Sanja Stepan zu. Sie rennen in die Richtung, die ihnen die Pförtner gezeigt haben – rennen mit rudernden Ellbogen, um diese wildgewordenen Nomaden einzufangen.

»Soll sie doch alle der Teufel holen!« schreit Stepan verzweifelt zurück, »an Feiertagen hat halt kein Schwein Lust, auf Streife zu gehen...«

Eine Weile trotten sie schweigend und schwer atmend an der Umzäunung eines leeren Platzes entlang.

20

An der Ecke des Platzes, wo ein schmaler Asphaltweg in spitzem Winkel auf die Tramschienen stößt, werden sie mit tierischem Geheul und Steinwürfen empfangen. Eigentlich ist es kein Geheul, sondern eher ein kollektiver Schrei aus in der Dunkelheit unsichtbaren Mündern, der entfernt einem Hurra ähnelt.

»Scheißpack!« Stepan flucht wütend und ohnmächtig, während er ungeschickt den Pflastersteinen ausweicht, die schwer sind wie Kanonenkugeln. Stepans Stimme zittert, man könnte meinen, er heult.

»Himmel, Arsch und Zwirn, wie kriegen wir die hier bloß weg!« Und diese Schlappschwänze von Arbeitern haben die Straße nicht fertiggepflastert!«

Tatsächlich haben sich die Schwarzärsche hinter der natürlichen Barrikade aus Plastersteinen, die die Straßenarbeiter hier hinterlassen haben, verschanzt. Letztere lassen sich jetzt garantiert irgendwo in aller Ruhe vollaufen, nicht ahnend, was an ihrem vorzeitig verlassenen Arbeitsplatz gerade vorgeht.

Stepan und die Jungen ziehen sich soweit zurück, daß sie außer Reichweite der Steine sind und beratschlagen.

»Wir müssen sie zurückhalten, bis die Milizwagen kommen«, sagt Stepan.

»Völlig falsch«, widerspricht Sanja, »wir müssen den Sergeanten rausgreifen, der ist der Anführer, die anderen hauen dann schon von allein ab.«

»Den Sergeanten rausgreifen«, äfft der Milizionär Sanja nach, »und wie? Wir sind vier und die mindestens zehn.«

»Fünf sind wir«, stellt Eddy-Baby richtig und drängt sich mit finster entschlossener Miene in den Kreis. Aber niemand beachtet ihn.

»Warum schießt du nicht, du Idiot?« fragt Sanja Stepan, »haben sie dir die TT vielleicht gegeben, damit du die Banditen mit bloßen Händen fängst?«

»Es ist verboten!« erklärt Stepan streng, »wenn ich den erschieße... der ist unbewaffnet und auch noch Soldat... ich bin's dann, der vor Gericht gestellt wird.«

»Idiot!« wiederholt Sanja aufgebracht, »schieß, dann machen sie sofort eine Fliege. Wir können alle bezeugen, daß sie dich bedroht haben. Wenn du keinen umbringen willst, dann ziel eben auf die Beine.«

»Ich kann nicht«, schneidet Stepan ihm das Wort ab.

»Dann gib mir die Kanone«, sagt Sanja, »damit hol' ich mir den Sergeanten.«

»Wie käme ich dazu, dir meinen Revolver anzuvertrauen?« Stepan ist von den Socken, »du machst wohl Witze, oder was?«

»Blödmann! Was für ein Blödmann!« tobt Sanja. Ihre Streiterei wird von einem Schwall von Schreien und einem Steinhagel beendet. Dieses Mal ist ihre Lage wesentlich ernster. Die wütenden Soldaten sind hinter ihrer Barrikade hervorgebrochen und stürzen auf sie zu. Eddy-Baby kann sie zum ersten Mal unterscheiden: Trotz der Novemberkälte hat kaum einer von ihnen einen Mantel an. Ungegürtet hängen ihre Militärjacken lose wie Bauernblusen, die Krägen sind aufgeknöpft, so daß man darunter die weißen Unterhemden sieht, von denen sich die braunen Orientalengesichter scharf abheben. Jeder hält, um die rechte Hand gewickelt, einen breiten Militärgürtel mit schwerer Bronzeschnalle. Ein Schlag auf den Kopf mit so einem Gerät und man ist bewußtlos. Damit aufeinander loszugehen, ist beim Militär durchaus üblich.

Die Soldaten rennen direkt auf sie los und lassen die Gürtel in der Luft pfeifen. Sanja, Kot und Ljowa, letzterer hinkend, sammeln die Pflastersteine auf, die die Soldaten geworfen haben und schleudern sie zurück. Eddy-Baby folgt ihrem Beispiel. Wie in Zeitlupe sieht Eddy-Baby die wilden, braunen Fratzen gefährlich größer werden. Zu allem Unglück kommt nun auch noch eine Straßenbahn angefahren, stoppt und bimmelt was das Zeug hält – aber es geht nicht weiter: Soldaten rennen auf den Schienen entlang und die Geleise sind mit Steinen blockiert.

Jetzt sind die Soldaten nicht mal mehr zehn Meter von dem kleinen Haufen Aufrechter, der hinter ein paar Bäumen Schutz gesucht hat, entfernt. Mit zitternden Fingern versucht Stepan die Revolvertasche aufzufummeln.

»Schieß, du Idiot, die stampfen uns ein, los, schieß!« schreit Sanja.

Mit einer schnellen Bewegung packt Kot Stepan, um ihm die Waffe wegzunehmen.

Stepan hält den Revolver fest, den Arm weit von sich gestreckt. Die Waffe in seiner Hand zittert. Er hat Angst.

»Schieß, du Schlappschwanz!« brüllt Ljowa mit furchterregender Stimme.

»Ziel auf die Beine!« schreit Kot.

»Schieß!« schreit Eddy-Baby.

Während unaufhörlich das Straßenbahnglöckchen bimmelt, drückt der altgediente Milizionär endlich auf den Abzug. Viermal knallt es. Paff, paff, paff, paff in die nächtliche Stille, und die unsichtbaren Kugeln schlagen Funken auf dem Pflaster zwischen den Beinen der Horde, die schlagartig stehengeblieben ist.

Die Jungs, die sich hinter Stepan zusammengedrängt haben, sehen die Soldaten in die Dunkelheit, hinter die schützende Barrikade, zurückweichen. Hinter der blockierten Straßenbahn bremst funkensprühend die nächste und fängt auch an zu bimmeln. Die Türen sind geschlossen, die Fahrgäste drängen sich an die Fenster.

Stepan drückt noch ein paar Mal ab und lädt neu.

Die Soldaten haben sich hinter der Barrikade verkrochen, aber nicht alle: eine vierschrötige Gestalt hält inne, als hätte sie sich's anders überlegt, stößt einen verzweifelten Schrei aus – »Aaah« – und stürzt erneut auf Stepan und die Jungen zu.

»Das ist der Anführer«, sagt Stepan mit belegter Stimme, »der Sergeant!« und er weicht zurück.

»Genau den brauchen wir«, sagt Sanja, »lenk ihn ab, Stepan, provozier ihn! Kot und ich drücken uns am Zaun entlang und schnappen ihn von hinten. Der kriegt das nicht mit; der ist total weggetreten.«

Kot und Sanja robben dicht am Boden zum Zaun.

Der Sergeant geht mit schwerem Schritt auf den immer noch zurückweichenden Stepan, auf Ljowa und Eddy-Baby zu.

»Schieß, du Dreckskerl!« brüllt der Sergeant, »schieß doch, du Lump; schieß auf einen russischen Soldaten, Milizschwein verdammtes!«

»Hau ab, du Blödmann, sonst geht's dir schlecht!« brüllt Ljowa zurück. Alle drei, Eddy-Baby inbegriffen, weichen vor der sich auf sie zubewegenden Masse des Sergeanten zurück und warten darauf, daß Sanja und Kot ihn von hinten packen.

Plötzlich schaltet der Straßenbahnchauffeur sein Fernlicht ein, und die ganze Szene wird von gelbem Licht überflutet. Der Sergeant ist keine massige, dunkle Silhouette mehr; man kann ihn endlich deutlich sehen: er steht aufrecht und zieht mit beiden Händen die Uniformjacke über der Brust auseinander.

Trotz der Novemberkälte hat er Schweißperlen auf der Stirn. Im Unterschied zu den Soldaten, deren Schädel kahlgeschoren sind, sind seine roten Haare zur Bürste geschnitten. Er kommt immer näher, Stepan fuchtelt ängstlich mit seinem Revolver, den er immer noch mit steifem Arm weit von sich streckt.

»Du bist doch bescheuert! Du kannst nicht!« schreit Ljowa den Sergeant an.

Was kann er nicht? Eddy-Baby begreift nicht. Beim Anblick des beinahe zusammengefalteten Stepan mit seiner TT vor sich, geht ihm plötzlich auf, daß der nicht so aussieht, als könnte er besonders gut schießen. Ob er wohl an der Front war? geht es Eddy-Baby durch den Kopf.

»Schieß, du Hund! Schieß einem russischen Soldaten ins Herz!« außer sich schreit der Sergeant immer weiter. Plötzlich bückt er sich, packt den Pflasterstein, der vor seinen Füßen liegt und hebt ihn hoch über den Kopf.

»Ich bring' dich um!« brüllt er wild und stürzt vorwärts, um gleich darauf mitsamt seinem Stein unter dem Gewicht von Kot und Sanja, die sich von hinten auf ihn geworfen haben, lang hinzuschlagen.

Diesmal ganz leise hinter ihrer Verschanzung hervorschleichend, wollen die Soldaten, die sich in viel größerer Nähe befanden, als angenommen, ihrem Anführer eben zu Hilfe kommen, da schießt Stepan wieder, jetzt schon kaltblütiger, zwischen ihre Füße, und läßt noch einmal schöne, gelbe Funken auf dem Pflaster springen.

Fast im gleichen Moment belebt sich die Szene noch mehr: drei Milizwagen kommen angefahren und die herausspringenden Milizionäre versuchen, unter Stepans Anleitung, die Soldaten einzufangen. Die beiden Straßenbahnen öffnen gleichzeitig ihre Türen und sonntäglich gekleidete, angetrunkene Männer hüpfen heraus und versuchen zu verstehen, was vor sich geht.

Eddy-Baby hört seinen Namen: »Ed!« Sanja ruft ihn und das wohl schon seit einer Weile; seine Stimme klingt wütend.

»Ed, verdammte Scheiße, wo steckst du? Komm sofort her!« Eddy-Baby rennt auf die Stimme zu.

Sanja und Kot halten den russischen Riesen, den sie überwältigt haben, am Boden fest. Der brüllt und versucht sich zu wehren. Trotz Sanjas hundert Kilo Gewicht und Kots trainierteren Muskeln sieht man, daß es ihnen schwerfällt, ihn niederzuhalten.

»Ed, wo zum Henker bleibst du bloß!« sagt Sanja in schon etwas versöhnlicherem Ton, »nimm dem Hengst den Hosengürtel ab!«

Eddy-Baby schiebt vorsichtig die Uniformjacke des Sergeanten zurück und öffnet den Gürtel.

»Rühr mich nicht an, du Wanze! Ich erwürge dich!« röchelt der Sergeant mit blutverschmiertem Mund.

»Schnauze, Scheißhaufen«, wendet sich Sanja geradezu zärtlich an den Sergeanten und schlägt ihm mit der Faust ins Gesicht, wie mit einem Hammer, von oben. Sanjas Schläge sind schwer; seine Fäuste hart. Er trainiert regelmäßig und schlägt mit seiner Handkante lässig ein dickes Brett durch. Der Sergeant ist still.

Mit Kots Hilfe rollt Sanja ihn auf den Bauch und schnürt ihm mit dem Hosengürtel die Hände ordentlich fest zusammen.

»Wir vertreten uns jetzt ein bißchen die Beine. Und du, Ed, paßt auf den Verbrecher auf!« sagt Kot, gutgelaunt. Seine Rolle als Verteidiger der Ordnung bereitet ihm sichtliches Vergnügen. Und als er den ängstlichen Blick, den Eddy-Baby dem Sergeanten zuwirft, bemerkt, fügt er hinzu: »Hab keine Angst! Wenn er sich rührt, trittst du ihm mit dem Absatz auf die Gurgel oder haust ihm mit deiner Gürtelschnalle auf die Schnauze.«

»Und hab kein Mitleid mit ihm!« fügt Sanja noch hinzu, »wenn der's schafft, sich zu befreien, hat er auch keins mit dir!«

21

Eddy und der Sergeant bleiben allein zurück. In der Nähe hört man Schreie und Schüsse: die Milizionäre sind hinter den Soldaten her.

Auf dem Bauch liegend, wie Sanja und Kot ihn verlassen haben, hebt der Sergeant sein blutiges Gesicht und flüstert: »Komm, bind mich los, Kleiner. Ich bin doch Russe, aus Saratow – und du doch auch. Los!«

Eddy-Baby schweigt.

»Miststück!« zischt der Sergeant, »ich krieg' mich selber frei, und dann brech' ich dir das Kreuz.« Er spannt die Arme an, als wollte er den Gürtel, mit dem sie gefesselt sind, zerreißen und versucht hochzukommen, indem er die Knie gegen den Boden preßt.

Fast ohne hinzusehen, haut ihm Eddy-Baby mit aller Kraft seine Stiefelspitze in die Rippen.

»Aah!« der Sergeant heult auf vor Schmerz. »Elendes Scheusal! Ratte!«

Noch vor zwei Jahren hätte Eddy-Baby den Sergeanten befreit. Einmal hatte er so gehandelt, als Ljona der Fuchs, der gemeine Kerl aus der Nr. 3, ihn unter Tränen darum gebeten hatte. Ljona lag unter ihm und Eddy-Baby hatte ihn mit beiden Händen fest an der Gurgel. Er hatte ihn losgelassen. Dieser unnötige Großmut wurde ihm jedoch nicht gedankt: Ljona jagte ihm dafür sein Messer in die Hüfte. Und obwohl das Messer klein war und die Wunde schnell vernarbte, wird ihm das sicher nicht noch mal passieren.

»Dich erwische ich nochmal, du Miststück!« zischt der Sergeant. Seine balkenartigen Arme bewegen sich unwillkürlich, als durchzucke sie ein nervöser Tick. »Mit zwei Fingern stell' ich dir die Luft ab!« fährt er haßerfüllt fort.

Fast automatisch tritt Eddy-Baby dem Sergeanten wieder, mehrmals, in die Rippen. Der soll ihm bloß drohen, der Wurm!

Kot, Ljowa und mehrere Milizionäre finden ihn bei ihrer Rückkehr über dieser Beschäftigung.

»He, he!« schreit einer der Bullen, »hör auf, Junge! Es reicht! Du machst ihn ja fertig! Wir müssen ihn doch noch der Militärbehörde übergeben!«

»Der ist strapazierfähig«, tritt Sanja für Eddy ein, »guck ihn doch mal an: der ist wie aus Stein!«

Die Milizionäre, Sanja, Kot, Ljowa und Stepan, der wieder an den Ort des Geschehens zurückgekehrt ist, heben den Sergeanten auf und stellen ihn auf die Beine. Erst da wird Eddy so richtig klar, was für ein Koloß der ist. Sanja und Kot fassen ihn unter den Armen, die immer noch auf dem Rücken gefesselt sind und führen ihn zu einem der Milizwagen. Aber Stepan hat offenbar andere Pläne; er hält die beiden zurück und sagt zu Sanja, so, daß es die anderen Milizionäre nicht hören können:

»He, Sanja, sei kein Dummkopf! Ohne euch hätten wir keinen einzigen von denen gekriegt. Der Sergeant gehört mir und euch. Als die da gekommen sind, war ja schon alles gegessen.« Er weist mit dem Kinn zu den Milizionären hinüber. »Wir müssen den Sergeanten aufs Revier bringen und direkt bei Major Aleschinskij abliefern. Er ist schon da. Sie haben bei ihm zu Hause angerufen.«

Stepan macht eine Pause und fährt dann in vertraulichem Ton fort: »Der hat dich auf dem Kieker, Sanja. Aber wenn wir ihm diese Ware bringen«, er nickt zum Sergeanten hin, »wird er seine Meinung sofort ändern und vielleicht verschafft er euch sogar irgendeine Prämie: für Kooperation mit den Organen der Miliz zum Zweck der Aufrechterhaltung der Ordnung... Na?«

»Stepan hat recht, San«, stimmt Kot zu, »für Ljowa und mich wäre es auch nicht schlecht, wenn wir uns mal auf dem Revier zeigten. Wir haben immerhin noch drei Jahre auf Bewährung.«

»Also gut, gehn wir aufs Revier«, Sanja ist einverstanden, wenn auch nicht gerade begeistert.

Stepan erklärt seinen Kollegen, daß er den Gefangenen zuerst in den »Stachanowist« bringen muß, wo sich eine Zweigstelle der 15. Milizabteilung befindet, angeblich zur Gegenüberstellung mit dem vergewaltigten Mädchen.

Die Bullen protestieren nicht und Stepan stellt schnell eine Karawane zusammen, nachdem er sich »zu Identifikationszwecken« noch einen Gefangenen gegriffen hat. In Wirklichkeit soll die ganze Geschichte dadurch glaubwürdiger aussehen. Vorneweg gehen Stepan und Kot und führen am Arm einen usbekischen Soldaten, dessen Uniform an der Schulter zerrissen und blutdurchtränkt ist. Er sieht erschrocken aus. Die Drogenwirkung läßt wohl langsam nach, und er beginnt zu begreifen, daß ihm da etwas ziemlich Unangenehmes passiert. Hinter dem Usbeken führen Sanja und Ljowa den Sergeanten, der sich wehrt und ununterbrochen flucht.

Eddy-Baby, gespannt wie's weitergeht, läuft mal vorneweg, mal hinterher.

Um diesen harten Kern haben sich noch etwa zehn Personen geschart, die mit der Sache nichts zu tun haben – hauptsächlich beschwipste, sensationslüsterne Fahrgäste der zwei Straßenbahnen.

22

Natürlich gehen sie nicht zum »Stachanowist«. Nachdem die Konkurrenten abgeschüttelt sind, eilt Stepan mit großen Schritten die Materialistitscheskaja entlang, um so schnell wie möglich zum Revier zu kommen und sich dem Major Aleschinskij in Siegerpose zu präsentieren.

Eddy-Baby bemerkt, daß seine älteren Freunde kein besonderes Bedürfnis haben, sich zu beeilen und daß die weiteren Ereignisse sie wenig interessieren, trotz der Versuchung, vor dem Chef der 15. Sektion höchstpersönlich nicht als Kriminelle, wie sonst üblich, zu erscheinen, sondern als gewissenhafte Helfer der Miliz im Kampf gegen die Zerstörer der Ordnung.

Der erste, der abspringt ist Kot. Eddy-Baby sieht, wie er den Arm seines Usbeken einem eifrigen kleinen Mann mit weißer Kappe und schwarzem Regenmantel übergibt. Das Männchen klammert sich mit grimmigem Eifer an den Arm. Frei und erleichtert, bleibt Kot etwas zurück und läuft eine Weile neben Sanja und Ljowa her. Er flüstert mit Ljowa: offensichtlich beredet er ihn, sich doch auch seines Gefangenen zu entledigen.

Und tatsächlich verkündet Ljowa einen Augenblick später mit lauter Stimme, daß er pinkeln muß und überläßt seinen Eskortierposten einem, der ebenfalls begierig ist, am Geschehen teilzunehmen. Ein Georgier mit Verbrechervisage umfaßt entzückt den steinernen Bizeps des Sergeanten.

»Also, wenn ihr gepinkelt habt, kommt uns nach«, sagt Stepan. »Aber beeilt euch!«

Sie sind gerade am Gastronom Nr. 7 angelangt. Die Massen, die sich dort drängen, empfangen sie mit Willkommensgeschrei. So haben sicher die Römer ihre Männer begrüßt, wenn sie vom Feldzug gegen einen Nachbarstamm zurückkamen. Allerdings scheint die Menge über widersprüchliche Informationen zu verfügen, denn eine ziemlich aufgebrachte Stimme ruft Stepan zu: »He, Bulle, wieso hast du die Soldaten festgenommen? Laß sie frei!«

»Das ist nicht deine Aufgabe! Nur Militärpatrouillen dürfen das!« dröhnt eine Baßstimme.

»Kaum zu glauben, nicht mal ein bißchen feiern dürfen die!«

»Macht Platz!« schreit Stepan, ohne anzuhalten.

Eddy-Baby lächelt: Das Volk glaubt nun mal hartnäckig, daß der, den die Obrigkeit verhaftet, ein Unschuldslamm ist, selbst wenn dieses Unschuldslamm vorher mit der Maschinenpistole auf das Volk geschossen hat, wie es mal ein Soldat in Moskau, am Kursker Bahnhof, gemacht haben soll. Seine Freundin hatte ihn betrogen, also ist er mit seiner Kalaschnikow zum Bahnhof und hat in die Menge geballert. Hat den Kopf verloren, der Mann. Schwachköpfe! denkt Eddy-Baby voller Verachtung.

Seine Gedanken werden von Sanja unterbrochen, der ihm leise zuflüstert, damit es der Riesensergeant und der Georgier daneben nicht mitkriegen: »Ed, lös mich ab. Bring den Hengst zum Revier, aber geh um keinen Preis mit rein! Kapiert? Ich... geh' auch mal pissen.«

Sanja schaut Eddy bedeutungsvoll an und zwinkert. Dann verschwindet er in der Menge, ohne Stepan vorher von seinem Abgang unterrichtet zu haben.

Eddy-Baby versteht nicht, wieso sie auf den Triumph verzichten sollen, den sie sich doch alle verdient haben. Warum lehnen es die Jungs ab, aufs Revier zu gehen und sich dem gefürchteten Major zur Abwechslung mal als Helden zu präsentieren, statt wie sonst immer, als Kriminelle? Ganz schön blöd! denkt Eddy-Baby. Wenn wieder mal einer von ihnen bei einem kleinen Vergehen erwischt wird, wäre der Major vielleicht verpflichtet, ihm zu verzeihen. So machen sie das nämlich bei ihren Zuträgern.

Andererseits ist ihm klar, daß seine Freunde nicht ohne Grund auf den Genuß des Triumphes verzichten. Er weiß zwar nicht was dahintersteht, aber er ist es gewohnt, Sanja zu vertrauen. Also hält er sich am Bizeps des Sergeanten fest und marschiert gehorsam mit der Karawane in Richtung Milizstation.

Aber als sie nach ein paar Minuten das Gebäude der 15. Milizabteilung erreicht haben, das wie fast alles in Saltow aus weißem Ziegel erbaut wurde, bleibt er vor der Tür stehen, so als hätte er es nicht eilig, und läßt den Georgier mit dem granitenen Sergeanten stolz die Schwelle überschreiten. Sämtliche Gaffer drängeln sich ebenfalls ins Vestibül. Eddy-Baby bleibt eine Weile vor der Tür stehen und entfernt sich dann ohne Hast. Er hat seine Erfahrungen...

Ein paar Minuten später schlendert er die Materialistitscheskaja entlang, denkt nach, und rechnet im Geist mit der Miliz ab.

Einmal am Abend, er war dreizehn und hatte noch lange Haare, ging er unschuldig wie ein Lamm hier am Revier vorbei. Da riefen ihn zwei Bullen an und als er nichts Böses ahnend zu ihnen hinging, zogen sie ihn mit Gewalt ins Haus und stellten ihn zusammen mit zehn anderen Verhafteten zur Identifikation einem blassen Mädchen gegenüber. Wie Eddy-Baby wenig später von seinen Leidensgenossen erfuhr, war die Kleine gerade von einer Bande Halbstarker vergewaltigt worden. Sie hat ihn nicht als Täter erkannt. Enttäuscht, fluchend, betrunken – Eddy-Baby roch die Schnapsfahne – schnitten ihm die Milizionäre dann mit einer rostigen Schere seine Haare auf Kragenhöhe ab und warfen ihn, nachdem sie ihn noch mit einigen Tritten in den Bauch bedacht hatten, auf die Straße. Auf diese Weise hatten sie sich, und allen anderen Polizisten und Milizionären, einen unversöhnlichen Feind mehr gemacht. Einen Feind bis ins Grab.

Eddy-Baby ist fest überzeugt, daß sich das gesamte Menschengeschlecht in zwei Kategorien einteilen läßt: in Leute, die man schlagen kann und solche, bei denen man das nicht machen darf. Ihn darf man nicht. Als ihn, nachdem er mit Tschuma nach Brasilien abgehauen war, sein Vater das erste Mal in seinem Leben, zitternd vor Wut, schlug – elf Jahre war er da –, da war er weiß geworden, wie die Wand, an der er stand und hatte geschrien: »Los, schlag mich nochmal! Schlag mich! Los!« Seine Mutter hatte ihm später erzählt, er habe einen ganz irren Blick bekommen und seine Gesichtsfarbe habe von Weiß zu Grün gewechselt.

Sein Vater schlug ihn nie wieder. Eddy-Baby hatte sich damals nämlich vorgenommen, ihn in der Nacht umzubringen, wenn er nochmal zuschlagen würde. Der Vater hatte in dem Augenblick bestimmt Eddy-Babys Gedanken gelesen und es mit der Angst gekriegt.

In Eddys Gesicht stand der Haß.

Den zweiten Körperkontakt mit der Miliz – dieses Mal brachen sie ihm zwei Rippen – kann er wesentlich leichter akzeptieren, weil er in diesem Fall die Schuld trug. Ungerecht war nur, daß ausgewachsene Männer einen minderjährigen Halbwüchsigen mit Stiefeln bearbeiteten, aber Gründe hatten sie und zwar ausreichend. Immerhin hatte er einem ihrer Spitzel einen Messerstich verpaßt. Er war betrunken. Einer der wenigen Fälle, wo er fast bis zur Bewußtlosigkeit voll war. Aber ist das etwa ein mildernder Umstand? Eddy-Baby ist streng mit sich, und wenn er Blödsinn gemacht hat, dann gibt er das zu.

Damals hatte er unerhörtes Glück. Er würde jetzt immer noch in einer Besserungsanstalt oder im Knast sitzen, wenn nicht sein Vater an der Militärschule einen Kameraden namens Iwan Sacharow gehabt hätte, der sogar sein Zimmernachbar gewesen war. Schicksal. Eddy-Baby weiß, daß er ein Glückspilz ist.

23

Es war erst vor kurzem. Im Sommer. Eddy-Baby war zu Slawa Panows Geburtstag eingeladen. An Slawa war nichts Auffallendes, aber Eddy-Baby mochte ihn irgendwie nicht, er war ein untersetzter Junge mit Mondgesicht und Wuschelkopf und ein ganz gewöhnlicher Taschendieb. Doch er verstand es, sich überall nützlich zu machen und deshalb kannten ihn alle. An ebendiesem Tag, hatte Kostja Bondarenko vor, zusammen mit Eddy in das Haus des reichen Onkels Ljowa einzubrechen. Extra für diesen Zweck hatten sie bei Kolja Warschainow einen Revolver gekauft. Zu Slawa hatte ihn Wowa Dnjeprowskij mitgeschleppt; im Sommer war er mit dem noch dick befreundet – genauer gesagt: am Tag davor hatten sie sich kennengelernt.

Wowa Dnjeprowskij war gerade aus dem Ferienlager zurückgekommen. Er war vierzehn, aber lang wie eine Hopfenstange – einen halben Kopf größer als Eddy. Er war ein Offizierssohn wie Eddy-Baby und Kostja, aber sein Vater, Oberstleutnant Dnjeprowskij, lebte nicht mit seiner Familie zusammen; er hatte sie vor ein paar Jahren verlassen. Wowa war ein Freund von Grischa Prijmak, sie waren zusammen im Ferienlager, und Grischa hatte Wowa und Eddy miteinander bekannt gemacht.

Zur Feier dieses Ereignisses soffen sie sich einen an und als sie merkten, daß sie sich gut verstanden, beschlossen sie, das Lebensmittelgeschäft neben dem Krankenhaus Nr. 2 auszurauben. Genau das taten sie, aber vorher gingen sie bei Wowa vorbei und holten einen Rucksack. Eddy-Baby schämt sich für diesen »Bruch«. Kostja hatte ihn hinterher total runtergemacht. »Das ist die Pfuscherei von ahnungslosen Rotznasen! Die Schaufenster mit einer Tragbahre einzuschlagen! Schwachköpfe, Idioten! Alkoholiker! Habt ihr je jemanden so arbeiten sehen?«

Tatsächlich hatten sie, beide ziemlich besoffen – einen Pflasterstein in das Ladenfenster geworfen. Aber die Scheibe war nicht kaputtgegangen. Sie hatten den Stein nämlich mitten ins Fenster hineingeworfen und das ergab einen Bumerangeffekt, der Stein kam zurück. Eddy-Baby wird schamrot, wenn er daran denkt, was für einen Lärm sie veranstalteten, bis sie diese Scheibe eingeschlagen hatten. Sie stopften ihren Rucksack mit Wodka voll und kamen noch nicht einmal auf die Idee nachzusehen, ob Geld in der Kasse war. In aller Gemütsruhe waren sie auf direktem Weg wieder zu Wowa gegangen. Kostjas sämtliche Instruktionen, wie man die Polizeihunde von der Spur abbringt, das Wasser, den Tabak, das Naphtalin, hatte Eddy-Baby in dem Moment total vergessen. Nachdem sie den Rucksack im Keller versteckt hatten, gingen sie mit zwei Flaschen hoch in die Wohnung. Dort machten die neuen Freunde, ohne dem Geschrei von Wowas hysterischer Mutter die geringste Beachtung zu schenken, noch eine Flasche leer und legten sich dann ins Bett. Wowa hatte seiner Mutter nur »halt die Schnauze, alte Kuh, sonst legt dich Ed aufs Kreuz«, an den Kopf geworfen, dann waren sie fest umschlungen eingeschlafen. Der nächste Tag war Slawas Geburtstag.

Dieser Julitag war besonders heiß, vielleicht der heißeste des Jahres. Slawa wohnte in einem Zehnquadratmeter-Zimmer in einer Holzbaracke direkt am Fluß. Eigentlich ist der kleine Fluß, der Saltow von Iwanowka trennt, schon lange versandet und nur die Schilfgewächse und sumpfigen Pfützen, über denen Schwärme von Mücken hängen, zeigen noch an, wo der Fluß gewesen ist.

Slawas Eltern waren wegen Wirtschaftsvergehen verurteilt worden, deshalb lebte er bei seinem Großvater. Gewöhnlich wurden die Baracken von alten Leuten bewohnt oder von solchen, die mit dem Leben nicht zurechtkamen. Die Jungen bekamen einer nach dem anderen Wohnungen oder Zimmer in neuen Häusern. Bis dahin war Eddy nie in einer Baracke gewesen.

Wäre Gorkun nicht dagewesen, hätten sie sich vielleicht nicht derart besoffen, selbst wenn man die Hitze berücksichtigt und die zehn Flaschen gestohlenen Wodkas, die Eddy-Baby und Wowa zu Slawas Geburtstag mitgebracht hatten.

Gorkun war ein alter Mann: er hatte schon über dreißig Jahre auf dem Buckel und die Hälfte davon hatte er in Kolima verbracht. Er war dreimal zu fünf Jahren verurteilt worden und hatte alle Strafen in Kolima abgesessen. Dreimal fünf Jahre, das ist wie dreimal Held der Sowjetunion, deswegen schauten alle, Minderjährige wie Erwachsene, voller Respekt zu Gorkun auf, der gerade entlassen worden war. Aber im Laufe des Geburtstages und der folgenden Ereignisse begriff Eddy-Baby, daß Gorkun zwar kein übler Typ war, aber mit dem Leben war er fertig. Und weder Eddy noch Kostja, die doch davon träumten, Helden des Verbrechens zu werden, hätten sich so ein Schicksal gewünscht. Obwohl Gorkun

Eddy vielleicht vor dem Tod bewahrt hat, wie er behauptet.

Vielleicht hatten sie sich so besoffen, weil nicht genügend zu essen da war. Jetzt erinnert Eddy-Baby sich sowieso nicht mehr, ob es genug zu essen gab oder nicht. Er weiß nur noch, daß in der Baracke eine Hitze war, wie im Dampfbad, weder der ununterbrochen rotierende Ventilator noch die offenen Fenster halfen was. Die Jungs und die Mädchen ließen den lauwarmen Wodka in sich hineinlaufen und aßen dazu genauso ekelhaft laues Zeug. Slawas Gäste saßen auf zwei Betten, seinem und dem seines Großvaters, und dazwischen stand ein Tisch. Als es Abend wurde, schlug Gorkun vor, bei ihm weiterzutrinken.

Es stellte sich heraus, daß Gorkuns Mutter in demselben Haus wohnte, wie Tamara Gergeljewitsch. Zu behaupten, Gorkun würde in diesem Haus wohnen, wäre unangemessen, da sein Zuhause praktisch in Kolima war und er es bisher noch nie fertiggebracht hatte, mehr als ein paar Monate in Freiheit zu verbringen. Sie nahmen den restlichen Wodka mit zu Gorkun und tranken dort zu fünft weiter: Gorkun, Eddy, Wowa Dnjeprowskij, Slawa und noch ein Freund von Wowa, Iwan, dessen Vater Totengräber war. Sie machten noch ein paar Flaschen nieder und aßen Speck dazu. Gorkun schnitt den Speck mit seinem alten Finnenmesser, das einen bunten Plastikgriff hatte. Mit diesem Messer würde Eddy-Baby ein paar Stunden später einen Typ verwunden.

Als der Wodka alle war, beschlossen sie einmütig, im Park von Krasnosawodsk tanzen zu gehen. Dieser Park war nicht auf ihrem Territorium, er gehörte zum entlegenen Plechanow, was bedeutete, daß man dort unter Umständen »den Arsch poliert bekam«, wie sich Kostja Bondarenko ausdrückte. Aber eigentlich kann man nicht behaupten, daß sie dorthingegangen wären, um sich zu prügeln. Sie wollten sich nach der Sauferei eher wieder ein bißchen in Schwung bringen und die Anwesenheit des »verdienstvollen« Gauners Gorkun spornte sie an.

Der war viel betrunkener als alle anderen, denn in dem großen Sortiment von Krankheiten, die er sich in Kolima zugezogen hatte, war auch ein Magengeschwür. Deshalb bemerkte er auch nicht, daß Eddy-Baby seinen, Gorkuns, Finnendolch bei sich in der Revolvertasche verschwinden ließ, als Ersatz für das Rasiermesser, sozusagen, das er sonst immer bei sich trug. Eddy-Baby verließ das Saltower Territorium nie ohne Waffe, aber jetzt hatte er keine Zeit, zu Hause vorbeizugehen, obwohl sein Haus nur fünfzig Meter von Gorkuns entfernt war, man konnte es sogar vom Fenster aus sehen. Das ist der Grund, weswegen Gorkuns Messer in Eddys Strafregister eine Rolle spielt.

Die Geschichte war so einfach wie das Leben in Saltow und Tjura. Es war eine von den Geschichten, die die Jungs aus den Vorstädten in den Bau oder ins Lager bringen. Gorkun gefiel ein kräftiges, rothaariges Mädchen, das mit Freundinnen und Freunden in einer Ecke der Tanzfläche stand. Aber zu seinem allergrößten Erstaunen lehnte sie es ab, mit ihm zu tanzen, und zwar in einem dreisten und provozierenden Ton, und ihre Freunde gingen sogar so weit, ihn zu belächeln, glatzköpfig und betrunken wie er war. Die Glatze hatte er, wie das Magengeschwür, aus Kolima mitgebracht.

Das war der Moment, wo Eddy-Baby, im weißen Hemd, mit offenem Kragen und dem Finnenmesser in der Hand, die Szene betrat. Von da an ist es schwer, die Einzelheiten des Geschehens genau zu rekonstruieren, aber wahrscheinlich fühlte sich Eddy-Baby für seinen älteren Freund, der der Rothaarigen und ihren Freunden nicht gut genug war, beleidigt.

Ohne Zeit zu verlieren und mechanisch wie ein Besessener, ging er auf das Mädchen zu und zückte das Messer. Wie Slawa, der von allen am wenigsten dicht war, später aussagte, wirkte Eddy-Baby nicht betrunken, im Gegenteil, seine Bewegungen waren ruhig und genau. Er setzte dem Mädchen sein Messer auf die eine Brust und gab leichten Druck. Die Rote wich zurück, um der Messerspitze auszuweichen, aber der unerbittliche Eddy folgte ihr. Er packte sie mit einer Hand am Gürtel ihres Kleides, einem Plastikgürtel, setzte ihr die Messerspitze wieder unter die seiner rechten Hand gegenüberliegenden linken Brust, und drückte. Die Mädchen, die hierher zum Tanzen kamen, hatten große Brüste. Seinem Opfer in die Augen schauend sagte Eddy-Baby: »Ich zähl' bis drei. Wenn du bei drei nicht mit meinem Freund tanzt...«

Als sie die trübgrünen und völlig verstörten Augen des Jungen sah, war dem Mädchen, das etwa 25 Jahre alt sein mußte, klar, daß sie besser nicht bis drei wartete.

»Ist ja schon gut, bin schon unterwegs«, sagte sie, und einen Augenblick später tanzte sie mit Gorkun.

Eddy-Baby war zufrieden mit seinem Werk. Womöglich fand er sogar, daß die Rote und Gorkun ein hübsches Paar abgaben. Wer weiß. Die Typen, die vorher mit dem Mädchen zusammengestanden hatten, waren verschwunden und alle, die bei dem Vorfall dabeigewesen waren, hatten es vorgezogen, sich nicht einzumischen. Wer sich auskennt, weiß, daß es nichts Schlimmeres gibt, als einen betrunkenen Halbstarken mit Messer.

Als sich die Tanzfläche gegen Mitternacht gelehrt hatte, stießen Eddy und seine Kumpane beim Ausgang mit den Freunden der Rothaarigen zusammen. Sie waren nicht mehr allein, sondern befanden sich inzwischen in der Begleitung von Hilfspolizisten. Eddy zog seinen Dolch und stürmte vorwärts, seine vier Kumpane ihm schreiend hinterher. Niemand hatte Lust, die Nacht auf einer harten Pritsche im Polizeirevier zu verbringen. Der Park von Krasnosawodsk ist ein schöner Park, mit dichtem Gebüsch und vielen Bäumen, so daß es Eddy und seinen Freunden ohne große Schwierigkeiten gelang, zu entkommen. Trotzdem hatte Eddy-Baby das undeutliche Gefühl, einen von den anderen mit seinem Messer getroffen zu haben, denn er hatte einen Schmerzensschrei gehört und erinnerte sich auch an seinen Angriff. Aber das war jetzt nicht mehr wichtig. Sie wären auch entwischt, wenn nicht dieser Depp von Slawa gewesen wäre. Iwan und Wowa Dnjeprowskij hatten sich am Parkzaun von den anderen verabschiedet und waren gegangen. Aber Eddy, Gorkun und Slawa, alle immer noch betrunken, hatten die Idee, über den Zaun zu klettern, um dann in die andere Richtung zu verschwinden. Schon auf der anderen Seite, war Slawa, der Idiot, mit seinen schweren Stiefeln an einen der Stützpfeiler eines hölzernen Schildes gestoßen, das die Aufschrift trug: »Macht unseren Park zum grünsten der Stadt! Haltet ihn sauber!« Das Schild donnerte krachend herunter und fast augenblicklich lösten sich zwei vorher unsichtbare Gestalten in Miliziuniform vom Zaun und nahmen Eddy-Baby und Gorkun fest. Die unglaubliche Ungerechtigkeit bei der Sache war, daß Slawa, der ihnen das eingebrockt hatte, sich retten konnte, indem er wieder über den Zaun zurückkletterte.

Als sie zur Milizstation Krasnosawodsker Park kamen und man sie dort aus dem Auto steigen ließ, war Eddy-Baby – obwohl noch betrunken – sofort klar, daß er dieses Mal verdammt kein Glück gehabt hatte. Sie wurden von denselben Personen und Hilfspolizisten erwartet, denen sie vor einer halben Stunde entwischt waren. Nur einer fehlte.

Eddy-Baby riß sich los und rannte, die anderen ihm hinterher. Aber einer der Nachteile starker Betrunkenheit ist, daß man nicht schnell genug rennen kann. Sie brachten ihn problemlos zu Fall. Er bekam ein paar Stiefeltritte, wurde aufgehoben, in die Wache geschleppt, und dann erkannten ihn alle als denjenigen, der ihrem Kameraden einen Messerstich versetzt hatte. Den hatte die Ambulanz mitgenommen. Die Ärzte hatten gesagt, die Verletzung sei ungefährlich, er komme durch, obwohl die Lunge getroffen sei. Nichtsdestotrotz fingen sie an, Eddy zu verprügeln, dieses Mal mit Methode. Zweifellos wollten sie ihn totschlagen. So etwas war schon vorgekommen. Eddy-Baby hatte wirklich Pech gehabt, ausgerechnet diesen Leuten in die Arme zu laufen, eine halbe Stunde nach dem Zusammenstoß.

Es hagelte Schläge. Eddy-Baby fiel auf den gekachelten Boden und konnte nur noch seinen Kopf mit den Händen schützen, schicksalsergeben. Wenn er an Gott geglaubt hätte, dann hätte er wahrscheinlich gebetet. Aber Gott lebt in Saltow, in Tjura, im Krasnosawodsker Park und Umgebung nur in den schwachen Köpfen der Alten. Weder die Miliz, noch Eddy-Baby und seine Freunde hatten Gott nötig, um zu leben und ihre anspruchslosen Missetaten zu begehen. Wenn sie mir nur den Kopf nicht treffen, dachte Eddy-Baby noch und dann verlor er das Bewußtsein.

24

Er wachte in einer Zelle auf und war kaum fähig, in Begleitung des diensthabenden Bullen, bis zur Toilette zu gehen. Das Leben spielte sich mit der langweiligen Routine ab, die alle Polizeiposten der Welt auszeichnet: die Zivilangestellten erschienen zur Arbeit, in der Regel vom Leben schlecht behandelte Blondinen mit grauen Gesichtern; die Rowdys und Kriminellen, die in der Nacht verhaftet worden waren, wollten auf die Toilette oder verlangten etwas zu trinken. Die ersten Zigaretten der Wachen stanken fürchterlich, in den Zellen wurde gestöhnt, geschneuzt, geschlurft, gestritten, bis jetzt allerdings in gemäßigtem Ton. Ein gewöhnlicher Montag, abstoßend, grau und schmutzig, begann.

Solche Montage und zwar im Gefängnis, hätte es in Eddy-Babys Leben noch viele geben können. Aber wer Glück hat, der hat eben Glück. Eddy-Baby saß stumpfsinnig in der Zelle auf der Pritsche. Rechts von ihm saß der dicke Fedja, ein Flegel, der in der Nacht verhaftet worden war, weil er seine eigene Frau mit einer Hacke verfolgt hatte; links von ihm irgendein Knabe, den sie »ohne Grund« eingebuchtet hatten. Eddy-Baby wußte, daß neunzig Prozent der Individuen, die sich Montagmorgen in einer Zelle der Milizstation wiederfinden, sagen, man hätte sie »ohne Grund« festgenommen. Eddy-Baby wartete. Sein guter Stern in Gestalt des frisch erholten, gerade aus dem Urlaub zurückgekehrten Majors Iwan Sacharow näherte sich bereits und zwar in Begleitung des kriecherischen Wachhabenden, der das Register der Neueingänge in Händen hielt. Nach dem Urlaub war der Major fest entschlossen, in seiner Abteilung endlich Ordnung zu schaffen. Normalerweise ließ er sich höchstens einmal im Monat herab, die Schmutzarbeit der Gefangenenüberprüfung persönlich durchzuführen.

Bei dem Jungen, der grundlos verhaftet worden war, stellte sich heraus, daß er ein kleines achtstöckiges Haus angezündet hatte. Als die Reihe an Eddy-Baby kam, stand er auf, wie es sich gehörte und nannte dem Major seinen Vor- und Familiennamen: Eduard Sawenko.

Sacharow schaute den blassen Halbwüchsigen fragend an, als versuchte er, sich an etwas zu erinnern und fragte ihn dann: »Bist du etwa der Sohn von Wenjamin Iwanowitsch?«

Der war er. Ausnahmsweise war es einmal von Vorteil, der Sohn von Wenjamin Iwanowitsch zu sein. Als Eddy-Baby zwei Stunden später in das Büro des Kommandanten gerufen wurde, war sein Vater schon da. Wie sich herausstellte, wußte der noch nicht einmal, daß sein ehemaliger Studienkollege Sacharow, Milizkommandant in derselben Stadt geworden war.

Und dann strichen die mächtigen Hände der Vorsehung aus der Akte »E. Sawenko und W. Gorkun – Bewaffneter Angriff gegen D. Krasnopewzew, Mitarbeiter der Miliz und Mitglied des Volkes und Verletzung desselben durch einen Messerstich« das Hauptbeweisstück, Gorkuns Finnendolch, heraus, und übergaben es angeekelt Wenjamin Iwanowisch zum Andenken. Mit Sicherheit haßte Wenjamin Iwanowitsch Eddy-Baby dafür, daß er das erste Mal in seinem Leben als unbescholtener Ehrenmann, seine »dienstlichen Verbindungen« für persönliche Zwecke bemühen mußte. Jedenfalls gab es von diesem Tag an zwischen ihnen keine familiäre Bande mehr: aus Vater und Sohn waren Zimmernachbarn geworden.

Für Major Sacharow war es nicht leicht, die Sache aus der Welt zu schaffen. D. Krasnopewzew lag im Krankenhaus und seine Familie verlangte Genugtuung. Eddy-Baby hat nicht die geringste Vorstellung, was der alte Kamerad seines Vaters unternommen hatte, um sie zum Schweigen zu bringen. Aber, die fünf bis sieben Jahre Gefängnis, die ihm trotz seiner Minderjährigkeit drohten, reduzierten sich schließlich auf vierzehn Tage, die er zusammen mit Gorkun, unter Aufsicht eines alten Milizionärs, in dem bewußten Krasnosawodsker Park mit der Beseitigung von Müll und dem Ausheben eines Bewässerungskanals verbringen sollte. Tatsächlich verbrachte er sie, da er keinen Finger rühren konnte, ohne daß ihm alles weh tat, zusammen mit Gorkun in seiner Zelle, und der erzählte Eddy-Baby von früh bis spät von Kolima und davon, wie er ihn, Eddy-Baby, gerettet hatte.

Nach Aussage von Gorkun war er selbst im Flur nicht verprügelt worden. Er hatte unbehelligt auf einer Bank der Milizstation gesessen. Als er aber sah, daß die Bullen wegen ihrem Kameraden auf Eddy wütend und drauf und dran waren, ihn totzuschlagen, hatte er beschlossen, einzugreifen.

»Ich hab' dich retten wollen, Dummkopf«, sagte er schulmeisterlich, »obwohl das eine Gesetz von Kolima lautet: stirb du heute und ich morgen. Der Mensch ist des Menschen Feind, verstehst du? Aber nach der Geschichte auf der Tanzfläche, da warst du auf einmal mein Kumpel, obwohl ich keine Ahnung von dir hatte. Und nach dem zweiten Gesetz von Kolima muß man seinem Kumpel beistehen und wenn man selber dabei draufgeht. Also hab' ich sie mit aller Kraft angebrüllt: Dreckskerle! Ihr schlagt den Jungen tot! Das ist doch noch ein Bub! Faschisten! Verdammte Faschistenschweine! Ich hab' geschrien«, erzählte er weiter, »was die Lungen hergaben, aber die achten gar nicht drauf, schlagen immer weiter auf dich ein. Da bin ich aufgestanden, zu denen hingerannt und hab' dem Leutnant eins verpaßt, voll auf den Adamsapfel! Da haben sie dich losgelassen und sich auf mich gestürzt. Aber ich bin ja ein erfahrener Prügelknabe«, sagte er stolz, »mich haben sie so oft geschlagen, Junge, das kannst du dir gar nicht vorstellen. Ich weiß, wie man sich da verhalten muß. Und dann, warum hätten sie mich schlagen sollen? Ich bin sowieso fertig, ob man mich nun schlägt oder nicht, hab' drei Gefängnisstrafen verbüßt. Zeitweise hab' ich mir jede Woche mit einem Löffel die Venen aufgeschnitten und ihnen die Mauern rot gestrichen, im Lager... aus Protest. Ich komme ja sowieso wieder in den Knast. Deshalb haben sie auch bald von mir abgelassen.«

Eddy-Baby konnte Gorkuns Geschichte nicht nachprüfen, aber er glaubte ihm. Nicht weil er ihn für einen guten Robin Hood hielt. Aber vor allem hatte ihn Gorkuns zynische Bemerkung, er habe Eddy nur deswegen verteidigen müssen, weil der sich ihm gegenüber wie ein Kumpel verhalten hatte, überzeugt. Gorkun war ein Formalist. Der Ehrenkodex seines Milieus verpflichtete ihn, den Leutnant zu schlagen, und er hatte es getan.

Als man sie freiließ, gingen Eddy-Baby und Gorkun nicht jeder zu sich nach Hause, sie gingen ins Gastronom und begossen ihre Befreiung. Aber Gorkun erfuhr nie etwas von der großen Freundschaft, die die beiden Offiziersschüler Iwan und Wenjamin verbunden hatte. Er dachte, daß Eddy-Baby und er ein unglaubliches Schwein gehabt hatten, und daß die Bullen mit ihrem Papierkram nicht mehr zu Rande gekommen seien.

25

Eddy-Baby kommt zum Treffpunkt zurück, und natürlich sind seine Freunde auch schon da: Kot, Ljowa, Sanja und noch zwei andere Typen: Slawa Bokarjew und »Hollywood«. Kot und Ljowa erzählen in allen Einzelheiten, wie sie den Anführer der randalierenden Soldaten gefangengenommen haben, und Sanja betrachtet währenddessen ganz verliebt die goldene Uhr, die er am Handgelenk trägt.

»Gefällt sie dir?« wendet er sich mit aufgeräumtem Grinsen an Eddy-Baby, der nähergekommen ist.

»Wo hast du die her?« fragt Eddy erstaunt. Aber da geht ihm schon ein Licht auf.

»Die hat mir der Sergeant geschenkt!« antwortet Sanja. »Ich verlier' sie sowieso, hat er zu mir gesagt, aber du, Roter, kannst damit was anfangen.« Und er bricht in schallendes Gelächter aus.

»Ist das echt Gold?« fragt Eddy.

»Na was denn sonst!« antwortet Sanja. »Und du hast ihn abgeliefert?«

»Ich bin zur Wache mitgegangen, wie du's gesagt hast, dann hab' ich mich verdrückt«, Eddy zuckt mit den Schultern.

»Gut so!« Sanja ist zufrieden. »So'n Wecker kostet im Laden 2500. Das heißt, ich kann den Schwarzärschen auf dem Markt einen Riesen dafür abjagen, vielleicht sogar mehr. Und die Bullen, was können die mir dagegen schon bieten? Mit ihrer Auszeichnung kann ich mir den Arsch abwischen. Die können mich mal, mit ihrer Dankbarkeit.«

»Und ich hab's gar nicht gemerkt, wie du sie ihm abgenommen hast«, sagt Eddy-Baby voller Bewunderung.

»Unterwegs, als wir ihn abgeführt haben. Ich hab' gleich gesehen, daß der Mann Gold am Arm hat. Aber ich wollte nicht, daß nur wir verdächtig sind. Jetzt kann's auch der Georgier gewesen sein, wenn's Schwierigkeiten gibt. Außerdem, bei so einer Schlägerei hätte er sie ja auch verlieren können. Sie ist runtergefallen«, sagt Sanja mit Unschuldsmiene und lacht wieder.

Jetzt versteht Eddy-Baby, warum die Jungs auf den Triumph

verzichtet haben und nicht scharf darauf waren, einmal auf einem Schimmel in die Milizstation einzuziehen. Die Kohle zählt natürlich mehr. Hätte die Entscheidung jedoch bei ihm gelegen, er hätte mit Sicherheit den Triumph gewählt. Einzig für den Genuß, zu erleben, wie Major Aleschinskij ihm die Hand schüttelt und Worte der Dankbarkeit an ihn richtet, hätte er auf seinen Anteil an der Uhr verzichtet. Und Silbermann! Eddy-Baby träumt davon, dem Juden Silbermann-Maigret mal die Nase zu putzen. Zu ihm ins Büro zu gehen, sich lässig auf einen Stuhl zu flegeln, eine Kippe anzustecken und dann total beiläufig fallen zu lassen: »Gestern, als ich mit dem Major geredet habe«, oder: »Major Aleschinskij und ich...« Eddy muß grinsen. Silbermann würde durchdrehen.

Andererseits – die Uhr ist Geld. Eddy-Baby fällt wieder ein, daß er morgen Abend 250 Rubel braucht. Wenn sie tausend Rubel durch vier teilten, würde das genau hinkommen. Doch in Wirklichkeit, Mist, bekommt er weniger, weil seine Rolle bei der Erbeutung der Uhr unbedeutend war. Er muß schon zufrieden sein, wenn ein Hunderter für ihn abfällt. Aber vielleicht könnte er Sanja fragen, ob er ihm etwas borgt, überlegt Eddy.

»Sanja! He Sanja!« sagt Eddy, »wann verkloppst du die Uhr? Morgen vielleicht?«

»Nee, morgen ist kein Markt. Ist doch Feiertag! Hast du das vergessen?« fragt Sanja verwundert. »Warum, brauchst du etwa Zaster? Du hast doch genug. Wann hab', ich dir das letzte Mal was gegeben? Das war doch erst vor einer knappen Woche!«

Die Rede ist von einem Ring, den sie gemeinsam erbeutet hatten. Sanja tat so, als würde er mit der Hand des Mädchens spielen und zog ihr dabei den Ring ab, während Eddy ihr etwas vorquasselte. Er spielte die Rolle von Sanjas kleinem Bruder. Das war in der Straßenbahn, nicht in ihrer Linie, der 24, sondern in der 3. Die fährt in einem anderen Viertel, in der Stadt. Die dumme Gans war ganz begeistert: Sanja, der elegante junge

Mann, hatte sich als Richard vorgestellt und ein Rendezvous mit ihr ausgemacht. Sie hatte nicht die geringste Ahnung, daß sie dieses Spielchen schon zig mal gespielt haben. Leider funktionierte es nicht jedes Mal, aber sie versuchten es trotzdem immer wieder. Sanjas Finger waren dick und rosig aber sehr geschickt.

»Ich hab's ausgegeben«, rechtfertigt sich Eddy. »Ich dachte, meine Alten schieben was rüber für die Feiertage, aber denkste. Nix haben sie mir gegeben.«

»Du hättest dir was aufheben sollen fürs Fest«, sagt Sanja und schüttelt den Kopf. »Ich würde dir gern was geben, aber im Moment hab' ich selber nichts. Bin pleite. Alles, was ich letzte Woche verdient habe, hab' ich meiner Mutter gegeben, damit sie Sweta einen Mantel kaufen kann. Ist gewachsen, die Kleine!«

Eddy-Baby wird das Herz schwer. Sanja war seine letzte Hoffnung. Er hat oft Geld, obwohl er im Unterschied zu den anderen Fleischern keinen Pfennig spart. Er kauft sich teure Klamotten und trägt an seinen rosigen Fingern einen Ring mit Totenkopf. »Wo krieg' ich bloß Kohle her? Woher bloß?«

»Frag mal Kot«, sagt Sanja, als er sieht wie traurig Eddy aussieht und fragt dann gleich selbst.

»Kot, he Kot, kannst du Eddy Geld leihen?«

»Wieviel braucht er?« fragt Kot, der am anderen Ende der Bank sitzt, und wühlt in seiner Hosentasche.

»Wieviel?« fragt Sanja Eddy.

»250 oder 300«, antwortet Eddy unsicher.

»Ooh!« macht Kot und zieht seine Hand aus der Tasche, »soviel hab' ich gerade nicht da. Ich dachte, du brauchst vielleicht dreißig oder fünfzig Rubel. Aber 250, da mußt du bis zum Zahltag warten.«

»Ich brauch's morgen«, sagt Eddy entmutigt.

»Du bist blöd, Eddy. Ich hab's dir schon oft gesagt: wenn du an Kohle kommen willst, geh auf den Rennplatz.«

Slawa Bokarjew mischt sich ein. Die Jungs feixen. Eddy-Baby

winkt ab: »Du bist doch jeden Tag dort, und wo ist deine Kohle?« fragt er Bokarjew gereizt.

»Ich bin noch dabei, mein System zu perfektionieren. Damit kann ich dort locker meine Million abkassieren, wart's ab!« sagt Bokarjew voller Überzeugung.

26

Der kann mich mal mit seiner Million, Scheiß Bokarjew! denkt Eddy.

Früher wollte Bokarjew auf ganz andere Art reich werden. Er träumte davon, ein gigantisches Produktions- und Verkaufsnetz für Prüfungs-Spickzettel von der Größe eines kleinen Fotos aufzubauen. Das sollte ihm auch eine Million einbringen.

Solche Spickzettel gab es schon vor Bokarjew. Eddy-Baby hatte selbst schon solche für Mathematik gesehen: das Papier war über und über mit winzig kleinen Zahlen und Ziffern der wichtigsten Formeln bedruckt. Diese Dinger konnte man für jedes beliebige Fach kaufen.

Aber Bokarjew wollte der Sache industrielle Dimensionen geben. Er träumte von einem Riesenstab von Fotografen, die das ganze Land mit Millionen von Spickzetteln überschwemmen, von Ljepaja im Westen bis Wladiwostok im Osten, vom Polarkreis bis nach Kuschka im Süden. Er strahlte vor Begeisterung, wenn er von seiner Idee erzählte. Tausende von Kindern, in disziplinierten Verkaufstrupps organisiert, würden seine fotokopierten Spickzettel vor jeder Schule, Universität oder Technischen Ausbildungsstätte in der Union der Sozialistischen Sowjetrepubliken verkaufen. Dieser »Mitarbeiterstab« würde ihm im Laufe eines Jahres die Taschen mit Millionen von Rubeln füllen.

In der Realität war alles viel weniger einfach, als in Bokarjews genialem Entwurf. Kaum hatte er begonnen, sein Imperium aufzubauen, da stieß er schon auf eine Reihe unüberwindlicher Schwierigkeiten. Die wesentlichste davon war, daß die geplante Anzahl von Studenten und Schülern seine Spickzettel nicht kaufen wollte. Die einen glaubten nicht daran, die anderen fabrizierten sich ihre eigenen. Auf dem Papier war alles klar: Anzahl der Schüler und Studenten in der UdSSR, Unkosten, Einnahmen, Preis pro Spickzettel: zehn Rubel, das war geschenkt für die Masse von Wissen, die sie enthielten! Der Jammer war nur, daß keiner sie haben wollte, bis auf einige Wenige.

Jetzt hat Bokarjew diese neue Idee. Schon seit einem halben Jahr arbeitet er an einem »System«. Immer wenn Rennen stattfinden ist er auf dem Rennplatz und macht sich Notizen: welches Pferd in welchem Lauf zuerst angekommen ist. Diese Daten systematisiert er dann, wobei er seine sokratische Stirn runzelt. Er hat eine unheimlich hohe Stirn, die tatsächlich an die von Sokrates erinnert. Eddy-Baby zweifelt allerdings daran, daß eine so großartig gewölbte Stirn auch immer in der Lage ist, das zu halten was sie verspricht.

Bokarjew arbeitet unermüdlich an seinem System und versichert, daß er es bald vollendet haben wird. Und dann macht er seine Million. Warum ausgerechnet eine Million, weiß er selbst nicht. Sicherlich ist er von den sechs Nullen beeindruckt, die so unmittelbar auf den Einser folgen.

Vorerst studiert Bokarjew noch im vierten Jahr an einem Polytechnischen Institut, trägt total abgelatschte Stiefel und spart jeden Pfennig von seinem armseligen Stipendium, um den Eintritt für den Rennplatz und die Straßenbahn zu bezahlen. Bis zum Rennplatz ist es weit.

Die unter den Linden akzeptieren Bokarjew aus reinem Snobismus: der kann so abgerissen rumlaufen, wie er will, immerhin ist er Student. Von Sanja ganz abgesehen, verdienen Kot und Ljowa in ihrer Fabrik das Zehnfache von Bokarjews Stipendium; und dazu klauen sie auch noch, mal da, mal dort.

Ein anderer Grund, weshalb sie Bokarjew ganze Abende bei

sich verbringen lassen, ist, er kann gut quasseln. Über jedes beliebige Thema kann er reden. In dieser Kunst hat er nur einen Konkurrenten: Zigeuner-Slawa. Aber die Erzählungen des Zigeuners sind romantischer Natur und drehen sich meistens ums Reisen und Essen. Bokarjews Geschichten dagegen sind ganz vom Zauber der Zahlen durchdrungen. Sein Steckenpferd sind Pläne, Berechnungen, Entwürfe. Sein Geschwafel ist moderner als das vom Zigeuner, findet Eddy. Und obwohl weder Eddy noch die anderen wirklich glauben, daß Bokarjew mit seinen albernen Ideen irgendwann mal eine Million verdienen wird, kommen ihm doch manchmal Zweifel: Kann man's wissen?

Unbestreitbar ist außerdem, daß Bokarjew, auch wenn er jetzt noch über jeden Happen froh ist, den er umsonst kriegt und mit Opa und Oma auf neunzehn Quadratmetern lebt, in etwas über einem Jahr Ingenieur ist. Die Jungs dagegen nicht.

Eddy-Baby hat genausowenig Lust, Ingenieur zu werden, wie seine Freunde. Obwohl er intelligent ist, wie alle – Vater, Mutter, Nachbarn – zugeben. Er hat nicht das geringste Bedürfnis, fünf Jahre lang Mathematik, Physik, Festigkeitslehre und andere lästige Fächer zu studieren. Eddy-Baby haßt Mathematik. Jahreszahlen sind ihm wesentlich lieber.

Seine Hefte führt er zwar nicht mehr, aber die begeisterte Liebe zur Geschichte ist ihm geblieben. Und wenn sich die Geschichtslehrerin – eine dicke Rothaarige mit dem Spitznamen »die Bürste« – von dem unqualifizierten Gefasel der anderen Schüler erholen will, dann führt sie einfach ein Gespräch mit Eddy, und zwar ohne ihn an die Tafel zu holen.

»Was ist im 11. Jahrhundert in Europa passiert, Sawenko?« fragt die Bürste und die ganze Klasse atmet erleichtert auf: jetzt muß niemand mehr an die Tafel. Die Bürste und Eddy-Baby werden bis zum Ende der Stunde, sich gegenseitig übertönend und überbietend, die Ereignisse des 11. Jahrhunderts kommentieren, über die man sogar an der Universität wenig erfährt.

Geschichte ist das einzige Fach, in dem Eddy-Baby eine Fünf*
bekommen hat, obwohl ihn die Bürste nie an die Tafel ruft. Aber
das ist genauso, wie mit den mathematischen Wunderkindern:
die behelligt man sicher auch nicht mit den üblichen Arithme-
tikaufgaben. Eddy-Baby ist ein Wunderkind in Geschichte. Er
könnte ohne Weiteres jetzt schon unterrichten, sagt die Bürste.

27

Eddy-Baby verläßt die Bank unter den Linden zusammen mit
Hollywood, sie haben den gleichen Weg. Es ist schon weit über
ein Uhr, und alle sind schon nach Hause gegangen. Dora, die
Friseuse, hat Sanja geholt und ihn mit zu sich genommen.
Vielleicht liebt sie ihn. Ihr Streit war keine Ausnahme: seit
einem Jahr schlafen sie nun miteinander, haben dauernd Krach
und verprügeln sich sogar. »Was sich liebt, das neckt sich«,
sagen die alten Weiber.

Hollywood lebt in einem Wohnheim, ein paar Häuser von
Assjas Wohnung entfernt. Er ist allein. Wie er wirklich heißt,
weiß Eddy-Baby nicht. Ist auch egal, in der Siedlung jedenfalls
nennen ihn alle Hollywood. Diesen Spitznamen verdankt er der
seltsamen Angewohnheit, ständig mit Zitaten aus amerikani-
schen Filmen um sich zu werfen. Es gibt in Saltow ehrlich gesagt
niemanden, der kompetent genug wäre, nachzuprüfen, ob
Hollywoods Sprüche tatsächlich alle aus Filmen stammen, oder
ob er sie zum Teil selbst erfindet. Kadik behauptet, daß die
Hälfte von Hollywood selbst stammt.

Auch jetzt, während sie durch das letzte Herbstlaub schlur-
fen, räuspert sich Hollywood und sagt mit bedeutungsvoller
Miene: »Diese Blätter rascheln wie Dollars, nicht wahr?«

Eddy-Baby weiß nicht, aus welchem Film das ist, und zieht
sich deshalb mit einem schüchternen »hmmhm« aus der Affäre.

Eddy-Baby geht liebend gern ins Kino, geniert sich aber

wegen seiner Brille. Wenn er einen neuen Film sehen will, muß er deshalb in die Stadt fahren. Dort kennt ihn niemand, da kann er seine Brille aufsetzen. Nur, alleine in die Stadt fahren, das macht keinen Spaß. Also verpaßt er eine Menge Filme.

Hollywood hat für alle Lebenslagen einen Spruch parat. Haben die Jungs Geld für Biomizin zusammengelegt und beschlossen, ins Gastronom zu gehen, tritt Hollywood einen Schritt vor und schreit in heroischer Pose: »Mamelukken, ich führe euch nach Kairo! Wer Kairo nicht gesehen hat, hat nichts gesehen!« Das ist ein wortgetreues Zitat aus dem Film »Die Mamelukken«, der vor kurzem in den Kinos von Charkow gezeigt wurde.

Die Jungs mögen Hollywood, weil er immer Schwung in die Runde bringt. Er ist vielleicht fünf Jahre älter als der Rote Sanja oder womöglich schon so alt wie Gorkun – durch seine dünnen, blonden Haare sieht man nämlich schon hier und da kahle Stellen durchscheinen. Aber er hat noch nie im Knast gesessen. Hollywood klaut nicht. Er arbeitet in der Schmelzhütte von »Hammer & Sichel« und lebt im Wohnheim. Die Eltern dieses bulligen Typs mit der langen Nase wohnen auf dem Land in der Umgebung von Charkow, und einer von den Jungs hat Eddy erzählt, daß sie beide krank sind und Hollywood ihnen deshalb Geld schickt. Im Sommer trägt er eine Badehose mit Palmen drauf. Das ist in etwa alles, was Eddy-Baby von ihm weiß. Aber in Saltow gründen sich die Beziehungen der Jugendlichen und der Erwachsenen nicht auf das, was man voneinander weiß, sondern auf das, was man fühlt. Eddy-Baby fühlt, daß Hollywood in Ordnung ist. Und wenn er auch ein Arbeiter ist, er gehört nicht zur Hammelherde.

Eine Weile gehen sie schweigend nebeneinander her, dann fragt Eddy-Baby: »Wieso feierst du heute eigentlich nirgends?«

»Was haben wir denn gemacht?« gibt Hollywood melancholisch zurück, »wir haben gefeiert, und jetzt gehen wir nach Hause.«

»Nein«, beharrt Eddy, »ich meine doch, irgendwo hingehen zum Feiern in Gesellschaft.«

»Bei mir im Wohnheim habe ich genug Gesellschaft«, seufzt Hollywood. »Die feiern die ganze Nacht. Da ist mit Schlafen nix drin. Auf jeder Bude wird gesoffen und dann gibt's Schlägereien.«

»Aaaah«, macht Eddy-Baby teilnahmsvoll. Er hat noch nie im Wohnheim gewohnt, war aber schon in einem drin, für Jungen und Mädchen. Hat ihm nicht gefallen, obwohl man da sehr billig wohnt. Aber er könnte nicht mit drei Unbekannten in einem Zimmer wohnen. Er würde auch auf seine Eltern liebend gerne verzichten. Die Veranda, auf der er schläft, ist zwar fast ein eigenes Zimmer, aber sie haben erstens keine Zeit gehabt, sie für den Winter herzurichten und zweitens muß er immer durch das Zimmer seiner Eltern durch. Natürlich, sie sind keine Fremden und auch nur zwei, nicht drei Leute, wie in Hollywoods Wohnheim.

An der Gabelung des kleinen, stellenweise unterhöhlten Asphaltweges, der noch aus den Saltower Gründerjahren stammt, trennen sie sich.

»Tschüß«, sagt Eddy.

»Wenn die prachtvolle tropische Nacht ihren sternengeschmückten Mantel aus schwarzem Samt über Rios Straßen wirft...« setzt Hollywood an, aber dann denkt er wohl an das Wohnheim, zu dem er unterwegs ist und winkt verdrossen ab. »Tschüß, Ed«, sagt er stattdessen nur.

28

Eddy-Baby geht ins Haus. Aus Tante Marussjas Wohnung dringt Lachen und Musik. Seine Mutter ist sicherlich noch dort. Die Wohnung hat drei Zimmer und in jedem wohnt eine Familie: Im ersten Tante Marussja Tschepiga, ihr Mann, Onkel Sascha, Elektriker von Beruf und täglich mehr dem Trunk ergeben und der Sohn Witja. Im zweiten, etwas größeren, lebt Tante Marussja Wuloch, mit ihrem Mann Onkel Wanja, einem Schönling und Weiberhelden, dem Sohn Valerija und der nach Eddys Mutter benannten Tochter Raja. Im dritten Zimmer schließlich – es liegt direkt unter dem von Eddy und seinen Eltern – wohnen Pereworatschajews. Der Vater, ein schweigsamer und wenig umgänglicher Mensch, ist Ofensetzer, seine Frau Putzfrau. Alle nennen sie »Die Schwarze« und Eddy-Baby hat keine Ahnung, wie sie richtig heißt, obwohl die Pereworatschajews schon von Anfang an in diesem Haus wohnen. Sie haben drei Kinder: die Nutte Ljuba, den buckligen Tolik und die kleine Nadja. Nadja ist schon zehn und hat einen nicht zu übersehenden Busen, aber sie wird nach wie vor die »kleine Nadja« gerufen, wie vor fünf Jahren. Damals diente sie Eddy-Baby als Objekt für sein Studium der weiblichen Anatomie. Die praktische Übung fand im Keller ihres Hauses statt, wohin Eddy sie mit einem Schokoladenbonbon gelockt hatte.

Heute sind Pereworatschajews nicht da. Nur der bucklige Tolik ist zu Hause geblieben und liegt bestimmt gerade lesend auf seiner Militärdecke, die Ohren mit Watte zugestopft. Der Rest der Familie ist aufs Land gefahren. Viele Saltower haben Verwandtschaft in den Dörfern vor der Stadt.

Die Großeltern von Tante Marussja Tschepiga wohnen in einem Dorf, das Alt-Saltow heißt. Es ist keineswegs nebenan; man muß ein paar Stunden mit dem Laster fahren bis dorthin. Die Saltower Chaussee führt nach Alt-Saltow.

Eddy-Baby hat einen Sommer, den, der auf seine Flucht nach Brasilien folgte, bei Tante Marussjas Großeltern verbracht. Dort, in dem kleinen, schlammigen Fluß, hatte er Schwimmen gelernt. Und als er da am Ufer lag und um ihn herum die Gänse watschelten, machte Onkel Sascha Tschepiga ihm ein Kompliment über seine Nase. Eddy hatte sich über seine Himmelfahrtsnase beklagt und Onkel Sascha hatte ihm zur Antwort gegeben, daß er mit dem allergrößten Vergnügen seine eigene Nase gegen die von Eddy-Baby eintauschen würde. Eddy-Baby hatte die Nase von Onkel Sascha genau betrachtet und sich dann geschämt. Onkel Saschas Riechkolben war ewig rot und hatte von der Form her Ähnlichkeit mit einer mißglückten Kartoffel. Als hätte die Natur zuerst vorgehabt, drei Knollen hervorzubringen, dann aber ihre Meinung geändert und eine daraus gemacht. So sah Onkel Saschas Nase aus.

Eddy-Baby war auch aus Alt-Saltow weggelaufen. An dem Tag, als er mit Großvater Tschepiga und Onkel Sascha, der zwei Wochen Urlaub hatte, im Wald die Kühe hütete, passierte ein Mißgeschick: Zwei Kühe liefen von der Herde weg. Der Wald von Alt-Saltow war nicht irgend so ein künstlich angelegter Waldstreifen, sondern ein richtiger Wald, groß und undurchdringlich. Natürlich, welcher Idiot weidet schon seine Kühe in so einem Wald, dazu sind schließlich die Wiesen da. Die Frage ist nur, wie verhält man sich, wenn die Kühe Privateigentum sind, die Weiden aber der Kolchose gehören? Der Staat hatte den Bauern erlaubt, eigene Kühe zu halten, allerdings nicht auf den Weiden der Kolchosen. Also trieben sie ihr Viehzeug manchmal in den Wald, manchmal auf den Bahndamm. Sie wechselten sich beim Hüten ab. Diese Woche war Großvater Tschepiga an der Reihe.

Als die Sonne untergegangen war, hörte Eddy-Baby Großvater Tschepiga und Onkel Sascha sagen, wenn sie jetzt ins Dorf zurückkehrten, würden die Besitzer der Kühe sie alle drei umbringen. Da beschloß Eddy, sich nicht umbringen zu lassen; er glaubt heute noch, daß ihn damals nicht die Angst leitete, als er sich unter dem Vorwand, er müsse einmal verschwinden, von dem Lagerfeuer, an dem sie saßen, entfernte und im Dickicht verschwand.

Eddy-Baby ging durch den schon dunklen Wald und trällerte eine selbsterfundene Melodie. Er hatte keinen Proviant dabei, nur einen Schäferstab und Onkel Saschas großes Messer, aber daß er nicht einmal ein Stück Brot bei sich hatte, war ihm sogar sehr recht, das bot ihm die einmalige Gelegenheit, sein Wissen über eßbare Wildpflanzen zu testen.

Es war schon August, und er war sicher, daß er in Feld und Wald bis mindestens Ende Herbst problemlos überleben und sich dabei immer weiter nach Süden durchschlagen könnte. Die erregende Aussicht auf ein Leben im Wald tat sich ihm auf. Er war auf die Idee gekommen, das Messer mit seinem Schnürsenkel an einem Stock zu befestigen und es als Speer zu benutzen. Damit würde er kleinere, eßbare Tiere jagen.

Er blieb nicht lange im Wald. Nicht der Hunger, sondern die Einsamkeit trieb ihn zurück. Sein Bücherwissen hatte ihm tatsächlich genützt. Er hatte sich von Beeren und Wurzeln der mittleren Vegetationszone, so stand es in seinen Handbüchern, ernährt, nur bei der einen oder anderen Wurzel hatte er festgestellt, daß sie wegen ihres Eau de Cologne-Geschmacks nicht genießbar war. Vor der Dunkelheit hatte Eddy-Baby nie Angst gehabt, auch nicht als er klein war. Aber die Einsamkeit ertrug er nicht. In diesem Sommer entdeckte er, daß er ein Herdentier war.

Heute noch schämt er sich vor Onkel Sascha und Tante Marussja wegen der Panik, die er in Alt-Saltow ausgelöst hat. Aber durch sein Zutun wurden die alten Tschepigas gewissermaßen zu lokalen Berühmtheiten: die Dorfleute zeigten mit dem Finger auf sie und sagten: »Bei denen ist eine Gör aus der Stadt weggelaufen!«

Das Gör aus der Stadt kehrte also wieder auf die Straße zurück, die es schon lange zuvor entdeckt hatte, und kam per Anhalter, eine halbe Stunde später, bei dem Dorfladen an, der zwei Häuser von der strohgedeckten Kate der Großeltern Tschepiga entfernt war. Die Kühe hatten sich am gleichen Abend wiedergefunden, sie waren ganz gemächlich zu ihrer Herde zurückgetrottet. Das Gör kam nach zwei Tagen zur Herde zurück.

29

Eddy-Baby schielt zur Tür der Tante Marussja hinüber – scheint so, als würde man dort tanzen – steigt dann entschlossen hoch in den ersten (und letzten) Stock und schließt seine eigene Tür auf.

In der Wohnung Nr. 6 ist es still. Major Schepotko, der von der Ausnüchterungsanstalt, war schon eine Woche vor dem Fest aus der Wohnung verschwunden. Die anderen Nachbarn, Lida und »Onkel« Kolja sind mit ihrem Baby zu Verwandten gefahren.

Eddy-Baby geht in die Küche und findet, bereits in der Pfanne und mit einem sauberen Geschirrtuch zugedeckt, das Essen: Makkaroni mit Buletten, seine Leibspeise. »Sie ist trotz allem ein Goldstück, meine Mutter!« entscheidet er spontan, obwohl sie sich am Morgen noch furchtbar gestritten haben und er sie Idiotin und Schlampe geheißen hat.

Eddy-Baby setzt die Pfanne auf den Gasherd. Der ist eine Neuanschaffung: vor zwei Jahren ist in Saltow Gas gelegt worden; davor wurde ein Teil der Küche von einem Kohleofen eingenommen. Damals buken noch alle Piroggen im Backofen, seit es das Gas gibt, macht seine Mutter immer seltener welche.

Früher hat er sich mit seiner Mutter nicht so gestritten, geht es Eddy-Baby durch den Kopf, während er seine Makkaroni mit Buletten futtert. Das könnte er dreimal am Tag essen. Jedenfalls, so wie heute hat er seine Mutter noch nie behandelt. Er schämt sich, daß er sich nicht hat beherrschen können. Aber gleichzeitig weiß er ganz genau, daß seine Mutter an ihrem miserablen Verhältnis nicht weniger Schuld hat als er. Seitdem er in die 8. Klasse gekommen ist, betrachtet Eddy-Baby sich als erwachsenen Menschen und erwartet, daß man entsprechend mit ihm umgeht. Aber seine Mutter versucht immer noch, ihn zu erziehen.

Gemein ist auch, daß sie sich für sein Leben nicht wirklich

interessiert: was er denkt, ob es ihm gut geht oder schlecht, ob er froh ist oder traurig. Sie kämpft mit ihm verbissen um Kleinigkeiten: sein Hosenschlag soll 22 Zentimeter breit sein und nicht 18; seine gelbe Jacke und der Scheitel, den er sich zieht, machen sie rasend. Früher hat sie sich über seine langen Haare aufgeregt. Eddys neuer Klassenlehrer, Jakow Lwowitsch (Rachel war so altersschwach geworden, daß sie das Unterrichten aufgeben mußte), redet seiner Mutter ständig ein, daß aus Eddy-Baby nichts Vernünftiges werden kann.

»Aus ihrem Sohn wird ein Tagedieb und Krimineller«, hat er seiner Mutter schon auf der ersten Elternversammlung erklärt. Und sie, anstatt den Sohn zu verteidigen, hat sich auf Jakow Lwowitschs Seite geschlagen.

Eddys Meinung nach hat der sich selber nicht gerade vorteilhaft entwickelt. Ein hinterhältiger und brutaler Hund ist er geworden. Nützt es aus, daß er unheimlich stark ist und größer als einsneunzig und verprügelt die Schüler. Er schlägt sie ohne Zeugen: bestellt sie zu sich in sein Physiklabor – der Faschist unterrichtet Physik – und dann kommen die Jungs mit blutigen Nasen und Lippen von dort wieder raus. Der Fascho macht sich vor, daß er mit dieser harten Methode Rowdys erzieht, aber in Wirklichkeit schlägt er wehrlose Kinder zusammen. Nach der siebten Klasse sind die meisten von den »Erzogenen« von der Schule abgegangen, in die Fabriken oder auf die Straße. In seiner Klasse ist kein einziger mehr. Leute wie Sascha Tischtschenko oder Walja Ljaschenko kann man nicht als richtige Rowdys betrachten, auch wenn sie sich manchmal so benehmen und in Tjura wohnen, aber sie sind ganz friedliche Typen. Sie zu schlagen, weil sie faul oder unbegabt sind, ist gemein, denkt Eddy-Baby.

Aber ihn hat Jakow Lwowitsch noch nicht angerührt. Er weiß, bei wem er draufhauen darf. Sascha Ljachowitsch rührt er auch nicht an; und Witja Proutorow läßt er in Ruhe, weil der ein krankes Herz hat.

Ein Grund, warum Jakow Lwowitsch Eddy nichts tut, ist sein Vater. Der friedfertige Wenjamin Iwanowitsch trägt die Uniform des Innenministeriums. Und obwohl Eddy-Baby überzeugt ist, daß es schwer ist, einen harmloseren Menschen zu finden, als seinen Vater, verfehlt die magische Abkürzung MWD bei Jakow Lwowitsch Kaprow nicht ihre Wirkung.

Aber es gibt noch einen zweiten Grund: Als der neue Klassenlehrer das erste Mal einen Schüler geprügelt hatte, Witja Wodolaschskij, einen harmlosen Jungen, der gerade vom Dorf kam und zusammen mit seiner Zwillingsschwester ungeduldig die achte Klasse absaß, weil sie beide anschließend aufs Technikum gehen wollten, sagte Eddy hinterher vor allen Schülern, die um Witja herumstanden, als der sich in der Toilette das Blut vom Gesicht wusch: wenn dieses Schwein von Jakow ihm, Eddy, ein Haar krümme, schneide er ihm die Gurgel durch. Man darf den Leuten nicht erlauben, daß sie einen beleidigen, nicht ein einziges Mal – so hatte es ihm Sanja beigebracht. Nach diesem ungeschriebenen Gesetz lebten alle Saltower Rowdys. Und auch Eddy-Baby verhält sich danach.

Die Klassenkameraden haben ihm diesen Schwur vielleicht nicht abgenommen, wohl aber der Pauker: Verräter gibt es überall; irgend jemand hatte ihm davon erzählt. Und solche Fälle sind schließlich vorgekommen, besonders in den letzten Jahren, in ihrer Schule genauso wie in anderen. Ljowa, dem glatzköpfigen Sportlehrer, haben sie 1956, beim Silvesterfest der Schule, einen Messerstich verpaßt.

Noch aus einem letzten Grund wagt Jakow nicht, Eddy zu schlagen: Er hat Angst vor dem Roten Sanja. Alle in Saltow wissen, daß hinter Eddy-Baby Sanja steht und damit auch die Gewichtheber von ganz Tjura und im Notfall auch noch die wilden Schwarzärsche vom Pferdemarkt. Wehe dem, der sich an Eddy vergreift! Deshalb wiederholte sich so ein Alptraum, wie Eddys Schlägerei mit Jura Obejuk, nie mehr. Eine Zeitlang hat er davon noch geträumt, aber jetzt quält es ihn nicht mehr. Jura ist mit seinen Eltern nach Krasnojarsk in Sibirien zurückgekehrt und für die Rache, von der Eddy-Baby geträumt hatte, war es zu spät. Übrigens hatte er nie ganz ernsthaft an Rache gedacht und wenn, dann nur in den ersten sechs Monaten. Er war selber schuld gewesen: über den Büchern hockend hatte er vergessen, daß er ein Mann war und daß ein Mann in der Lage sein muß, sich zu verteidigen. Jura Obejuk war notwendig gewesen.

Eddy-Baby ißt seine Makkaronis fertig und kehrt in Gedanken nochmal zu dem Streit mit seiner Mutter zurück. Warum ist sie auf der Seite seiner Feinde? Immer! Die anderen Mütter verteidigen ihre Kinder. Raissa Fjodorowna nicht. Für sie ist immer Eddy der Schuldige. Jakow rächt sich an Eddy-Baby und gibt ihm regelmäßig eine Drei in Physik. Eddy weiß, daß Jakow ihn schikaniert und lernt seine Lektionen auswendig, obwohl er Physik haßt. Ein anderer Schüler würde an seiner Stelle eine Fünf bekommen, oder mindestens eine Vier, aber er kriegt eine Drei. Seine Mutter versteht das nicht und denkt, er macht seine Aufgaben nicht ordentlich.

»Ungerechtigkeit!« hat Eddy-Baby einmal in der Klasse an die Tafel geschrieben. Das ist eine erschöpfende Erklärung dafür, wie die Welt konstruiert ist. Raissa Fjodorowna möchte, daß aus ihrem Sohn ein »ehrenhafter« Mensch wird, wie sie es ausdrückt, und deshalb meint sie – obwohl sie nicht geizig ist – man dürfe einem Kind mit fünfzehn Jahren kein Taschengeld geben. Die Folge davon ist, daß das Kind von fünfzehn Jahren ständig auf Geldsuche ist und sich sogar gezwungen sieht, zu stehlen. Die dumme Kuh! denkt Eddy-Baby wütend. Die glaubt wohl, wenn sie ihm das Geld nicht gibt, um mal eine Flasche Biomizin mit seinen Freunden zu leeren, dann verzichtet er einfach brav aufs Biomizin und auf die Freunde. Da kennt sie ihren Sohn schlecht und weiß wohl nicht, daß er zuviel Charakter hat für sowas! Sie hat ja keine Ahnung, daß Eddy schon seit langem klaut und neuerdings auch mit Kostja zusammen in Geschäfte und Wohnungen einbricht.

Und über seine Gedichte macht sie sich auch lustig. Assja lacht nicht, Kadik auch nicht und noch nicht mal Kapitän Silbermann. Silbermann sagt, daß Eddy Talent hat und wenn er gescheit wäre, dann würde er den Umgang mit den Rowdys aufgeben, seinen Schulabschluß mit Auszeichnung machen und ins Moskauer Gorkij-Institut für Literatur eintreten. Aber Raissa Fjodorowna behauptet, Eddy-Babys Gedichte wären Unsinn und würden immer den Gedichten ähneln, die er gerade gelesen hat. Hat er Blok gelesen, klingen sie wie Blok. Hat er Brjussow gelesen, schreibt er sofort Gedichte, die denen von Brjussow ähnlich sind; und hat er Jesenin gelesen, dann imitiert er den... Hätten ihm seine Eltern nur ein bißchen Geld gegeben, hätte er nicht angefangen zu stehlen. Oder vielleicht doch? fragt er sich. Ehrlich gesagt, er hat keine Ahnung. Wahrscheinlich hätte er trotzdem damit angefangen, denn genau wie Kostja, geht es ihm nicht so sehr um die Kohle, als vielmehr darum, ein richtiger Gangster zu werden. Nebenbei braucht er natürlich auch das Geld.

Kostja behauptet, daß sich in der UdSSR nur die Taschendiebe als mehr oder weniger organisierte Kraft gehalten haben. Ein paar Mal schon hat er Eddy-Baby den Boss der Taschendiebe von der Plechanow Straße und vom Pferdemarkt gezeigt. Das richtige, organisierte Verbrechen sei völlig zerschlagen worden, sagt Kostja. Er träumt davon, es wieder zu beleben. Ihre Bande ist nur ein kleiner Schritt auf dem Weg zu einem Netz bewaffneter Banden, das er später, mit Eddys Hilfe, aufzubauen gedenkt.

Eddy-Baby hat die Nase voll: von seinen Eltern, von der Wohnung Nr. 6, von Major Schepotko mit seinem dicken Bauch und seinem dicken Hintern, der immer stundenlang auf dem Klo sitzt und ewig nach seinen abartigen Papirossy stinkt. Eddy-Baby möchte so bald wie möglich von seinen Eltern weg.

Nicht so wie er damals abgehauen ist, sondern ohne großes Theater. Es sind noch vier Monate bis er sechzehn ist und einen Ausweis bekommt. Dann sagt er der Wohnung Nr. 6 einfach »Ade!« Erwachsene Kinder sollten nicht mit ihren Eltern zusammenleben, hatte Assja einmal gesagt. Recht hat sie. Sogar sie träumt davon, unabhängig zu sein, obwohl sie ihr eigenes Zimmer hat und ganz andere Eltern. Was die Eltern anbetrifft, hätte Eddy-Baby gerne mit Assja getauscht.

30

Nachdem er die Pfanne leer gemacht hat, geht er ins Zimmer und legt sich angezogen auf sein Sofa. Mit einer Seite stößt es an das große Eisenbett seiner Eltern. Die Rückwand des Bettes ist hoch und vernickelt und besteht aus einem ganzen Sammelsurium von Kugeln und Stäbchen. Als Eddy-Baby klein war, machte es ihm nichts aus, hier zu schlafen. Jetzt geht ihm die Nähe ihres Bettes auf die Nerven. Seine Freunde haben ihm grinsend erzählt, sie hätten ihre Eltern beim »Bumsen« überrascht. Eddy ist das nie passiert. Nachts hat er es als Kind manchmal vom Bett her irgendwie seufzen und stöhnen gehört, hat sich das aber damit erklärt, daß die Eltern schlecht träumten.

Eddy kann sich nicht vorstellen, wann seine Eltern miteinander schlafen. Wenn sein Vater nicht auf einer seiner langen Dienstreisen ist, geht er meistens schon bei Morgengrauen aus dem Haus: seine Einheit ist weit weg, am anderen Ende der Stadt, und er muß zwei Straßenbahnen nehmen, bis er dort ist. Er kommt spät zurück, manchmal erst um neun, ißt und geht ins Bett, manchmal sieht er auch noch eine Weile fern. »Möchte wissen, wann die vögeln?« denkt er gleichgültig. Das Sexualleben seiner Eltern interessiert ihn nicht besonders. Aber trotzdem, wann wohl? fragt er sich.

Aus dem Parterre, von der Wohnung der Tanten Marussja

schallt laute Musik herauf und dann wieder Lachen. Die kommen immer noch nicht zur Ruhe. Und sein Vater, denkt Eddy, der feiert den 41. Jahrestag der Großen Oktoberrevolution weiß der Teufel wo – in einem Zug, der die sicher schon verschneite sibirische Taiga durchquert. Seine Dienstreisen dauern immer ungefähr einen Monat. Er ist jetzt Chef eines Begleitkommandos. Lange hatte Eddy-Baby keine Ahnung, was das ist, bis er seinen Vater mal bei der Erfüllung seiner Dienstpflichten sah; das war im Frühling vor zwei Jahren.

Damals konnte er es kaum erwarten, seinen Vater wiederzusehen. Jetzt ist es ihm egal; er fühlt sich sogar viel freier, wenn Wenjamin Iwanowitsch nicht da ist, aber damals fehlte er ihm noch, und er wartete jeden Tag auf seine Rückkehr.

Er hatte die Ankunftszeit des Zuges in Erfahrung gebracht und beschlossen, seinen Vater zu überraschen: Er würde ihn am Bahnhof abholen. Nachdem er sich von zwei Straßenbahnen hatte durchrütteln lassen, war er am Charkower Bahnhof angelangt und machte sich auf die Suche nach dem Zug. Der aus Sibirien kommende »Kiew-Pazifik«, dessen Ankunftszeit mit der des gesuchten Zuges übereinstimmte, hatte zwei Stunden Verspätung, aber Eddy-Baby wartete geduldig zwei Stunden lang auf dem Bahnsteig, damit er ja seinen Vater nicht verpaßte, falls der Zug doch früher ankäme.

Umweht vom eisigen Hauch der Taiga, sibirischen Staub auf Dach und Stufen, fuhr der Zug am Bahnsteig ein. Die Passagiere, eine ganze Menge, waren sehr schnell ausgestiegen. Auch ein paar Militärs waren darunter, aber seinen Vater sah Eddy-Baby nicht.

Er wartete, bis der letzte Passagier verschwunden war und fragte dann nochmal bei der Bahnhofsauskunft, ob heute nicht noch ein Zug aus Sibirien ankäme, aber man antwortete ihm, nein, es gäbe heute nur diesen einen.

Eddy-Baby war sicher, daß er seinen Vater nicht verpaßt hatte. Oder hatte ihm seine Mutter womöglich das falsche

Datum genannt? Aber Raissa Fjodorowna war eine durch und durch ordentliche Frau, und Eddy-Baby konnte unmöglich glauben, daß sie sich im Datum der Rückkehr ihres geliebten Mannes geirrt hatte.

Der Charkower Bahnhof ist riesig. Einer der größten in der UdSSR, denn Charkow ist eine Industriestadt von einer Million Einwohnern und das Tor zur Ukraine. Hinter Charkow beginnt nämlich die eigentliche, fruchtbare Ukraine; dann kommen die Krim und der heiße, exotische Kaukasus. Alle wichtigen Bahnlinien dorthin führen durch Charkow. Deshalb ist die Stadt im letzten Krieg mehrfach von den Deutschen erobert und von den »unsrigen« wieder zurückerobert worden.

Die Züge pfiffen und ließen Dampf ab. Es stank nach Kohle, Dampfkesseln, Chlor, Frühling und Klosett. In langen Kolonnen kurvten die Gepäckwagen, beladen mit Koffern und Säcken von Einwohnern der verschiedenen Länder, aus denen sich die Union der Sozialistischen Sowjetrepubliken zusammensetzt, in alle Himmelsrichtungen. Zwischen den Menschenmassen, die in Züge einstiegen oder aus ihnen herausgequollen kamen, die Bahnsteige überschwemmten und eilig auf ein Restaurant oder eine Imbißstube zustrebten, um sich in ein oder zwei Stunden Aufenthalt den Magen vollzuschlagen, irrte Eddy-Baby herum und suchte seinen Vater. Zwischen Usbeken in bunten Gewändern, adretten Georgiern mit großen Schirmmützen, Frauen ohne Alter und Nationalität, in mehrere Tücher gehüllt und mit Filzstiefeln an den Füßen, obwohl es bereits April war. Weiber waren auf die Bahnsteige gekommen, um Salzgurken, marinierte Tomaten, heiße Kartoffeln mit Dill und sonstige Eßwaren feilzubieten, die üblicherweise auf den Bahnhöfen verkauft werden. Hände aus den Zugfenstern streckten ihnen Rubelscheine entgegen. Von überall her kamen die schrillen Schreie der Händlerinnen, die ihre Ware anpriesen:

»Salzgurken!« schrie die eine.

»Heiße Kartoffeln, ganz heiß!« krächzte eine andere.

»Piroggen, ganz frisch!« übertönte sie eine dritte.

Ihre Schreie waren alle gleich, als wäre die russische Welt in einen einzigen Laut geflossen... Eddy-Baby wußte nicht, wieso er sich so unüberlegt in diese Menschenmassen hatte hineinziehen lassen; hier jemanden zu entdecken war genauso schwer, wie eine Stecknadel im Heuhaufen zu finden, aber die Vernunft verläßt Eddy des öfteren – auch heute noch – und dann gewinnt eine starke Intuition die Oberhand. Seltsamerweise rechnete er damit, seinen Vater doch noch in der Menge zu entdecken und irrte weiterhin von Bahnsteig zu Bahnsteig.

Und er fand ihn. Ganz entmutigt hatte er schon beschloßen, das Bahnhofsgewühl zu verlassen und sich wieder auf den Heimweg zu machen. Aber um den Weg bis zu der Fußgängerbrücke, die das Bahnhofsgelände überspannte und die er deutlich erkennen konnte, abzukürzen (diese Brücke führte direkt zur Straßenbahn), wollte er die Schienen überqueren, verlor aber schnell die Orientierung und verirrte sich in dem Labyrinth von Güterwagen und Abstellgleisen. Als er eine Wagenkolonne umgangen hatte und unter einem Waggon hindurchgekrochen war, sah er plötzlich seinen Vater.

Die Szene, die sich ihm darbot, war von äußerster Klarheit und Strenge: Soldaten mit Gewehren und aufgestecktem Bajonett bildeten einen Kreis. Durch dessen Zentrum bewegte sich auf Bohlen und ordentlich einer hinter dem anderen, eine Menschenkette. Sie kam aus einem vergitterten Güterwagen und mündete in einen schwarzen, fensterlosen Transporter. Der Kreis der Soldaten – sie waren noch in Mänteln, es war ja erst April – war nur an einer Stelle unterbrochen: dort stand ein Offizier. Er hatte in der einen Hand Papiere, die andere lag auf der geöffneten Revolvertasche. Es war Wenjamin Iwanowitsch.

Eddy-Baby wußte nicht, daß sein Vater Gefangenentransporte begleitete, obwohl ihm theoretisch bekannt war, daß der MWD, zu dem das Regiment Wenjamin Iwanowitsch gehörte, auch Bullen und Begleittrupps einschloß, aber diesen Umstand hatte er nie mit seinem Vater in Verbindung gebracht. Der ging auf Dienstreise nach Sibirien – aber wie und wozu, hatte Eddy nicht gewußt. Jetzt sah er, daß sein Vater ein echter Bulle war, auch wenn er eine andere Uniform trug. Sogar schlimmer als ein Bulle, denn er brachte die Gefangenen weg, in die Lager und Gefängnisse. Vielleicht hat er auch Gorkun nach Kolima gebracht, denkt Eddy-Baby. Damals identifizierte er sich noch nicht mit den Rowdys, aber irgendwie fühlte er sich schon solidarisch, denn die Welt bestand in Saltow aus den Straßenbanden auf der einen und den Bullen auf der anderen Seite. Das riesige Meer von Arbeitern und Angestellten dazwischen zählte nicht für Eddy-Baby. Das war inaktive Masse.

Eddy-Baby war nicht zu Wenjamin Iwanowitsch, der die Gefangenen überprüfte, hingegangen. Er wollte ihn nicht aus seiner Arbeit reißen. Unbemerkt hatte er sich davongemacht und war mit der Straßenbahn heimgefahren. Er erzählte niemandem von diesem Vorfall, weder Raissa Fjodorowna noch seinem Vater, als der nach ein paar Stunden nach Hause kam. Die Tatsache, daß sein Vater ein Bulle war, wurde sein persönliches Geheimnis, das er hütete. Seine Stellung in der Saltower Welt und im Kosmos hätte sich schlagartig geändert, hätten seine Freunde davon erfahren.

Seltsamerweise macht Eddy-Baby seinem Vater keinen Vorwurf daraus, daß er Bulle ist. Das ist sein Problem. Natürlich klingt das Wort »Militär« viel besser und Offizier zu sein in einem Land, das gerade einen Sieg errungen hat, ist eine große Ehre. Eddy-Baby findet lediglich, daß er mit seinem Vater Pech gehabt hat: er hätte in die Familie eines berühmten Forschers oder Weltreisenden geboren werden können, oder auch die eines ordengeschmückten Generals wäre nicht schlecht gewesen. Aber er hat die Familie eines Militärpolizisten erwischt! Er leidet also still vor sich hin.

Es gibt noch einen zweiten Umstand in Wenjamin Iwanowitschs Leben, der Eddy-Baby quält, die Tatsache nämlich, daß sein Vater nie an der Front gewesen ist. Auch diese verbirgt er sorgfältig. Alle männlichen Verwandten von Eddy-Baby sind im Krieg umgekommen, Onkel Jura, der Bruder seines Vaters, auch. Der war damals neunzehn Jahre alt. Ihm ist Eddy-Baby sehr ähnlich, behauptet Wenjamin Iwanowitsch, sowohl äußerlich wie charakterlich. Eddy-Baby ist klar, daß sein Vater, wäre er an der Front gewesen, jetzt bestimmt auch tot wäre, wie Onkel Jura und der Großvater, Fjodor Nikitowitsch, Hauptmann eines Strafbataillons, und Eddy-Baby wäre nie auf die Welt gekommen. Aber manchmal schämt er sich vor den Freunden, die keinen Vater haben. Er weiß, daß seiner nicht versucht hat, sich vor der Front zu drücken, alles geschah vielmehr unabhängig von seinem Willen. Direkt bei Kriegsanfang war er auf die Militärschule geschickt worden und dann hatte er mit einer von Berija persönlich unterzeichneten Sondervollmacht in der Taiga des Ural, Jagd auf Deserteure gemacht.

Die Vollmacht mit der Unterschrift von Berija, der nach Stalins Tod erschossen wurde, ist aus der offiziellen Lebensgeschichte Wenjamin Iwanowitschs, die man Freunden und Bekannten anvertraut, ebenfalls verschwunden. Aber Eddy weiß, daß es sie gab. Dieser Teil der väterlichen Biographie stört ihn nicht so sehr, wie dessen Bullenexistenz, aber es macht ihn neugierig. Manchmal entschlüpft der Mutter versehentlich das eine oder andere Detail aus der Vergangenheit des Vaters, aber häufig fügt es sich nicht in die geraden Zeilen seiner offiziellen Biographie. Manchmal, wenn sie sich ärgert, erwähnt sie ein junges Mädchen aus Glasow in der Marijsker Autonomen Sowjetrepublik, mit der sein Vater anscheinend zusammengelebt hat, während er in der Taiga seinen Dienst tat. Manchmal macht sie auch Andeutungen, daß Eddy-Baby dort vielleicht einen Bruder oder eine Schwester hat. Das läßt ihn gleichgültig, aber die Vollmacht erregt seine Phantasie. Warum hat sein Vater nicht heute so eine Vollmacht? fragt er sich. Sie würden dann ein ganz anderes Leben führen.

Mit der gleichen Bewegung wie sein Vater legt sich Eddy-Baby ein Sofakissen aufs Gesicht und ertappt sich selbst bei dieser »väterlichen Geste«. Von seinem gutaussehenden Vater hat er lediglich die Gesten und den wiegenden Gang geerbt. Die braune Haut und das stupsnasige Gesicht mit den hervortretenden Backenknochen hat er von seiner halbtartarischen Mutter.

Eddy-Baby nimmt an, daß seine Mutter den Vater fest im Griff hat. In den ersten Jahren ihrer Ehe hatte sich Wenjamin Iwanowitsch noch gewehrt und versucht, sich dem Zugriff seiner Frau zu entwinden. Von seiner Mutter hat Eddy-Baby gehört, daß er damals sogar Geliebte hatte, aber allmählich hat er sich an das Joch des Familienlebens gewöhnt und trägt es nun geduldig. Das wird ihm dadurch erleichtert, daß er im Morgengrauen aus dem Haus geht und erst spät abends wiederkommt. Sein Leben spielt sich im Wesentlichen in seiner Einheit und auf Dienstreisen ab. Was er da treibt, weiß Eddy-Baby nicht. Er arbeitet.

Nach der Beobachtung auf dem Bahnhof begann Eddy-Baby den nächtlichen Gesprächen seiner Eltern zu lauschen. Er hatte bemerkt, daß sie die Gewohnheit hatten im Bett liegend, zwei Schritte von seinem Sofa entfernt, flüsternd die Ereignisse des Tages durchzugehen. Einmal, als sein Vater gerade von einer seiner Dienstreisen zurückgekommen war, hörte Eddy-Baby, der sich schlafend stellte, folgendes Gespräch:

»Ein erstaunlich starker Mensch«, sagte sein Vater, »du weißt ja, Raja, solche hab' ich schon viele gesehen. Manche weinen wie die kleinen Kinder, andere werfen sich im Güterwagen in eine Ecke und funkeln mit den Augen, wie Wölfe, aber der – hat ruhig gesprochen, freundlich, ist früh aufgestanden, hat Gymnastik gemacht, gelesen. Ein Mann mit Würde.«

»Und wofür haben sie ihn verurteilt, Wenja?« flüsterte seine Mutter.

»Er hat keine Akte. Das heißt, nicht einmal wir dürfen wissen, wer er ist. Er ist ›B.G‹ – besonders gefährlich. Die ganze

Reise über hat er gelesen und ständig Gymnastik gemacht. Lesen ist ihm eigentlich auch nicht gestattet, aber ich hab's erlaubt.«

»Und warum haben sie den Armen von Sibirien hierher geschleppt, um ihn zu erschießen?« flüsterte seine Mutter.

»Weil dieses Jahr die, die zum Tod verurteilt sind, in Kriwoj-Rog erschossen werden. Vor zwei Jahren ist das hier bei uns im Cholodnaja Gora Gefängnis gemacht worden. Dieses alternierende System hat man nur eingeführt, um die Moral der Gefängniswärter nicht zu untergraben. Ein Jahr lang werden alle auf dem Territorium der UdSSR Verurteilten in einem Gefängnis erschossen. Im nächsten Jahr in einem anderen...«

Sein Vater schwieg eine Weile und fuhr dann fort.

»Das ist ein mutiger Mann... Noch jung, höchstens Mitte Dreißig; Rothaarig, groß. Der Offizier, der ihn mir übergeben hat, ließ etwas von einem Attentat auf Nikita persönlich durchblicken...«

Er schwieg wieder. Den Namen »Nikita« hatte er mit unverholener Verachtung ausgesprochen. Wie viele Militärs, mochte er Chruschtschow nicht. Der hatte ihren Sold gekürzt und versuchte mit allen Mitteln die »Armee zu entwaffnen«, wie Wenjamin Iwanowitsch sich ausdrückte.

»Wenjamin, glaubst du, er hat...?« flüsterte seine Mutter, beendete aber, über den bloßen Gedanken erschrocken, ihren Satz nicht.

»Da gibt's nichts zu glauben, das ist doch sonnenklar!« und er führte ihren Satz zu Ende: »Er wollte ihn umbringen. Und man sagt, das war nicht das erste Mal...«

Dann waren seine Eltern still geworden und sicherlich eingeschlafen. Eddy-Baby auch. Der Eddy-Baby von heute, 1958, schläft ebenfalls auf seinem Sofa ein, und hat noch nicht einmal seine Jacke ausgezogen.

31

Seine Mutter kommt natürlich genau in dem Moment zurück, als er gerade eingeschlafen ist und weckt ihn.

»Du bist zu Hause?« wundert sie sich. »Schade, daß du nicht mit zu ›Tante‹ Marussja gegangen bist. Alle haben getanzt; wir haben uns prächtig amüsiert. Onkel Wanja kann richtig steppen!«

»Hmmm«, brummt Eddy verschlafen, »sehr lustig.«

»Sicher lustiger, als bei deinen Herumtreibern«, pariert sie und geht dann zum Angriff über: »Warum ziehst du deine gräßlichen Stiefel nie aus? Wenn du draufgelegen bist, muß ich immer das Sofa saubermachen. Es ist sowieso schon ganz fleckig. Und wer schläft denn in der Jacke? Ich habe wohl einen Barbaren zum Sohn!«

Eddy-Baby ist der Schlaf schon vergangen. Er hat verstanden, daß seine Mutter wider Erwarten in Hochform von den Marussjas zurückkommt und ihm jetzt mindestens eine Stunde lang auf den Nerven herumtrampeln wird. Also steht er auf, holt aus dem Koffer, der hinter dem Vorhang in der Türnische steht, seinen Schlafsack, ein Geburtstagsgeschenk des alten Schepelskij, und geht auf die Veranda.

»Du bist verrückt!« ruft seine Mutter, »wir haben November! Willst du dir eine Lungenentzündung holen? Du spinnst doch!« Und sie tippt mit dem Zeigefinger an die Schläfe, um auszudrücken, wie sehr Eddy spinnt.

Eddy-Baby denkt, daß sich seine Mutter etwas auf ihr reines Russisch ohne den geringsten ukrainischen Akzent einbildet, dabei gebraucht sie aber Slang-Wörter. Er grinst verächtlich und schlägt die Tür hinter sich zu.

Auf seine Bitte hin, haben sie sich immerhin dazu entschlossen, die Veranda zu einem abgeschlossenen Raum umzubauen, wobei sie dem Beispiel der Nachbarn folgten, die sich auf diese Art eiligst zusätzlichen Wohnraum geschaffen hatten. Sogar der ansonsten träge Wenjamin Iwanowitsch rappelte sich schließlich auf und bezahlte die Arbeiter, die zwischen ihrem Teil und dem von Major Schepotko eine Zwischenwand hochzogen. Die andere Seite wurde durch die Außenmauer abgeschlossen und vorne setzten sie ein ganzes System von Holzrahmen ein, das die Frontseite der Veranda von der Außenwelt abtrennte. Die Verglasung fehlt allerdings immer noch, deshalb herrscht auf der Veranda die gleiche Temperatur, wie draußen.

Eddy-Baby breitet seinen Schlafsack auf dem Feldbett aus und schlüpft hinein. Müde ist er nicht mehr. Das verdammte Geldproblem läßt ihm keine Ruhe. Woher das Geld nehmen? fragt er sich und wälzt sich im Schlafsack hin und her.

Wenn seine Mutter ein Herz hätte – geht es ihm im Kopf herum – was würde es ihr schon ausmachen, ihm mal 250 Rubel zu geben? Ein Klacks... Aber sie ist stur. Genauso stur wie ihr Sohn.

Im Zimmer geht das Licht aus. Seine Mutter ist ins Bett gegangen. In dem Moment fällt Eddy-Baby die Kantine ein.

Das ist die Idee! schießt es ihm durch den Kopf. Die haben heute sicher eine Menge Geld gemacht und bestimmt noch keine Zeit gehabt, es dem Kassierer zu übergeben. Welcher Kassierer kommt schon am Feiertag?

Eddy hat trotzdem Zweifel, was die Geldmenge betrifft, die die Kantine auf der 1. Querstraße heute eingenommen hat, und kann sich nicht entscheiden, soll er nun dort einbrechen oder doch lieber nicht. Eine Weile liegt er im Dunkeln und überlegt. Allmählich verhallen die Schreie der letzten Nachtschwärmer in der Saltower Herbstluft.

Ich geh' hin«, beschließt Eddy, ich schau' mal, und wenn der Moment günstig ist, kletter' ich rein. Schlecht ist nur, daß sie dort über Nacht das Licht brennen lassen und man von außen, durch die Fenster und die große, neue Glastür, genau sehen kann, was innen vorgeht. Aber das eine Fenster ist im Souterrain und dort will er einsteigen. Da kann niemand sehen, wenn er die Scheibe einschlägt.

Als er sich gerade entschlossen hat, zu gehen, das heißt, nachdem er den Inhalt aller seiner Taschen geprüft und sich dabei vorsichtig in seinem Schlafsack herumgewälzt hat, was die Federn und Aluminiumrohre des Feldbetts zum Quietschen bringt, fällt ihm plötzlich ein, daß er seine Brille im Zimmer gelassen hat. Dieser Umstand kühlt seinen Eifer. Eine Weile liegt er unbeweglich da: er läßt es doch besser bleiben.

Aber wo kriege ich dann Geld her, damit ich Swetka morgen mit zu Sascha Plotnikow nehmen kann? fragt er sich voller Panik. Wenn ich das Geld nicht zusammenkriege, läuft Swetka, launisch wie sie ist, zu Schurik über. Jetzt schon prahlt sie ständig damit, daß Schurik, der als Verkäufer in einem Schuhladen arbeitet und viel Geld verdient, niemals ohne eine Schachtel Schokoladenpralinen und eine Flasche Champagner zu ihr kommt. »Für mich bist du zu arm!« hatte sie einmal zu ihm gesagt und dabei ihr Puppengesicht verzogen. Eddy-Baby stellt sich Swetkas hübsches Frätzchen vor und lächelt. Sie hat auch wunderbare, superlange Beine, genau wie die Frauen in den ausländischen Zeitschriften, die Kadik ihm gezeigt hat. Sascha Plotnikow hat auch solche Zeitschriften; französische, deutsche und sogar amerikanische. Sie gehören seinem Vater.

Von Swetkas Mutter mag man sagen, was man will in der Siedlung – vielleicht ist sie ja wirklich eine Nutte – aber sie kleidet ihre Tochter nach der letzten Mode. Swetka trägt gestärkte Unterröcke und Kleider mit Spitzen und dadurch wird sie einer Puppe noch ähnlicher.

Eddy-Baby ist stolz auf seine Swetka und findet, sie ist die Schönste in der ganzen Siedlung. Von den jungen Mädchen sowieso... und von den erwachsenen Frauen auch, stellt er nach kurzer Überlegung fest.

Er beschließt doch hinzugehen. Und zwar ohne Brille. Um die aus dem Zimmer zu holen, müßte er seine Mutter aufwekken; sie hat einen sehr leichten Schlaf und wäre sofort wach, wenn er die Tür aufmacht. Ich muß es machen, ich muß. Anders krieg' ich das Geld nicht her, macht er sich Mut. Die Kantine erscheint ihm als einzige Chance. Heute, als er mit Assja und Tamara daran vorbeigegangen ist, ist ihm die Idee gekommen, da einzubrechen, eben weil eine Menge Leute drin waren. Die müssen heute, am Feiertag, einen Haufen Geld gemacht haben, redet er sich weiter gut zu. Wer guckt am Feiertag schon aufs Geld?

Eddy-Baby schlüpft vorsichtig aus seinem Schlafsack, und nachdem er noch einmal den Inhalt seiner Taschen geprüft und die Jacke zugemacht hat, zwängt er seinen Körper durch den unverglasten Holzrahmen an der Veranda. Eine Minute später sitzt er schon auf dem äußeren Zementsims. Er könnte springen – schließlich ist er nur im ersten Stock – aber er hat Angst, daß seine Mutter und Tolik Pereworatschajew, der unter ihnen wohnt, den Aufprall hören und davon aufwachen könnten. Deshalb hält er sich an den Stäben des Balkongeländers, das nicht abmontiert worden ist, fest, und läßt sich, an seinen Händen hängend, langsam herunter. Pereworatschajews haben ihren Balkon im Erdgeschoß schon längst zu einem zusätzlichen Zimmer umgebaut, deswegen muß Eddy-Baby noch zusätzlich aufpassen, damit er ihre Fenster nicht kaputtmacht. Er läßt sich an den Scheiben entlanggleiten, sucht einen Halt für die Füße und, als er den nicht findet, läßt er los. Plopp – fällt er wohlbehalten auf den Asphaltweg, der ums Haus herumführt.

32

Er bleibt einen Moment so sitzen, wie er gelandet ist. Er will nicht, daß ihn jemand aus den Nachbarhäusern, die allerdings ziemlich weit entfernt sind, sieht, oder gar jemand aus dem eigenen Haus. Er braucht ein Alibi; so hat es ihm Kostja beigebracht. Nach der »Operation« würde er wieder auf seinen Balkon zurückklettern und sich hinlegen, als hätte er sich die ganze Nacht nicht von der Stelle gerührt.

Kostja hat ihm allerdings nicht beigebracht, in der eigenen Straße einen Bruch zu machen. Nach seiner Theorie ist das eigene Viertel tabu. Kein Einbrecher mit ein bißchen Selbstachtung würde sich erlauben, so nah bei seiner Wohnung einzubrechen, denkt Eddy ein bißchen beschämt. Aber was soll er machen? Eine andere Lösung gibt es nicht, und die Kantine in der 1. Querstraße kennt er gut.

An den Hausmauern entlang schleicht Eddy-Baby durch die Dunkelheit. Er hat keine Lust, Bekannte zu treffen, die von einem Fest zurückkommen, morgen früh weiß nämlich ganz Saltow, daß die Kantine in der Querstraße ausgeraubt worden ist.

Er drückt sich an dem Haus von Karpows vorbei. Beim Frauenwohnheim in der Querstraße hört man in der Dunkelheit die heiseren Stimmen von ein paar betrunkenen Typen mit der Hausverwalterin streiten. Klar, denkt Eddy, die wollen hoch zu den Mädchen und die Mädchen haben nichts dagegen, aber die Verwalterin besteht auf ihrem »ist verboten«. Verboten, denkt er amüsiert, da steckt heute bestimmt in jedem zweiten Zimmer ein Typ. Normalerweise steigen sie zum Fenster rein, nur die Besoffenen wollen durch die Tür.

Von Eddys Haus bis zur Kantine sind es fünf Minuten zu Fuß. Wie er angenommen hat, ist sie innen hell erleuchtet. Eine Weile bleibt er auf der gegenüberliegenden Straßenseite, am Gartenzaun eines anderen Mädchenwohnheimes – insgesamt gibt es vier in dieser Straße – stehen und versucht mit zusammengekniffenen Augen seine Umgebung zu erkunden. Erst jetzt wird ihm klar, wie dumm es doch war, mit einer Kurzsichtigkeit von minus sechs auf Raubzug zu gehen.

Eddy-Baby kennt die wichtigsten Spielregeln für Einbrecher: man muß kühn und entschlossen vorgehen, ohne die »ideale

Situation« abzuwarten. Die gibt es nicht. Also schaut er sich noch einmal um, überquert dann kurz entschlossen die Kopfsteinpflasterstraße, duckt sich schnell in die Nische des Souterrainfensters und springt.

In der Nische ist es feucht und dreckig; es stinkt nach Urin, aber auf solche Kleinigkeiten achtet Eddy-Baby nicht. Er holt sein Messer aus der Tasche und macht sich sofort daran, in der rechten Ecke der unteren Scheibe den Kitt loszukratzen. Irgendeiner idiotischen Logik folgend war das Glas von außen eingesetzt worden, statt von innen, was seine Arbeit erleichtert. Er freut sich allerdings zu früh. Der Kitt ist hart, wie Zement; wahrscheinlich ist er vom Regen so geworden oder vom Frost oder von beiden Naturgewalten zusammen. Er läßt sich nicht herausstochern, Eddys Messer rutscht immer wieder ab und entfernt nur eine hauchdünne Schicht von der steinharten Oberfläche.

Nichts zu machen, denkt Eddy, ich muß das Fenster einschlagen. Kostja, der Profi, hätte jetzt ein Handtuch dabei, da hätte er ein Tübchen BF-2-Kleber drauf verteilt und das ganze auf die Scheibe geklebt. Dann hätte er das Fenster geräusch- und mühelos eingedrückt. Eddy, mit seiner miserablen Ausrüstung beschließt, die Scheibe an einer Ecke einzuschlagen und die Scherben dann rauszubrechen.

Er zieht seine Jacke aus, hält sie gegen die Ecke, für die er sich entschieden hat und schlägt mit dem Griff seines Messers gegen das Glas. Es bricht nicht sofort und der Lärm ist trotz aller Vorsichtsmaßnahmen beträchtlich. Eddy-Baby sitzt regungslos da, und lauscht auf die Straße hinaus. Scheint alles still zu sein.

Er will den Kopf aus seinem Loch herausstrecken, zögert aber. Im selben Moment hört er deutlich den Tritt von Polizeistiefeln, ein unnachahmliches Geräusch, das man unmöglich mit dem leichten Schritt von Zivilisten verwechseln kann, schwer und herrisch. Eddy-Baby erstarrt in seinem Loch und drückt sich gegen die kalte Mauer.

Die Schritte kommen näher. Eddy-Babys Eingeweide ziehen sich zusammen. Wie immer in Momenten der Gefahr, hat er plötzlich ein unwiderstehliches Bedürfnis, seinen Darm zu entleeren.

Die Schritte halten vor der Tür der Kantine an; eine Weile hört man nichts, dann entfernen sie sich wieder. Eddy-Baby atmet erleichtert auf. Sein Bauch entkrampft sich. Der diensthabende Bulle hat die Tür geprüft und ist wieder gegangen. Entweder hat er das Klirren der Scheibe gehört, oder irgendwas bei der Kantine kam ihm verdächtig vor, und er wollte einfach mal nachschauen. Wäre er auf die Idee gekommen, einen Blick in die Fensternische zu werfen, Eddy-Baby wäre geliefert gewesen.

Ich muß mich beeilen, sagt er sich. Eddy-Baby weiß, daß der Bulle gerade seinen Rundgang angefangen hat und kennt die Marschroute: jetzt geht er die 1. Querstraße hoch, sieht bei ein paar Geschäften und den Kiosken an der Autowerkstatt nach dem Rechten, dann biegt er in Richtung Krankenhaus ein. Dort gibt es ein großes Lebensmittelgeschäft, das vor kurzem aufgemacht hat und schon mehrmals geplündert worden ist. Es ist zu weit weg von den Lichtern der Zivilisation und den Straßenbahnhaltestellen. Eddy-Baby hat zwar genug Zeit, aber er muß sich trotzdem ranhalten. Die Hand mit seiner Jacke schützend versucht er eilig, die Scherben aus dem Fensterrahmen herauszubrechen. Hätte er doch Handschuhe angezogen!

Nach ein paar Minuten ist er im Innern der Kantine. Es ist heiß hier, die Öfen in der Küche strahlen immer noch Hitze ab, denn die Kantine hat erst vor ein paar Stunden zugemacht. Ohne Zeit zu verlieren, macht sich Eddy an den schwierigsten Teil des Unternehmens. Er geht auf die Holzbude der Kassiererin zu, die in einer Ecke des Saales steht und hell beleuchtet ist, so daß sie jeder Vorübergehende durchs Fenster sehen kann.

Er versucht, die Tür zu öffnen. Es geht nicht. Eddy ist davon ausgegangen, daß die Tür mit einem kleinen Riegel verschlossen ist, stattdessen hängt da aber ein Riesenvorhängeschloß. Es aufzumachen oder abzureißen ist schwierig – das weiß er aus Erfahrung – besonders dann, wenn man nicht mal eine kleine Zange bei sich hat. Aber als er einen Blick nach oben wirft, entdeckt er, daß das gar nicht nötig ist: der Bretterverschlag endet einen halben Meter unterhalb der Decke. Er holt sich schnell zwei Stühle heran, klettert hinauf und klammert sich mit den Händen an den oberen Kabinenrand. Zuerst hängt er da, dann zieht er sich hoch, schwingt ein Bein über den Rand und läßt sich ins Innere gleiten.

Das ist der gefährlichste Moment. Die Stuhlpyramide und die hellerleuchtete Kassenbude sind von außen bestens zu sehen. Eddy-Baby beeilt sich; er reißt an der Kassenlade. Sie ist zugeschlossen. Er rammt sein Messer in das Schlüsselloch und reißt das Schloß mitsamt seiner blechernen Einfassung heraus. Die Schublade geht auf. Kurzsichtig blinzelnd beugt er sich über die Kassenfächer und flucht: »Verdammte Scheiße!« In der Kasse liegt etwas Kleingeld und ein mageres Bündelchen neuer Rubel. Zwanzig vielleicht, oder dreißig.

Eilig durchwühlt er die anderen Schubladen des Kassentisches; die sind noch nicht einmal zugeschlossen. Aber er findet nur ein paar Stapel Rechnungen und andere wertlose Papiere, mit Büroklammern zusammengeheftet, Stempel, den vertrockneten Rest von einem Butterbrot, zwei Gabeln, Messer aus der Kantine, einen grünen Kamm, in dem die grauen Haare der Kassiererin hängengeblieben sind und eine halbleere Lippenstifthülse. Geld findet er keins mehr.

Eddy-Baby schaut sich in dem primitiven Verschlag um: ein Stuhl, der Tisch auf dem die Kasse steht und darüber die Preisliste an die Wand geheftet. Keine großen Reichtümer.

Er läßt die Münzen und Rubelpäckchen in seine Tasche wandern. Dann klettert er unverzüglich auf den Tisch, steigt auf die Kasse und schwingt sich mit einem Satz über die Budenwand. Die Kinohelden, die in gefährlicher Lage ins Grübeln kommen, oder sich zu lange von ihren Bräuten verabschieden, was sie schließlich an den Galgen oder ins Gefängnis bringt, sind Eddy-Baby schon immer ein Greuel gewesen. »Mach, daß du wegkommst, du Blödmann!« flüstert er dann jedesmal ins Kinodunkel. Unten angekommen stellt er augenblicklich die Stühle wieder an den Tisch zurück, von dem er sie geholt hat, und verzieht sich in die Küche, ohne auch nur aus dem Fenster gesehen und sich vergewissert zu haben, daß niemand ihn beobachtet.

Dort ist es noch heißer und stinkt nach alter Krautsuppe. Eddy-Baby hat Lust auf einen Imbiß. Er hebt die Deckel von ein paar Töpfen, aber die sind entweder leer oder ihr Inhalt reizt ihn nicht: Borschtschreste, die der Küchengehilfe morgen ohne Bedauern in den Ausguß schütten wird.

Eddy-Baby sieht sich in der Küche um: Geld kann es hier keins geben, das ist klar, aber er entdeckt neben dem Eingang zum Gastraum noch eine andere Tür. Auf die steuert er zu, öffnet sie und gelangt auf einen kleinen, kühlen und sogar ein bißchen feuchten Flur, von dem wieder zwei Türen abgehen. An der einen hängt ein Schildchen: »Geschäftsführer«.

Genau das ist es, was er braucht. Und er hat Glück, die Tür ist nicht zugesperrt. Er knipst das Licht an und betritt das Büro.

Beim Anblick des großen, grauen Tresors in der Ecke wird ihm sofort klar, daß er verloren hat. Wie bescheuert! Jetzt hat er die ganze Operation nur durchgeführt, um schließlich machtlos einem Stahlschrank gegenüberzustehen. Das passiert ihm nicht das erste Mal. Erst kürzlich haben er und Kostja vergeblich versucht, den Safe in einem Schuhgeschäft zu knacken, in dem ihrer Schätzung nach, 150- bis 200-tausend Rubel liegen mußten: sie haben es nicht geschafft, mußten alles stehen und liegen lassen und sich verdrücken. Kostja will lernen, wie man einen Safe knackt, aber wo und bei wem? Die Spezialisten auf diesem Gebiet gibt es nur noch in den Romanen von Schwejnin, als Klasse sind sie längst liquidiert worden und Kostja ist kein so guter Schlosser, als daß er das System alleine austüfteln könnte.

Eddy gibt dem Tresor einen Fußtritt und sieht sich dann im Büro um. In der Ecke steht ein großer Schreibtisch von unbekannter Holzart, darüber ein vergittertes Fenster. Sonst gibt es in dem Raum keine Fenster mehr. Das eine geht auf den Hof hinaus, an den auch das »Gastronom Nr. 11« und das »Bombay« grenzen und liegt, wie das andere, durch das Eddy eingestiegen ist, im Souterrain. Vor dem Fenster hängt ein dicker, dunkler Vorhang, so daß er nicht befürchten muß, gesehen zu werden. Er setzt sich in den Sessel des Geschäftsführers und fängt an, eine Schreibtischschublade nach der anderen herauszuziehen.

Formulare und Ordner, mit den Spuren fettiger oder schmutziger Finger – das ist die Buchhaltung der Kantine. Eddy schlägt angewidert jede Akte auf, in der Hoffnung, darin ein Päckchen Hundertrubelscheine zu finden. Die Ordner landen einer nach dem anderen auf dem Boden. Bald bedeckt eine dicke Schicht von Dokumenten den Boden. Eddy-Baby ist wütend und obwohl es das Beste für ihn wäre, zu verschwinden – es ist eindeutig, daß die Einnahmen des Tages im Tresor liegen – will er doch eine solche Niederlage nicht einstecken. Den Tresor aufzumachen, versucht er gar nicht erst. Womit auch. Mit den Fingern vielleicht?

In einer der unteren Schubladen entdeckt er eine angebrochene Flasche Kognak. Eddy-Baby entkorkt sie und führt sie zum Mund. Der Geschäftsführer weiß, was gut ist: Das ist kein bescheidener Drei-Sterne-Kognak – und der ist schon teurer als Wodka – sondern ein VSOP, einer von höherer Qualität. Eddy-Baby glaubt, daß alle im Handel Beschäftigten Betrüger sind. So denken alle Rowdys und Prolos in der Siedlung, und Eddy teilt einen Großteil ihrer Ansichten und Vorurteile. Betrüger trinken VSOP.

Hier kommt Eddy-Baby plötzlich der erheiternde Gedanke, daß er selbst dann auch ein Betrüger ist, aber beruhigt sich sogleich damit, daß Einbruch ein edles und aufrichtiges Handwerk ist, das von diesen vollgefressenen Geschäftsführern und Direktoren praktizierte heimliche Beiseiteschaffen von Waren und Fälschen von Rechnungen dagegen ein widerwärtiges Geschäft. Und der Rote Sanja, ist der vielleicht ein Betrüger? fällt ihm plötzlich ein, und er muß lachen bei dem Gedanken, daß der eigentlich ein Doppelter ist.

Eddy-Baby entschließt sich zum Aufbruch. Er schnappt die Flasche und geht in Richtung Tür. Neben der Tür hängt an einem Elchgeweih, das als Garderobe dient, ein weißer Kittel, der wohl dem Geschäftsführer gehört und eine blaue Baskenmütze. Eddy reißt den Kittel vom Haken und entdeckt darunter einen schwarzen Mantel mit Persianerkragen. Den kann er nach den Feiertagen bei den Schwarzärschen auf dem Pferdemarkt verkupfern, also stopft er ihn unter seine Jacke; die Flasche steckt er in die Tasche.

In dem Moment, wo er die Tür zum Gastraum öffnen will – er hat schon die Hand auf der Klinke – hört er plötzlich von der Straße her Stimmen. Nicht irgendwo weit weg, sondern ganz nah und aufgeregt, direkt an der Tür. Eddy hat Angst.

Sein Magen krampft sich wieder zusammen und diesmal, angeregt durch den Kognak, ist nichts zu machen. Er muß in das Büro des Geschäftsführers zurück. Dort reißt er mit einem Griff seine Hose auf und hockt sich hin, unfähig den angstbedingten Drang zu unterdrücken. Ein Strahl flüssiger Scheiße spritzt unter ihm heraus, direkt auf die Dokumente, die am Boden liegen. Den zusammengeknüllten, gestohlenen Mantel an sich gepreßt, hockt er eine Weile regungslos da und lauscht angestrengt.

Als er in den Gastraum zurückschleicht, sind die Stimmen schon wieder verschwunden. Ohne zu zögern geht er zu dem Fenster, das er vorher aufgebrochen hat und kriecht zuerst in das feuchte Loch hinaus und dann, als er in der Umgebung keine verdächtigen Geräusche hört, auf die Straße. Wie jeder Kurzsichtige verläßt er sich mehr auf seine Ohren als auf seine

Augen. Draußen angelangt, geht er, wie es ihm Kostja beigebracht hat, nicht gleich nach Hause, sondern zuerst in Richtung Schule; dort springt er über den Zaun und streift eine Weile über den dunklen Fußballplatz. Schließlich setzt er sich in der dunkelsten Ecke auf einen Haufen Ziegelsteine und läßt sich den restlichen Kognak reinlaufen.

33

Heimwärts macht Eddy-Baby einen Umweg über die Autowerkstatt und den russischen Friedhof. Er weiß, daß ein Polizeihund Geld kostet und daß sie wegen den mickrigen zwanzig oder dreißig Rubeln keinen einsetzen werden. Aber Kostjas Anweisungen folgend, wandert er trotzdem gewissenhaft eine Stunde lang herum und verwischt seine Spuren. Als er zu Hause ankommt, ist er zum Umfallen müde.

Seit Pereworatschajews ihren Balkon umgebaut haben, ist es für ihn sehr schwierig, zu sich hochzuklettern. Es ist ein Wunder, daß er denen noch keine Scheibe eingetreten hat. Er stützt sich nur mit einem Fuß ab und bloß ganz leicht, aber bis er mit den Händen das eigene Balkongeländer fassen kann, steht er halt doch auf ihrem Fensterrahmen.

Nach viertelstündigem Klettern und unterdrücktem Fluchen, kommt er schließlich bei sich an, steckt den gestohlenen Mantel unters Feldbett und schlüpft in seinen Schlafsack. Gott sei Dank hat seine Mutter nichts gehört.

Beim Einschlafen denkt Eddy-Baby noch, daß der Gauner von Geschäftsführer den mißglückten Einbruch sicher ausnützen wird, um die Tausende von Rubeln, die er selbst unterschlagen hat, zu erklären. Und in ein paar Tagen klatscht dann ganz Saltow über die Riesen, die in der Kantine gestohlen worden sind. Der Scheißkerl.

ZWEITER TEIL

8. November 1958

1

Vollkommen nackt sitzt Eddy-Baby auf den Knien der riesigen, weißhäutigen, verrückten Tonja. Sie ist ebenfalls nackt, unter seinem Hintern fühlt er ihre mächtigen Schenkel. Tonja hat eine Hand auf seinen Bauch gelegt und dort, wo sie ihn hält, fühlt er ein schamvolles Brennen. Ihre andere Hand – sie ist nicht weiß, sondern bläulich, denn selbst in der klirrendsten Kälte läuft Tonja ohne Handschuhe herum – bewegt sich langsam zu Eddy-Babys Glied hin. Er hält ganz still im Vorgefühl dessen, was gleich passiert, und sein Glied, hart und angeschwollen, wartet zitternd auf Tonjas Hand. In dem Moment, wo diese rauhe Hand seinen Schwanz umfaßt, stößt er in hohem Bogen eine weißliche Flüssigkeit aus, und Eddy wacht auf.

Eine ganze Weile liegt er da und versucht, die Realität von dem gerade Geträumten zu trennen. Als er begriffen hat, daß er auf seiner, nunmehr von einer trüben Novembersonne beschienenen Veranda liegt, atmet er erleichtert auf. Er fährt mit der Hand unter die Decke, findet einen feuchten Fleck und zieht, damit zufrieden, die Hand wieder zurück. Als er das erste Mal im Schlaf ejakuliert hat, war er sehr erschrocken. Jetzt ist er daran gewöhnt.

Die Träume von Tonja fingen letzten Sommer an, und wenn er jetzt der leibhaftigen Tonja auf der Straße oder bei sich zu Hause begegnet – seine Mutter mag sie und gibt ihr zu Essen – geniert er sich entsetzlich vor dieser stattlichen, grauhaarigen 50-jährigen Frau. Antonina Sergejewna Tschernowa, Oberstleutnant bei den Panzertruppen, hat ganz am Ende des Krieges eine schwere Quetschung erlitten und seitdem zeichnet sie sich durch überaus exzentrisches, an Verrücktheit grenzendes Benehmen aus. Sie sagt den Leuten die Wahrheit ins Gesicht, ohne Rücksicht auf ihre gesellschaftliche Stellung und sie säuft, ein Vorrecht, das der Saltower Sittenkodex ausschließlich den Männern zugesteht. Man trifft sie oft vor dem Bierkiosk; das

Bier holt sie sich natürlich ohne Schlange zu stehen, schubst die Männer einfach beiseite und kümmert sich nicht um deren empörtes Geschrei. Aber was die Saltower noch mehr aufbringt ist, daß Tonja auch für Butter nie ansteht. Das ist, keiner weiß warum, die größte Mangelware in Saltow. Aber sie: steckt sich alle ihre Orden und Medaillen an die Jacke, oder im Winter an den Mantel – da sind zwei rote Sterne und zwei rote Fahnen dabei, Zeugen ihrer Tapferkeit – geht einfach bis vorne durch und holt sich soviel Butter wie sie braucht. Und sie braucht nicht wenig, denn sie kauft auch für Raissa Fjodorowna ein, die es haßt, Schlange zu stehen, und noch für ein paar andere Bekannte. Wenn der Milizionär, der die Schlange beaufsichtigt, versucht sie anzuhalten, zerrt sie ihre grauen Haarsträhnen unter dem Kopftuch hervor und schreit ihm ins Gesicht, daß sie für solche Hunde wie ihn ihre Gesundheit an den Fronten des Vaterländischen Krieges gelassen hat, während er es sich im Hinterland gemütlich machte, und daß sie sich, wenn er, der elende Mistkerl, jetzt nicht sofort ihren Ärmel losläßt, beim Armeegeneral Jepischew, dem Chef der Politischen Zentralverwaltung der Sowjet Armee, ihrem persönlichen Freund, beschweren geht. Wenn die Lage ernst wird, wartet die verrückte Tonja nicht auf die Hilfe des Armeegenerals, sondern wendet mit Vergnügen ihre »Panzerfäuste« und die ungewöhnliche Kraft an, die in ihrem schweren, russischen Frauenkörper wohnt.

Die Saltower Männer haben die verrückte Tonja schon öfter verdroschen, unter anderem deswegen, weil sie den Bengel von irgend jemand zu stark gekniffen hat. Tonja kann Kinder nicht leiden, niemand weiß warum. Eddy-Baby hatte zufällig die letzte Szene des Gefechts miterlebt und gesehen, wie die blutüberströmte, aber unbesiegte Tonja, mit vorne zerrissener Bluse, hinter einem Haufen Ziegelsteine verschanzt, einer Gruppe von Männern Steine hinterherwarf. »Hurenböcke! Verdammte Päderasten!« brüllte sie. »Deserteure! Wärt ihr mir an der Front in die Finger gekommen, ich hätte euch an die Wand gestellt!« Wenn Tonja wüßte, wer die Furien sind, sie wäre sicher erstaunt darüber, daß sie einer von ihnen sehr ähnlich ist, hatte Eddy-Baby damals ganz melancholisch gedacht. Ihre weiße, riesige Brust mit dem dicken, schnullerähnlichen Nippel hing aus der zerrissenen Bluse heraus.

Diese mächtige Titte ist Eddy-Baby für immer in Erinnerung geblieben und vielleicht ist sie es, die all die schrecklichen Träume hervorruft, in denen Tonja widerliche Sachen mit ihm macht und ihre zuweilen recht komplizierte Gymnastik meistens darauf hinausläuft, daß sie miteinander vögeln. Tonja verfolgt ihn auch am hellichten Tag. Er braucht nur irgendwo in der Sonne die Augen zu schließen, am Strand, wo er von Frühlingsbeginn bis Spätherbst hingeht, schon erscheint Tonja, nackt, mit wilder, grauer Mähne, um ihn zu peinigen.

Eddy-Baby traut sich schon nicht mehr, ihr ins Gesicht zu schauen, wenn sie zu Besuch kommt. Tonja scheint mit seiner Mutter befreundet zu sein und, wie letztere behauptet, sie ist insgeheim in Wenjamin Iwanowitsch verliebt. Und tatsächlich: während Tonja sonst Männern gegenüber grob und frech ist, wird sie in der Gegenwart seines Vaters plötzlich schüchtern und freundlich, schlägt die Augen nieder und nestelt mit ihren klobigen Händen an den Fransen ihres grünen Seidentuchs. Tonja ist viel größer als Wenjamin Iwanowitsch. Außerdem ist er etwa zehn Jahre jünger als sie und wirkt neben ihr, in seiner Uniform, wie ein Knabe von erlesener Schönheit.

Seine Mutter meint, Wenjamin Iwanowitsch erinnere Tonja höchstwahrscheinlich an ihren Verlobten, der im spanischen Bürgerkrieg umgekommen ist. Und sie ist sicher, daß Tonja nicht so verrückt ist, wie die Leute glauben. Natürlich, sie hat schwere Quetschungen erlitten und manchmal leidet sie unter Kopfschmerzen, gegen die sie sich mit speziellen Spritzen behandelt, aber es ist auch von Vorteil für sie, daß man sie für verrückt hält. Das macht ihr das Leben leichter.

Antonina Sergejewna ist eine kluge Frau und sie hat sich im Krieg tapfer geschlagen. Nicht so, wie viele andere Invaliden, der Einfaltspinsel Jefim in Tjura z.B., dem noch vor dem Krieg die Straßenbahn ein Bein abgefahren hat, als er betrunken war. Jetzt fährt er in seinem kleinen Wagen herum, mit Medaillen behangen, die er auf dem Flohmarkt gekauft hat, und spielt den Helden. Tonja ist einfach nicht so wie alle, und deshalb halten sie die Saltower für verrückt. Welcher normale Mensch würde schon wagen, in einer Warteschlange und in Anwesenheit von Miliz über Chruschtschow herzuziehen? Sie kann Chruschtschow nicht leiden, wie viele andere Militärs, Wenjamin Iwanowitsch eingeschlossen, weil er ihnen die Pension gekürzt hat. Tonja lebt allein von ihrer Pension; ihre ganze Familie ist im Krieg umgekommen, und vielleicht hat sie deshalb so unerbittlich gekämpft: weil sie ihre Familie rächen wollte.

2

Eddy-Baby kann nicht mehr einschlafen. Er überlegt, wie er sich an seiner Mutter vorbei auf die Toilette stehlen könnte, ohne daß sie den Fleck auf seiner Hose bemerkt. Diese geheime Seite seines Lebens ist ihm sehr peinlich. Seine Mutter wird denken, er habe onaniert und ihn womöglich darauf ansprechen. Als er damit angefangen hat, war wiederum Tonja im Spiel: Eddy-Baby reproduzierte seine Träume in Gedanken und seine Mutter hatte das augenblicklich gemerkt. Er weiß wie.

Ganz einfach. Er wischte seinen Pimmel mit abgerissenen Kalenderblättern ab. Manchmal warf er die Blätter ins Klo, und manchmal vergaß er es. Seine Mutter hatte anscheinend solche, mit gelblicher Substanz zusammengeklebte Blättchen gefunden und wohl auch gleich erraten, daß es sich dabei um das Sperma ihres Sohnes handelte, der endlich das Alter seiner Geschlechtsreife erreicht hatte.

Die Mutter erteilte ihrem Sohn, so feinfühlig, wie möglich, eine Belehrung. Raissa Fjodorowna war eine gebildete Frau – immerhin stand im Zimmer ein vollgestopfter Bücherschrank – und sie hatte verstanden, daß Eddy-Baby sich seines Tuns offensichtlich nicht bewußt war; deshalb hatte sie beschlossen, ihn zu warnen.

Während der Belehrung wurde es Eddy abwechselnd heiß und kalt, und er stritt seine Schuld ab. Das Äußerste, was er zugab, war, daß er die Blätter zwar abgerissen habe, aber nur, um sich damit die Nase zu putzen. Er wußte, daß seine Mutter ihm nicht glaubte, aber was blieb ihm übrig? Sollte er zugeben, daß er sich mehrmals täglich seufzend und stöhnend mit seinem Schwanz vergnügte und mit geschlossenen Augen seinen letzten Traum nacherlebte, in dem die riesige Tonja ihre Beine spreizte und ordinär lachte?

Ungeachtet der mütterlichen Warnung, daß Onanie eine gefährliche Krankheit sei, die das Gehirn austrockne und dem jungen Mann die Kraft aus den Knochen sauge, verminderte Eddy-Baby nicht einmal die Zahl seiner Masturbationen. Der Genuß, den sie verschafften, war nämlich ungeheuer, so daß er es nicht über sich brachte, darauf zu verzichten. Die Kalenderblätter versteckt er jetzt in seiner Tasche und wirft sie auf der Straße weg.

3

Eddy-Baby versucht sich zu erinnern, wie er das Onanieren entdeckt hat. Er weiß noch, daß er mal seinen Pimmel untersucht und zerstreut mit der Hand betastet hat... Ja, fällt ihm plötzlich wieder ein, das war in der Banja, da ging er damals noch, einmal die Woche, mit seinem Vater hin. Im Bad hatte der Vater ihn auf sein Glied aufmerksam gemacht und gesagt, er solle nicht vergessen, es zu waschen.

Aus Dampfschwaden tauchten überall nackte Männer auf. Eddy-Baby beobachtete, wie der Vater seinen Penis einseifte und wusch und bemerkte zum ersten Mal, daß der am Ende ganz rot war. Als er den Blick zu seinem eigenen Anhängsel hinunterschweifen ließ, sah er sofort den Unterschied: seiner war an der Spitze nicht rot, sondern bräunlich wie der Rest seines Körpers; allerdings war die Haut dort ziemlich faltig und nur ganz weit innen drin sah man es rötlich schimmern, aber ganz wenig bloß, um die Öffnung herum, wo der Urin herauskommt. Er wich seinem Vater aus, der versuchte, ihn im Dampf zu fassen, um ihm sein Geschlecht zu waschen, aber das wäre ja noch schöner, wo er doch nicht mal mehr seiner Mutter erlaubte, ihn anzurühren. Auf dem Heimweg beschloß er, seinen Pimmel genau zu untersuchen, sobald sich eine Gelegenheit dazu bot.

Aber erst am nächsten Tag war er ungestört, denn der Banja-Tag war immer der freie Tag seines Vaters. Am Tag darauf also, hatte er gewartet, bis seine Mutter Einkaufen gegangen war, hatte sich dann ausgezogen, auf sein Sofa gesetzt und sich an die Erkundung seines Schwanzes gemacht. Er entdeckte, daß der, aus der Nähe betrachtet, dem Penis seines Vaters gar nicht so unähnlich war. Die faltige Haut am Gliedende ließ sich zurückschieben und darunter entdeckte er die gleiche bläulich-rote Haut, wie bei Wenjamin Iwanowitsch.

Diese Entdeckung erschütterte Eddy-Baby. Aber es kam noch besser: bei dem Versuch, die Haut noch weiter zurückzuschieben, nahm sein Glied schnell an Größe zu, und als er die Haut so weit wie möglich zurückgezogen hatte, entdeckte er plötzlich, daß sein Penis ein paar Zentimeter unterhalb der Spitze von einem Ring aus gelbgrauem Zeug umgeben war. Er kratzte ein bißchen mit seinem Fingernagel an dieser Substanz, die bisher von Haut bedeckt gewesen war, und hielt sich dann den Finger unter die Nase. Der Geruch war nicht gerade angenehm, wie der von Roquefort. Nachdem er aus Neugierde noch einmal gekratzt hatte, löste sich zu seinem Entsetzen eine ganze Schicht dieser graugelben Masse ab und darunter kam zarte, rosa-weiße Haut zum Vorschein.

Eddy-Baby hatte Angst. Er dachte, er hätte in seiner Ahnungslosigkeit etwas kaputtgemacht. Was würde jetzt wohl als nächstes passieren? Es muß gesagt werden, daß seine Kenntnisse der Botanik, Zoologie und Seefahrt diejenigen der menschlichen Physiologie bei weitem überstiegen. Nie hatte ihm jemand irgendwas erklärt und so saß er da auf seinem Sofa, seinen Schwanz in den Händen, und war ratlos.

Nach einer Weile der Ratlosigkeit hatte er sich entschlossen, die graugelbe Substanz ganz zu entfernen und hatte sie Stück für Stück abgekratzt. Ohne diese sah die Spitze seines Gliedes wie der Kopf einer überdimensionalen Holzschraube aus und das Glied selbst wie die Schraube, nur eben aus Fleisch. Er schob die Haut wieder drüber. Nichts passierte. Er zog sie nochmal zurück. Das Gefühl war angenehm. Also bewegte er die Haut über seinem Glied so lange rauf und runter, bis er, für ihn selbst völlig unerwartet, plötzlich leise aufstöhnte, mit halb geöffnetem Mund, und aus der Öffnung, wo sonst immer der Urin herauskam, ein großer, gelblicher Tropfen hervortrat, einen Augenblick auf der Eichel stand und dann langsam heruntertropfte. So hatte er das erste Mal in seinem Leben ejakuliert. Er empfand eine Erleichterung und Befreiung, wie nach schwerer, tausendjähriger Arbeit. Und auch Angst.

Im gleichen Moment hatte der bewegungsunfähige Eddy-Baby das Geräusch des Schlüssels im Schloß gehört. Damals entstand seine fatale Angewohnheit, Kalender zu benutzen, was ihn gelegentlich dazu zwingt, die Kalenderblätter von einigen Tagen im voraus abzureißen. Eddy-Baby hatte das Erstbeste, was ihm unter die Finger kam, geschnappt, sich damit abgewischt und war so schnell er konnte in seine Hosen geschlüpft. Zu seinem Glück war seine Mutter erst in die Küche gegangen, um ihre Einkäufe abzuladen. Das besudelte Kalenderblatt hatte Eddy unters Sofa geworfen.

4

Der Eddy-Baby von heute steht von seinem Feldbett auf und öffnet ganz vorsichtig die Zimmertür. Aber die Tür quietscht trotzdem, da kann er sich noch so bemühen. Mit verdrossener Miene schiebt er sich ins Zimmer und schleicht möglichst an der Wand lang. Gott sei Dank, seine Mutter ist nicht da! Das ist kein Wunder: der Wecker auf dem mit einem weißen Spitzendeckchen bedeckten Fernseher zeigt elf Uhr. Eddy-Baby hat gut und fest geschlafen, nachdem er in der Nacht so wacker durch den Saltower Schlamm gewatet war, um seine Spuren zu verwischen. Seine Mutter ist höchstwahrscheinlich in der Küche oder wegen irgendwas zu den Tanten hinuntergegangen. Zwischen den drei Frauen gibt es ein ununterbrochenes Hin und Her. Obwohl Raissa Fjodorowna nicht arbeitet, steht sie früh auf.

Eddy-Baby schleicht aus dem Zimmer und lauscht. Nein, in der Küche ist niemand, man hört keinerlei Geräusch. Also begibt er sich ganz ohne Vorsichtsmaßnahmen aufs Klo, pinkelt, und geht erst dann in die Küche, wo er sich überm Spülstein säubert. Er zieht auch seine Hose aus und wäscht das Sperma, das zu trocknen begonnen hat, mit Wasser aus. Wenn er das nicht tut, gibt es an der Stelle einen weißen Fleck, das weiß er aus Erfahrung. Die schwarzen Kordröhren sind schon an ein paar Stellen zerrissen und von ihm selbst wieder zusammengeflickt; er trägt sie hartnäckig weiter, denn Assja hat ihm einmal gesagt, daß er mit diesen Hosen und einem weißen Hemd aussieht, wie der amerikanische Schauspieler James Dean, der kürzlich gestorben ist. Sie hat ihm ein Buch mit Fotos gezeigt. Und tatsächlich, dieser Filmstar sah ihm ziemlich ähnlich, nur älter war er. Eddy-Babys Haare sind ein bißchen kürzer, als die von James, aber sonst ist die Ähnlichkeit frappierend. Der Typ war schwer in Ordnung, schade daß er tot ist. Bei einem Autounfall hat er sich ums Leben gebracht. Eddy-Baby hat Assja gefragt, in welchen Filmen er mitgespielt hat, aber sie hat ihm voller Bedauern erklärt, daß seine Filme in der Sowjetunion nicht gezeigt werden, Chruschtschow hat sie nicht gekauft. Chruschtschow zieht andere amerikanische Filme vor.

Eddy-Baby macht seine Hosen sauber und denkt dabei, daß Chruschtschow ja vielleicht wie ein Schwein aussehen mag, aber trotzdem läßt es sich mit ihm doch viel besser leben. Seitdem er dran ist, langweilt man sich nicht mehr so. Für die Jungs von Saltow ist Nikitas wesentlichster Verdienst der, daß er unterhaltsame ausländische Filme eingekauft hat. Die sowjetischen Filme sind für die Jugendlichen von Saltow uninteressant. Und das ist völlig klar, denkt Eddy, denn da ist nichts über Reisen und Abenteuer dabei. Wenn in den sowjetischen Filmen Jugendliche gezeigt werden, dann sind die immer gehorsam, diszipliniert und dämlich, arbeiten wacker in den Betrieben und Fabriken und erfüllen und übererfüllen den Plan. Die Jungs aus Saltow und Tjura, und sogar die aus Schurawljow, wissen aber aus eigener Erfahrung, daß arbeiten in Fabriken und Betrieben langweilig ist und daß die Leute dort nur schuften, weil sie Geld brauchen zum Leben. Sie wissen auch, daß ein normaler Mensch, wenn möglich, nicht arbeitet, sondern stiehlt, oder aber Fleischer ist, wie der Rote Sanja. Sanja verdient mehr als die Proletarier und bringt außerdem immer das beste Fleisch mit nach Hause.

Aber noch besser wäre es, Aserbeidschaner oder Georgier zu sein, denkt sich Eddy. Die stinken vor Geld. Und warum ist das so? Die Russen haben keins, die Ukrainer auch nicht, aber Aserbeidschaner, Georgier und Armenier jede Menge. Deswegen, weil ihr Land reicher ist. Wenn sie einen Waggon voll Mandarinen, die bei ihnen wachsen, nach Charkow bringen, nehmen sie dafür ein paar Koffer Geld mit zurück.

Eddy-Baby erinnert sich an die Worte von Zigeuner-Slawa: »...unsere Vorfahren waren Sklavenseelen, deshalb sind sie in diese verdammten Schneeregionen geflohen, anstatt die warmen Länder am Mittelmeer zu erobern, wo Zitronen wachsen.«

Quatsch mit Soße, denkt Eddy-Baby, Slawa hat keine Ahnung. Er, Eddy, kennt sich in Geschichte aus, nicht umsonst ist er der Bürste ihr Schätzchen. Weder die Georgier noch die Armenier und schon gar nicht die Aserbeidschaner, die im Grunde Türken sind, waren je mutiger als die Russen. Schließlich haben ja wir sie besiegt, denkt er, und nicht umgekehrt. Aber wie kommt's, daß sie viel, viel besser leben, als wir, ihre Bezwinger? Die Georgier vielleicht, weil Stalin Georgier war. Aber warum leben die Armenier und Aserbeidschaner besser als die Russen, hundertmal besser als die Jungs in Saltow? Das ist unbegreiflich...

5

Als er mit dem Fleck fertig ist, beschließt er, bei der Gelegenheit auch seine Sonntagshosen zu bügeln, für heute abend. Er soll doch heute mit Swetka zu Sascha Plotnikow gehen. Beim Gedanken an Swetka, die Sonntagshosen und die Party heute abend fällt ihm auch wieder siedendheiß ein, daß er die Piepen immer noch nicht zusammen hat. Er greift in seine Jackentasche und zählt die Rubel und das Kleingeld: 46 Rubel und 75 Kopeken. Ein Fünftel der Summe, die er braucht.

Plötzlich packt ihn die Verzweiflung und er hat zu überhaupt nichts mehr Lust. Aber nachdem er ein paar Minuten durch die leere Wohnung gestrichen ist – weder seine Mutter noch die Nachbarn sind da; zu einem anderen Zeitpunkt hätte er die Einsamkeit genossen – beruhigt er sich langsam wieder. Jetzt ist es kurz nach elf – überlegt er – und Swetka muß er heute abend um acht abholen, also hat er noch über acht Stunden. Zeit genug, um sich was einfallen zu lassen.

Als erstes durchstöbert er das Zimmer; er macht den Schrank auf und kramt in den Taschen von Wenjamin Iwanowitschs Uniformen, im Wintermantel und in den Jacken seiner Mutter. Er findet nur vier Rubel, die er zu dem Geld aus der Kantine steckt. »Verdammte Scheiße!« flucht Eddy-Baby laut. Wenn dieser Tresor nicht gewesen wäre, bräuchte er sich jetzt nicht den Kopf zu zerbrechen, und er könnte Swetka, außer zu dem Fest bei Sascha Plotnikow, auch noch ein paar Mal ins Restaurant »Teatralny« im Zentrum einladen, wo sie gute Musik haben und die Kellner Minderjährige reinlassen. Eddy-Baby war schon mal mit dem Roten Sanja dort. Wo haben die Leute bloß die idiotische Angewohnheit her, ihren Zaster im Safe aufzubewahren? Normalerweise wird das Geld, das abends, nachdem der Kassierer da war, (»die arbeiten nur bis sechs«, hat Kostja gesagt) noch eingenommen wird, vom Geschäftsführer oder der Frau an der Kasse einfach irgendwo im Geschäft, in einem leeren oder halbleeren Karton versteckt. Aber jetzt benutzen sie mehr und mehr diese verdammten Tresore.

Eddy-Baby geht auf den Flur hinaus, wo hinter einem weißen Vorhang die Mäntel der Nachbarn hängen: die von Onkel Kolja und seiner Frau Lida (Major Schepotko läßt seine Uniformmäntel nicht auf dem Flur). Er durchwühlt die Taschen. Aber hat er etwa im Ernst geglaubt, in Koljas Mantel könnten 200 Rubel stecken? Eddy-Baby ärgert sich über sich selbst. Onkel Kolja säuft, und ab und zu vergißt er etwas Geld in seinen Taschen, aber nicht solche Summen.

Er räumt ein paar Töpfe von ihrem Küchentisch auf den von Schepotko, breitet dann eine alte Militärdecke über den Tisch und fängt an, seine gute Hose zu bügeln. Dabei überlegt er, was er unternehmen könnte.

Swetka ist ein dummes Huhn, beschließt er. Was zieht sie bloß so sehr zu Plotnikows. Dort versammelt sich ein Haufen eingebildeter Affen, die sich den ganzen Abend voreinander aufspielen. Eddy langweilt sich mit denen und wenn Swetka nicht wäre, würde er nicht hingehen. Obwohl es gut möglich ist, daß Assja dort ist. Sie hat sich noch nicht entschieden.

Seine Mutter ist auch gut! denkt er. Einerseits hätte sie gerne, daß er mit Plotnikow verkehrt, und andererseits wieder hat sie ihm zur Strafe kein Geld gegeben. Das ist doch ein idiotischer Widerspruch. Bei jeder beliebigen anderen Clique kann man sich für viel weniger Geld amüsieren. Niemand würde 250 Rubel berappen, außer Sascha und seine Freunde. Die trinken Champagner und Kognak und kaufen für die Mädchen Früchte und Schokolade. Bescheuerte Aristokraten! Eddy-Baby zieht eine Fratze. Er mag keine Süßigkeiten und alle Männer, die gerne Schokolade essen, werden von ihm automatisch verachtet und auf die Stufe von Mädchen herabgesetzt. Sascha Plotnikow mag Schokolade.

6

Als die Hosen fertig gebügelt sind, hat er auch schon einen Plan. Die größte Chance, die Kohle zu kriegen, hat er bei Boris Tschurilow, seinem neuen Bekannten. Den hat er in der Ringkampfgruppe kennengelernt. Am ersten Abend hatte der Trainer Arsenij Eddy-Baby den erfahrenen Händen von Boris zum Weichklopfen übergeben, und der hatte sich nach Herzenslust mit Eddys, an physische Erniedrigungen nicht gewöhnten Körper, amüsiert. Die Jungs, die um den Ring herumstanden, lachten sich eins: Eddy-Baby rappelte sich von der Matte hoch, stürzte sich von neuem mit ohnmächtiger Wut auf Boris, der faßte ihn lässig an einem Arm und Bein und warf ihn mit einem neuen, überraschenden Griff wieder auf die Matte.

Eddy dachte, er würde die Erniedrigung nicht überleben. Und er war stinkwütend auf den Trainer, weil er ihm, dem

Neuling, Boris als Kampfpartner zugewiesen hatte. Der war fünf Jahre älter und im zweiten Rang, während Eddy-Baby noch einen langen Weg vor sich hatte, bis er überhaupt mal in den dritten kam. Eddy wäre nie in diese Welt der Ledermatten, des durchdringenden Geruchs nach Männerschweiß und der buntgekleideten Athleten zurückgekehrt, wenn nicht eben dieser Boris gewesen wäre. Nach dem Training war der, mager und kurzhaarig, am Ausgang des Kulturzentrums der Bauarbeiter, auf ihn zugekommen und hatte, in krassem Kontrast zu vorhin, als er Eddy mit seinen eisernen Griffen beinahe das Genick gebrochen hätte, ganz freundlich gefragt:

»Du heißt Ed?«

»Ja«, bestätigte Eddy-Baby mit finsterer Miene.

»Nimm's nicht so tragisch, Ed. Unser Arsenij hat seine Taktik. Er teilt die Anfänger immer erfahrenen Ringern zu, und wenn so ein Neuer dann zum nächsten Training wiederkommt, heißt das, daß er Willenskraft hat und ein guter Ringer wird. Die meisten Jungs kommen nicht wieder. Aber du doch sicher, oder?«

Eddy-Baby hatte schon beschlossen, daß er sich in der Ringkampfgruppe des Kulturzentrums der Bauarbeiter nie mehr blicken lassen würde, aber er schämte sich vor diesem Eisenschmelzer und ging doch wieder hin. Und das hat er nicht bereut. In der zweiten Stunde zeigte Arsenij den Anfängern zuerst ein paar elementare Griffe, dann teilte er die Jungs in Paare ein, Anfänger zu Anfängern und sie kämpften. Seinen ersten Ringertriumph erlebte Eddy-Baby mit Witja Jefimenko. Er hatte sich sehr hartnäckig gezeigt, wie der Trainer sich ausdrückte, und gesiegt.

Boris Tschurilow ist ein seltsamer Typ. So einen gibt's in Saltow nicht nochmal. Auch nicht in Tjura. Seine Schwester wohnt in Schurawljow, er mit seiner alten Mutter in Saltow.

Warum er so seltsam ist? Weil man ihn in keine Schublade stecken kann. Boris ist eindeutig kein Rowdy, und obwohl er schon seit einigen Jahren ununterbrochen bei der Fabrik »Hammer und Sichel« als Stahlkocher arbeitet, kann man ihn auch nicht als normalen Proletarier bezeichnen. Oder gibt ein Durchschnitts-Proletarier etwa seinen ganzen Lohn für Bücher aus? Wenn die ein paar Bücher im Haus haben, ist das schon viel. Aber bei Boris ist das ganze Zimmer, das lang und schmal ist, wie eine Straßenbahn, mit Büchern vollgestopft. Bald wird in dem Zimmer für den mageren Boris und seine ebenfalls magere und spottlustige alte Mutter kein Platz mehr sein.

Und was ist an Boris noch seltsam? Na, zum Beispiel, daß er nicht trinkt, wie die anderen Jungs. Eddy-Baby trinkt zwar selbst auch, aber er bewundert Boris trotzdem. Er will nicht, also trinkt er nicht – und überhaupt ist das ja wohl keine Pflicht, oder?

Boris hat keinen Vater. Eddy-Baby weiß nicht mal, ob er an der Front umgekommen ist oder ob etwas anderes mit ihm passiert ist. Boris spricht nicht drüber; es geht auch niemanden etwas an. Eddy weiß von Iwan Tschurilow nur, daß er Arbeiter war, wie sein Sohn.

Boris' Mutter glaubt an Gott. Aber im Unterschied zu den anderen Gläubigen, die Eddy-Baby in seinem Leben über den Weg gelaufen sind, glaubt sie auf eine heitere Art. In der sonnigsten Ecke des Zimmers hat sie ein Bild von Gott hängen, das man Ikone nennt. Manchmal kommt ein Agitator zu Boris' Mutter und will sie überzeugen, daß sie die Ikone abnimmt, aber sie lacht nur. Und Boris, der selber nicht an Gott glaubt, regt sich unheimlich auf, daß der Agitator seine Mutter belästigt und hat ihm schon gedroht, ihn die Treppe runterzuschmeißen, wenn er nicht aufhört, in seiner Abwesenheit zu kommen.

Boris sagt, er sei Arbeiter von Geburt. Er liebt seine alte Mutter sehr und sie leben bestens zusammen. Die Klatschmäuler meinen, daß sie nicht normal sind, womöglich sogar Sektierer. Ein erwachsener Mann, der mit seiner Mutter lebt, nicht raucht, nicht trinkt, nicht flucht, nicht mit den Mädchen tanzen geht – muß Sektierer sein.

Idioten! denkt Eddy. Wenn einer nicht so ist wie alle, erklärt ihn die Saltower Gesellschaft zum Verrückten oder Sektenmitglied. Aber Eddy weiß, daß das nicht stimmt. Boris ist ein Yogi. Er hat überhaupt keinen Bauch, kann ihn einziehen, bis zur Wirbelsäule. Eddy hat über Yogis gelesen.

7

Nach dem Bügeln holt er sich aus dem großen Einkaufsnetz, das vor dem Fenster in der kühlen Novemberluft hängt – das ist der Saltower Kühlschrank Modell 1958 – ein Glas russischen Salat und ißt ihn gleich so, ohne sich erst um einen Teller zu bemühen; das geht schneller.

Ihn halten, nach Assjas Aussage, auch alle für verrückt, nur Kadik, Assja und Boris Tschurilow natürlich nicht. Aber selbst der Rote Sanja denkt wie der Rest. Warum?

Erstens weil er Gedichte schreibt; der Rote Sanja sagt, er wäre ein zweiter Jessenin. In Eddys Schule gibt es noch ein paar Mädchen, die Gedichte schreiben, aber seine gefallen den Leuten, und sie behalten sie in Erinnerung. Letzten Sommer am Strand hat er welche vorgelesen, vor einer Menge von Zuhörern, und die waren alle begeistert. Nach der Lesung kam ein Mensch mit Bart und roter Badehose auf ihn zu und fragte, ob er kurz mit ihm reden könnte.

Er setzte sich mit Eddy in den Schatten unter einen Sonnenschirm, schenkte ihm Wein ein – trockenen, guten, wie zu Hause bei Assja – und dann sagte er ihm, daß er Talent habe und studieren müsse. Er gab ihm die Adresse eines Charkower Dichters namens Rewolt Buntschukow und sagte, er solle unbedingt zu dessen Dichterwerkstatt gehen, dort könne er viel lernen.

»Ed, Ed!« hatte Sanja gerufen.

Die Saltower Rowdys kamen immer mindestens fünfzig Mann hoch an den Strand, für den Fall, daß die Schurawljower angriffen. In dem Moment hatten sie sich's gerade unter den Büschen gemütlich gemacht und ließen Wodka fließen. Sanja war, wie immer, der Wortführer. Mit seiner Göringfigur stach er unter allen anderen hervor; aus Angst vor der Sonne hielt er den Kopf mit einem Turban bedeckt, den er aus einem Handtuch gewickelt hatte. Seine deutsche Haut sah trotzdem schon aus, wie die von einem gekochten Krebs.

»Ed!« fingen die Jungs jetzt alle zusammen an zu brüllen.

»Du bist beliebt bei ihnen«, lächelte der Bärtige. »Ihr Poet. Geh nur! Ich will dich nicht zurückhalten, aber geh auf jeden Fall zu Buntschukow. Du mußt dich entwickeln, brauchst neue, kultivierte Freunde. Mit denen«, er machte eine Kopfbewegung zu den Jungs hinüber, »kommst du nicht weit.«

Eddy-Baby hatte den Zettel mit Buntschukows Adresse in seine Badehose gesteckt und war gegangen. Aber wegen seiner Freunde war er beleidigt. Der Bärtige war ein Schwachkopf. Die Saltower Jungs waren gute Freunde und viel, viel interessanter als die Jungs aus Tjura.

Eddy-Baby futtert seinen russischen Salat und überlegt: Warum sagen sie nur alle immer wieder »du bist nicht wie die anderen; du bist anders!«? Der Bärtige im Sommer, Assja, Zigeuner-Slawa, Boris Tschurilow und, der größte Witz: sogar Kapitän Silbermann hält ihn für eine Art Ausnahme. »Eduard«, versuchte der Kapitän ihn das letzte Mal, als er bei ihm im Büro saß, zu überzeugen, »hör auf, dich mit dem halbstarken Gesindel rumzutreiben! Die haben alle den gleichen Weg – ins Gefängnis. Und ich muß gestehen, sie tun mir nicht leid. Aber du Eduard, richtest dich zu Grunde, wenn du nicht aufhörst. Laß die Stehlereien! Ich weiß, daß du zusammen mit Kostja Bondarenko eine Bande anführst!« hatte Silbermann plötzlich unvermittelt erklärt und ihn mit »durchdringendem« Blick angeschaut. Silbermann war zweifellos überzeugt, daß er einen durchdringenden Blick hatte, aber in Wirklichkeit riß er nur seine braunen Augen weit auf und sah dabei reichlich komisch aus.

Eddy-Baby hatte ihm keine Antwort gegeben. Sollte er doch reden!

»Du bist doch ein intelligenter Junge, Eduard. Hör auf, bevor es zu spät ist«, fuhr der Kapitän fort. »Deine Mutter sagt, daß du die Schule hinschmeißen willst. Tu das nicht. Das wäre die allergrößte Dummheit; das würdest du dein Leben lang bereuen. Mach die zehnte Klasse fertig, dann kannst du ans Gorkij-Institut für Literatur in Moskau gehen; wirst Berufsdichter. Die Begabung hast du, mußt nur arbeiten.«

Eddy-Baby hatte nichts gesagt. Er beobachtete, wie eine Fliege versuchte, es mit einer anderen zu treiben, aber die zweite wollte wohl nicht mit der ersten und flog immer wieder ärgerlich brummend davon.

Silbermann folgte Eddy-Babys Blick, schüttelte den Kopf und redete weiter:

»Schau mich an«, sagte er und stellte seinen kleinen Fuß mit dem großen Polizistenstiefel auf einen Stuhl, Eddy-Baby musterte den zwergenhaften Silbermann und grinste. »Ich bin schon ein alter Mann, aber trotzdem bilde ich mich systematisch weiter. Guck«, er deutete auf einen Stapel Magazine auf seinem Schreibtisch, »ich lese polnische Zeitschriften. Wozu? Weil ich mich für das Leben interessiere und für die Kultur…«

8

Ja, denkt Eddy, zwischen dem Schnapsbruder Zigeuner-Slawa und Kapitän Silbermann gibt es nicht besonders viele Gemeinsamkeiten, aber sie sagen wortwörtlich dasselbe. Ihm selbst kommt es auch so vor, als würde er sich von den anderen Jungs in Saltow unterscheiden – oder genauer gesagt, ihm scheint, daß er sich vor der Schlägerei mit Jura Obejuk sehr von ihnen unterschied. Jetzt auch noch, aber nicht mehr so.

Natürlich, überlegt er, die Tatsache, daß er die verrückte Tonja in seinen Träumen nackt sieht, ist ein gewichtiges Indiz für seine eigene Verrücktheit. Ein nicht zu übersehender Hinweis. Und seine ständige Onaniererei, kann man auch nicht mehr als normal bezeichnen. Eddy-Baby schämt sich schon, wenn er nur an die vergilbten, zusammengeklebten Kalenderblättchen denkt. Außerdem gibt es noch etwas, was für seine Andersartigkeit spricht: Er hat noch nie mit einer Frau geschlafen. Er ist noch ein Kind, kein Mann.

Das weiß natürlich keiner von seinen Freunden, sonst würden sie sich über ihn lustig machen. Wenn man ihren Sprüchen Glauben schenkt, dann treiben es die Jungs aus Saltow alle, aber manchmal hat Eddy-Baby den Verdacht, daß es Witja Golowaschow zum Beispiel auch noch nie gemacht hat, genau wie er selbst, und sich bloß nicht traut, es zuzugeben. Der größte Rammler in ihrer Klasse ist Boris Chruschkow. Aber der ist siebzehn und rasiert sich schon seit langem. Boris ist Schwimmer und regionaler Meister. Wenn er kein Meister wäre, hätten sie ihn schon längst von der Schule geschmissen, weil er nie was lernt. Aber die Mädchen lieben ihn, weil er berühmt ist. In der Lokalzeitung erscheinen rund ums Jahr Fotos von ihm und einmal war sein Konterfei sogar in der »Ukrainischen Prawda«, die in Kiew herauskommt.

Als Eddy-Baby den Salat aufgegessen hat, holt er vom Balkon seine Schuhe und die gelbe Jacke. Beim Anziehen denkt er traurig, daß seine Freunde glauben, er und Swetka würden es miteinander treiben, dabei streicheln und küssen sie sich nur. Eddy hat mehrmals versucht, Swetka ihren Schlüpfer auszuziehen, aber sie hat sich gesträubt; sie hat Angst. Sie sagt, daß sie noch nie mit jemandem geschlafen hat; Eddy-Baby dagegen verheimlicht ihr, daß er noch kein richtiger Mann ist. Übrigens behauptet der fette Adam aus Swetkas Haus, daß sie es schon lange macht, und daß Eddy, der Trottel, nur nichts davon weiß. Eddy glaubt Adam nicht. Der ist früher mal mit Swetka gegangen, und sie hat ihn fallen lassen, weil er langweilig ist.

Einmal hat Eddy-Baby Swetka sogar extra mit Alkohol abgefüllt, um sie zu »entkorken«, wie die Jungs sagen. Als sie blau war, mußte sie sich heftig erbrechen. Sie lag auf dem Bett von Sascha Tischtschenkos Eltern, bei dem sie gefeiert hatten, und Eddy-Baby konnte ihr gerade noch den Kopf vom Bett weg über den Boden halten, damit das Elternbett nicht besudelt würde. Dann mußte er einen Eimer Wasser holen und den vollgebrochenen Boden aufwischen, weil Swetka selber nicht aufstehen konnte und nur kläglich maunzte, als Eddy sie anschrie.

Nach dem Putzen, hatte er das Licht wieder ausgemacht und versucht, Swetka zu knacken, und es wäre ihm vielleicht auch gelungen, wenn sie nicht diese Hosen angehabt hätte. Swetka trug einen schwarzen Schlüpfer, der sich eng um ihren Puppenpo spannte. Swetka sieht von Kopf bis Fuß aus wie eine Puppe; sie hat ein Puppengesicht, Puppenbacken und lange Puppenwimpern. Manchmal macht sie sich über sich selbst lustig, dann läßt sie sich nach hinten kippen, klimpert mit den Augen und sagt mit mechanischer Stimme: »Ma-ma!« oder »Ua-Ua!«

Eddy-Baby zog also mit aller Kraft an Swetkas Höschen, aber das rührte sich nicht von der Stelle, und als er es ganz einfach zerreißen wollte, ging das auch nicht, weil es aus einem festen Stoff war, der im Licht der Straßenlaterne, das zum Fenster hereinfiel, wie Seide glänzte. Als er sich fast eine halbe Stunde abgemüht hatte, fand er schließlich heraus, daß es an der Seite mit zwei Knöpfen verschlossen war. Kurzsichtig und ungeschickt, hatte er die nicht bemerkt.

Es ist furchtbar, kurzsichtig zu sein, obwohl es im Leben allerhand gibt, was er lieber nicht sehen würde, zum Beispiel hatte er bis zur vierten Klasse, als man ihn schließlich zwang, eine Brille zu tragen, seine Mutter für sehr hübsch gehalten. Aber als er die Brille aufsetzte, sah er nicht nur durchs Fenster, wie ein Haufen Kinder, seinen damaligen Freund, den buckligen Tolik Pereworatschajew, in Dreck und Schnee, vermöbelte, sondern er bemerkte auch voller Entsetzen, daß das Gesicht seiner Mutter Falten hatte und ihre Haut großporig war. Das Gesehene machte ihn sehr, sehr traurig und er nahm die Brille ab, entschlossen, sie nur zum Lesen und Schreiben aufzusetzen und nur zu Hause, nicht in der Schule.

Es war ihm also doch noch gelungen, Swetka das Höschen runterzuziehen. Sie hatte einen schwachen Versuch unternommen, sich zu wehren, war aber zu kraftlos und begnügte sich schließlich damit, ein paarmal betrunken und verschlafen »Nein! Nein! Nicht doch!« zu sagen, dann wurde sie still. Die Hose hatte sie schon nicht mehr an. Er streifte ihr Taftkleid hoch und automatisch bedeckte Swetka mit der Hand die Stelle, wo die Öffnung war, in die er sein Glied einführen mußte.

Eddy-Baby schob Swetkas Hand beiseite und legte seine eigene auf diese Stelle. Da war es heiß. Er zog die Hand wieder zurück und faßte seinen Schwanz an. Er war kalt.

9

Damals ausgerechnet hatte sich sein Schwanz nicht aufrichten wollen. Was er auch anstellte, um ihn hart und stark zu machen – nichts half. Er blieb ein weicher Gummischlauch. Eddy-Baby war sogar schnell rausgegangen, um sich von Sascha Tischtschenko Rat zu holen, nur eine Minute, denn er hatte Angst, daß einer von den Jungs in das dunkle Zimmer hineingehen könnte, wo auf dem Bett Swetkas weißer Puppenkörper schimmerte, und wer weiß, das Glied eines anderen hätte sich bei ihrem Anblick vielleicht aufgestellt...

Sascha hatte gesagt, er müsse sich »vorbereiten«, aber Eddy-

Baby wußte selber, daß man sein Schwänzchen mit der Hand in Form bringen mußte und mit nichts anderem hatte er sich ja die letzte halbe Stunde im Schlafzimmer von Saschas Eltern beschäftigt, von Swetka, ihrem Bauch und ihren Hüften abgewandt.

Dann war sie wieder zu sich gekommen und Eddy-Baby hatte überlegt, auf welche Art er seinem Leben ein Ende machen sollte. Eine solche Erniedrigung seiner Manneswürde konnte er nicht ertragen.

Während er so, völlig gebrochen zu Swetkas Füßen liegend, überlegte, war Swetka aufgestanden, hatte sich geschüttelt, hinter Eddys Rücken ihren Schlüpfer wieder angezogen, das Kleid in Ordnung gebracht und sich neben ihn gesetzt. Eddy hatte das Gefühl, daß sie nicht ganz so bewußtlos gewesen war, wie er geglaubt hatte, und, noch mehr beschämt, hatte er sein Gesicht in den Händen vergraben.

»Laß nur«, hatte Swetka gesagt, »wenn's heute nicht geklappt hat, dann klappt's eben ein andermal. Ist doch kein Beinbruch!«

»Ich will nicht mehr leben!« hatte Eddy-Baby dumpf gemurmelt. »Dummkopf«, hatte Swetka ihm geantwortet, »ich lieb' dich doch. Du bist der Beste von allen.« Und sie hatte ihn ins Ohr geküsst – ein bißchen ungeschickt – sie wollte ihn auf die Wange küssen, aber er hatte sich bewegt und da hatte sie sein Ohr erwischt.

Man weiß nicht, was dann passiert wäre, wenn sie allein geblieben wären. Vielleicht hätte Eddy Swetka doch noch geknackt; im Grunde hielt er sich nicht für impotent. Jeden Morgen beim Aufwachen war sein Glied aufgerichtet, selbst dann, wenn er nicht von der verrückten Tonja geträumt hatte. Aber Katja und Rita – die mit dem Morphinisten Garik geht – waren ins Zimmer gekommen und wollten sie zum Tanzen holen. Und sie mußten mitgehen, zumal die Jungs schon vorher versucht hatten, sie auszuquartieren: es gab wenig Betten in der Wohnung, und jeder wollte mal einen Versuch unternehmen, sein Mädchen flachzulegen.

Als Sascha Tischtschenko Eddy fragte, ob er Swetka rumgekriegt hätte, hatte der mit einem kurzen »Ja« geantwortet. Obwohl ein richtiger Mann nicht lügen sollte.

10

Eine Stunde später steckt Eddy-Baby schon mit Grischa zusammen, der gerade zum dritten Mal aus der Jugendbesserungsanstalt zurückgekommen ist. Hundert Meter vom Gebäude der 15. Militärabteilung entfernt, stehen sie hinter den Schuppen und reden über Mord. Geld hat Grischa keins, deshalb ist alles, was er für Eddy-Baby tun kann, daß er eine Flasche Biomizin mit ihm trinkt und mit ihm redet.

Grischas verstorbener Großvater war Aristokrat; ein Graf und ein alter Bolschewik, versichert Grischa. An der Wand des Zimmers, in dem er mit seiner taubstummen Mutter lebt, hängt eine verblichene Photographie, auf der der Großvater Arm in Arm mit Lenin abgebildet ist. Ohne diese Photographie wäre Grischa, der sich vor nichts fürchtet, sicher schon längst im Kittchen gelandet, statt in der Besserungsanstalt, und von dort wohl auch kaum je zurückgekehrt.

Er ist auf seine Art ein bemerkenswertes Individuum, allerdings hält Eddy ihn für degeneriert. Er ist extrem dürr und groß, hat ein kleines, knochiges, mit Pickeln übersätes Gesicht, raucht Papirossy Marke »Belomor Kanal« und packt die Mädchen mit Begeisterung am Hintern. Beim Reden rudert er mit den Armen, spuckt und schreit, die Stimme leitet er dabei durch seine große Nase. Er ist ununterbrochen verschnupft und schneuzt sich in ein riesiges Taschentuch.

Manchmal schlägt er seine Mutter, wenn sie ihn damit auf die Palme bringt, daß er das Stehlen seinlassen und lieber etwas lernen soll. Grischa will nicht lernen, er weiß sowieso schon alles. Eddy-Baby ist sich da nicht so sicher, obwohl Grischa nicht weniger Bücher gelesen hat, als er selbst, vielleicht sogar mehr, allerdings andere: Werke der Weltliteratur, keine Sachbücher.

Eddy-Baby und Grischa nehmen abwechselnd einen Schluck aus der Pulle und diskutieren über Mord. Grischa erklärt, daß er schon seit einem Jahr Lust hat, mal jemanden umzulegen, nur so zum Spaß. Er möchte wissen, wie das ist, wenn man einen Menschen tötet.

»Es heißt, so ein Messer geht in den menschlichen Körper rein, wie in Butter, solange es nicht auf Knochen stößt.«

»Dafür kriegst du fünfzehn Jahre, als Minderjähriger. Aber unter Umständen erschießen sie dich auch«, bemerkt Eddy-Baby gleichgültig. »Ist reine Glückssache. Schurik Bobrow haben sie erschossen; daß er betrunken war, haben sie nicht berücksichtigt.«

»Was?« macht Grischa ganz erstaunt, »der war doch sanft wie ein Lamm! Wann ist denn das passiert? Da war ich bestimmt gerade im Erziehungsheim.«

Plötzlich verzieht sich Grischas Gesicht zu einer Niesgrimasse, und er niest, aber nicht wie jedermann. Er zieht vielmehr den ersten Laut extra lang: »Aaaaa...« und endet dann mit einem kurzen »... bdecker!«

So zu niesen gilt in Saltow als besonders chic. Man kann es auch mit »Abort« machen, wie der Rote Sanja: »Aaaaaa... bort!«

»Das war letzten Winter beim Tanzen«, antwortet Eddy-Baby. »Er hat einem Kerl die Spitze einer Feile in den Bauch gerammt. Der hatte ihn irgendwie beleidigt, hat ihn Arschloch genannt, oder so. Auf dem Klo hat er ihn umgebracht. Er wäre vielleicht nicht zum Tode verurteilt worden, aber der Kerl war Komsomolsekretär in der Turbinenfabrik. Er war noch nicht lange verheiratet und hinterließ zwei Kinder. Die Öffentlichkeit war für die Todesstrafe. Schurik hat eben Pech gehabt«, konstatiert Eddy-Baby und denkt dabei an dessen durch und durch friedfertiges Gesicht, den blonden Schopf und sein stets blütenweißes Hemd. Der hat auf sich geachtet. Er war Schlosser.

»Nee«, sagt Grischa, »so ein Idiot bin ich nicht, daß ich mich im Klub, beim Tanzen, so danebenbenehme«, er grinst bis hinter beide Ohren. »Ich bin friedlich. Die ganze Woche hab' ich tagsüber geschlafen und nachts bin ich in den Vorstädten rumgelaufen, bis zur Traktorensiedlung sogar. Hab' mir ein Großväterchen gesucht.« Grischa lacht. »Ein Messer in den Rücken und schon ist er weg.«

Eddy-Baby fragt sich: lügt er nun, oder lügt er nicht? Weiß der Teufel, vielleicht hat er wirklich versucht, in einer verlassenen Straße einen alten Mann um die Ecke zu bringen. Verrückt genug ist er. In seiner Familie sind alle geisteskrank und degeneriert, erzählt man in der Siedlung. Seine Mutter ist taubstumm und handelt auf dem Schwarzmarkt, sein Onkel hat viele Jahre in der Klapsmühle verbracht und ist dort von den Irren zum Premierminister ernannt worden. Es war bestimmt nicht leicht, sich in der berühmten Saburka, wo schon viele Repräsentanten der russischen Kultur residierten, unter anderem Garschin, Wrubel und Chlebnikow, den Titel des Premierministers zu verdienen; vielleicht war es nicht leichter als in der normalen Welt, aber Grischas Onkel war zweifellos wahnsinniger als alle anderen... Bei Grischa macht sich eben das Familienerbe bemerkbar. Trotzdem kann Eddy-Baby nicht umhin, ihn zu bewundern, wegen seiner Suche nach Wahrheit, seinem Wunsch, sich und die Welt zu verstehen. Wegen seiner rastlosen Seele.

Eddy-Baby weiß, wenn Grischa sich in einer finsteren Straße einen Opa sucht, dann nicht aus irgendwelchen kleinbürgerlich-merkantilen Motiven, etwa um sein Opfer auszurauben und sich mit dem Geld Wodka zu kaufen, nein, ihn leiten hochphilosophische Überlegungen.

»Na und, hast du einen gefunden?« fragt Eddy so gelangweilt wie möglich, als wäre es ihm völlig gleichgültig, ob Grischa nun einen Alten umgelegt hat oder nicht.

»Ha, ha, ha«, lacht Grischa, »das werde ich dir sicher nicht auf die Nase binden, auch wenn du mein Freund bist.«

Eddy zuckt mit den Schultern. Natürlich erzählt man sowas niemandem, aber Grischa hat damit angefangen ihm von seinem Wunsch, mal auszuprobieren wie es ist, wenn man einen umbringt, vorzuspinnen, und jetzt macht er einen Rückzieher. Aber es wäre doch interessant, zu wissen, was man danach fühlt? denkt Eddy-Baby. Womöglich nichts. Schurik Bobrow ist nach Hause gegangen und hat sich ins Bett gelegt. Aber es heißt, er war bis zur Bewußtlosigkeit betrunken.

Eddy-Baby nimmt ein paar Schluck aus der Biomizinflasche, und dabei sieht er Grischa von der Seite an. Wahrscheinlich hat er doch niemanden ermordet, hat vielleicht nicht mal die Absicht gehabt und in der Traktorensiedlung war er auch nicht. Er spielt sich hier nur auf.

Grischa seinerseits lächelt nur rätselhaft und Eddy spürt, daß der ihm im Moment psychologisch einwandfrei überlegen ist.

Zum Ausgleich und damit Grischa sich nichts darauf einbildet, daß ihn »dunkle, ihm selbst unbegreifliche Kräfte« – so drückt er sich selbst aus – zum Mord treiben, liest Eddy-Baby ihm sein eben verfaßtes Gedicht über den Milizwagen vor, der ihn zur Exekution ins Gefängnis bringen soll:

Und morgens, erklärt der Chef, nicht gerade munter
Aus dem und dem Grund müßt' mein Kopf jetzt runter.
In einer Stunde geht's vor den Richter
Und dann erschießen sie den Dichter.
Wenn ich Wein wollt' oder was zum Paffen
Würden sie jede Menge mir verschaffen.
Und dann gäb' es auch noch von »ihr« ein Schriftstück,
Da schneid' ich brutal ihm das Wort ab: »Miststück!«

Eddy-Baby kommt nicht bis zum Ende, denn Grischa unterbricht ihn mit seinen, wie immer, idiotischen Fragen:

»Wer ist das Miststück, der ›Chef‹ oder ›Swetka‹?« fragt er boshaft.

»Was hat das mit Swetka zu tun? Das ist ein Gedicht!«

»Du mußt dich klarer ausdrücken«, verkündet Grischa in belehrendem Ton. Was Eddy-Babys Werke anbetrifft, ist er skeptisch, denn Jessenin wird er sowieso nie überbieten, und mit Kinkerlitzchen braucht er seine Zeit nicht zu verschwenden. Nicht, daß Grischa noch nie was von anderen Dichtern gehört hätte, aber in der Atmosphäre von Saltow steht den Jungs Jessenin einfach am nächsten.

»Ließ weiter!« sagt Grischa.

»Nein!« gibt Eddy zurück. »Du kannst mich mal! Gedichte oder sonstwas, für dich ist sowieso alles gleich.« Und verärgert schiebt er die Flasche von sich weg.

»Beleidigt?« fragt Grischa und legt eine Hand auf Eddys Schulter. »Sei doch nicht gleich eingeschnappt«, sagt er entschuldigend, »ich denk' halt nur, daß das nicht dein gelungenstes Werk ist. Mir persönlich gefallen andere besser«, versucht er sich einzuschmeicheln. »Erinnerst du dich an dein ›Natascha‹? Wie ging das nochmal? Komm, rezitier's doch mal, hm, Ed?«

»Den Teufel werd' ich tun«, mault Eddy mürrisch. »Ich muß gehen, muß Zaster auftun, die Zeit vergeht«, fügt er etwas milder hinzu.

»Ich hab' eine kolossale Idee!« ruft Grischa und schlägt sich an die Stirn. »Du kennst doch bestimmt Wolodja Solotarjew, der bei uns im Haus wohnt? Der leiht dir Geld! Er hat immer welches, weil er als Meister in der Radiofabrik arbeitet. Komm!«

Eddy-Baby versteht, daß Grischa sich schuldig fühlt und seinen Fehler irgendwie wiedergutmachen will. Er ist kein übler Kerl, denkt Eddy, gibt nur ein bißchen viel an und hat ein freches Mundwerk.

»Na gut, probieren wir's«, sagt er widerwillig. »Bloß, ich kenn' diesen Wolodja kaum. Geld pumpen von jemandem, den man nur zweimal im Leben gesehen hat…?« äußert er voller Zweifel.

»Macht nix, ich kann für dich bürgen; Wolodja und ich sind ja Nachbarn. Nur, platz nicht gleich damit raus, daß wir wegen Geld kommen, er denkt nämlich, die Jungs sind alle nur deswegen gut Freund mit ihm. Erst sitzen wir ein halbes Stündchen ab und dann frag' ich ihn.«

»Gut«, sagt Eddy. Was kann er sonst noch groß machen. Er ist schon bei Boris gewesen, da ist niemand zu Hause. Tschurilow ist mit seiner Mutter zur Schwester nach Schurawljow gefahren. Ist eben Feiertag.

11

Vor Wolodjas Wohnungstür lächelt Grischa verschmitzt:

»Hör mal«, sagt er und drückt auf den Klingelknopf.

Eddy-Baby hört. Und plötzlich ertönt irgendwo von der Decke her, durch einen Lautsprecher verstärkt, Wolodjas strenge Stimme:

»Wer ist da?«

»Ich bin's, Grischa, dein Nachbar.«

»Was willst du?« fragt die Stimme im gleichen strengen Tonfall. Jetzt kapiert Eddy, daß die Stimme aus dem mit Drahtnetz überzogenen Lautsprecher kommt, der über der Tür hängt.

»Ich muß mit dir reden«, erklärt Grischa mit gewichtiger Stimme.

»Mit Flasche oder ohne? Allein oder nicht?« fragt Wolodja lakonisch.

»Mit Flasche«, schwindelt Grischa, die Flasche Feuerlöscher, die er in der Hand hält, ist nämlich nicht mal mehr halbvoll, »und ich hab' einen Freund dabei, Ed.«

»Alles klar«, konstatiert der unsichtbare Wolodja Solotarjew befriedigt. Im Lautsprecher knackt und rauscht es. »Drück auf den Knopf rechts von der Tür und komm rein«, ertönt die Stimme wieder.

Eddy zuzwinkernd drückt Grischa auf den schwarzen Plastikknopf, und die Tür öffnet sich von selbst.

»Alles ist automatisiert!« sagt Grischa voller Hochachtung: »Wolodja muß nichtmal die Tür aufmachen gehn! Flegelt auf seinem Bett rum und braucht nur den Hörer abzuheben und seine Knöpfchen zu drücken!«

Aber die ganze schöne Automatisierung taugt nichts, solange Wolodja seine Wohnung mit jemandem teilen muß. Seine Mitbewohnerin heißt Mascha, und er hat sich geschworen, daß er sie rausekelt, damit er ihr Zimmer kassieren kann. Im Augenblick bewohnt er das größte Zimmer in der Wohnung und seine Mutter eins der beiden kleineren. Mutter und Sohn üben mit allen möglichen Mitteln Druck auf die Nachbarin aus, vor allem terrorisieren sie sie mit Wolodjas Musik und seinem Lebensstil. Mascha ruft zweimal in der Woche die Miliz, die glücklicherweise gleich nebenan ist – man kann vom Fenster aus den Hof der Milizstation sehen. Aber da Wolodja Mascha nicht körperlich mißhandelt und er außerdem einer regelmäßigen Arbeit nachgeht, können sie ihm nichts anhaben. Jetzt bemühen sich die Milizionäre schon gar nicht mehr her. Wolodja hat sie überzeugt, daß die Nachbarin spinnt.

Wenn er ein Schmarotzer wäre, wie die Jungs vom »Blauen Pferd«, hätten sie irgendwas unternehmen können, ihn zum Beispiel 101 Kilometer weit von Charkow wegverbannen. Aber so, was können sie schon machen? Nichts. Er ist noch nicht mal Alkoholiker, obwohl er ganz schön bechert und jeden Abend bei ihm gefeiert wird.

Wolodja ist schon alt, schon über dreißig. Er macht einen auf jung, denkt Eddy, und meistens wird er mit seinem Kosenamen »Wowa« gerufen. Mit den Typen in seinem Alter mag er nichts zu tun haben. Er zieht Schüler vor. Mit denen hat er mehr Spaß, behauptet er. Sogar Sascha Plotnikow geht öfters zu ihm. Er schläft auch mit Mädchen in Eddys Alter. Galja Kowaltschuk, aus Eddys Klasse, hat es ein paarmal mit ihm getrieben. Das weiß alle Welt.

12

Im Zimmer liegt Wolodja tatsächlich angezogen auf seinem Bett. Am Kopfende hat er kunstvoll ein Pult mit zahlreichen Pfeilen, Knöpfchen, Hebeln und Lämpchen in die Wand eingelassen. Das ist sein Steuerpult. In Saltow hat kaum jemand Telefon, aber Wladimirs Pult verfügt über einen Telefonhörer, mittels dessen er mit den Besuchern vor der Tür sprechen kann. Wolodja rechnet damit, daß er ein richtiges Telefon bekommt. Er sagt, die von der Miliz hätten ihm versprochen, ihn an ihre Leitung anzuschließen. Das ist sehr gut möglich, denkt Eddy, Wolodja weiß, wie man sich durchmogelt, und außerdem macht er jetzt, nachdem er durch die Vermittlung seiner Nachbarin mit der Miliz Bekanntschaft gemacht hat, manchmal Elektrikerarbeiten für die – umsonst, versteht sich. Er hat ihnen auch geholfen, ihren Technikraum auszustatten: offensichtlich hat er kapiert, daß man mit der Miliz besser gut steht...

Sein Gesicht ist fast immer verdrossen. Wer ihn nicht kennt, könnte meinen, daß er traurig oder gelangweilt oder eben erst aufgewacht ist und einen schlechten Traum nicht vergessen kann. Aber in Wirklichkeit trifft nichts von all dem zu; er ist einfach ein sachlicher Mensch, bei dem alles, bis in die kleinste Bewegung, berechnet ist.

»Grüß dich!« sagt Grischa und stellt seine Flasche auf den Tisch. Der Tisch steht bei Wolodja, wie bei allen Saltowern, in der Zimmermitte.

Ohne zu antworten erhebt sich Wolodja von seinem Bett und

gibt erst Grischa, dann Eddy die Hand. Seine Hand ist ganz teigig. Zwischen Wolodjas brodelnder Energie und seiner äußeren Erscheinung klafft ein Abgrund.

Immer noch ohne ein Wort, geht Wolodja zu dem Schrank mit den zwei Glastüren, macht eine davon auf und nimmt ein paar kleine Gläser heraus. Danach geht er in die Küche und kommt mit einem großen Teller zurück, auf dem Salzgurken, sorgfältig in Scheiben geschnittene Wurst und kleine Stücke Schwarzbrot liegen. Er stellt den Teller auf den Tisch, betrachtet dann unschlüssig die Pulle, die Grischa mitgebracht hat, geht nochmal in die Küche und kommt von dort mit einer Flasche Wodka und drei Gabeln zurück. Er stellt den Wodka zu den anderen Sachen, geht zu seinem Pult und bewegt irgendeinen Hebel. Aus unsichtbaren Lautsprechern flutet westliche Musik ins Zimmer, Wolodja ist kein minderer Spezialist für westliche Musik, als Kadik. Aber er spielt Gitarre, nicht Sax.

Als sie sich an den Tisch setzen, fragt Grischa:

»Wo ist denn Mascha?«

Er möchte sich weltgewandt zeigen und ein Gespräch anknüpfen.

Scheinbar hat er den richtigen Punkt getroffen, jedenfalls belebt sich Wolodjas Gesicht merklich.

»Sie ist abgehauen, aufs Land, zu ihrem Kulaken-Bruder«, sagt er, während er Wodka einschenkt. Alle seine Gesten sind von erstaunlicher Genauigkeit. Er gießt Wodka ein, wie ein Profi: ohne hinzugucken, aber genau gleichviel in jedes Glas. Als hätte er sich sein ganzes Leben lang mit nichts anderem beschäftigt.

Eddy-Baby findet, daß er einer Flaschenabfüllmaschine für Mineralwasser ähnelt. So eine hat er erst kürzlich in einem Dokumentarfilm im Fernsehen gesehen: klack – voll, klack – die nächste, klack – noch eine, klack!

»Soll sie sich doch von 'nem Stier ficken lassen!« sagt Wolodja.

Bei seinem letzten Besuch bei Wolodja hat Eddy die Nachbarin gesehen: eine Frau wie jede andere, korpulent, bäurisch, sicher dumm, aber was den Stier anbetrifft, da geht Wolodja doch ein bißchen zu weit. Eddy Baby stellt sich Mascha mit einem Stier vor und ohne es zu wollen, muß er losprusten.

»Was ist?« fragt Grischa.

»Nichts, ich hab' mir Mascha mit 'nem Stier vorgestellt«, antwortet Eddy grinsend.

Grischa wiehert. Er lacht mit Vorliebe lang und gekünstelt, das ist ein Tick von ihm. Vielleicht will er sich einen lässigen Anstrich geben? Eddy-Baby weiß es nicht. Jetzt gerade wiehert er besonders lang, so daß es Eddy sogar peinlich ist.

Grischa hört auf zu lachen und im Zimmer breitet sich, nur durch die Musik gemildert, Schweigen aus. Die Saxophone heulen und die Trompeten jaulen einen Boogy-Woogy. Wenn Kadik hier wäre, denkt Eddy, der könnte sofort sagen, wer da spielt und was es ist.

Es vergehen ein paar Minuten, in denen die Jungen und Wowa kauen, Gurken knacken und Stühle quietschen lassen, mit den Händen den Musikrhythmus auf den Tisch klopfen, alles, ohne was zu sagen. So ist es immer mit Wowa: man weiß nicht, was man mit ihm reden soll, solange man nicht ordentlich was getrunken hat; danach wird's gleich viel amüsanter. Dann ist Wolodja nur noch einer von ihnen und alle fühlen sich wie zu Hause. Es wird laut und verqualmt, die Jungs lachen und erzählen Witze. Wenn irgend jemand Mädchen mitgebracht hat, wird getanzt. Eine Art Klub entsteht und Wolodja ist der Klub-Direktor.

»Also, trinken wir noch eins«, schlägt Wolodja vor und gießt, ohne auf Zustimmung zu warten, die Gläser voll. Wieder so exakt, wie eine Maschine.

»Mit der Nummer könntest du im Zirkus auftreten, Wowa«, sagt Grischa mit seiner Schnupfenstimme lachend.

Wolodja antwortet nichts. Er nimmt sein Glas und erhebt es.

»Prost!« er schüttet den Wodka in seinen großen Mund mit den langen Zähnen. Außer seinem häßlichen Mund hat Wolodja noch einen Defekt: er ist krumm und kleiner als Eddy, aber die Mädchen mögen ihn trotzdem, zweifellos deswegen, weil er Gitarre spielt und singt. Früher mal hat Eddys Vater versucht, ihm das Gitarrespielen beizubringen und ihn mit der Aussicht angespornt, daß er damit die Herzen der Mädchen erobern würde. Aber es stellte sich heraus, daß Eddy keinerlei Begabung hatte.

Im Grund singt Eddy gern. Als er noch jünger war, hat er manchmal zu Hause gesungen. Da war das Verhältnis zu seinen Eltern noch gut: sein Vater und seine Mutter setzten sich aufs Sofa, und er stellte sich mit dem Liederbuch in der Hand auf den Tisch und sang. Er hatte damals eine Vorliebe für Volkslieder, und sein Lieblingslied war die alte Ballade von Chaz-Bulat.

Sie war wie ein Dialog aufgebaut: Ein junger georgischer Prinz versucht den alten Bergkrieger Chaz-Bulat zu überreden, ihm seine Frau zu überlassen.

Chaz-Bulat, kühner Held, deine arme Hütte
Ich mit Gold und Geld reich dir überschütte.
Mein Pferd, mein Dolch, mein Gewehr, alles geb' ich dir
Und verlange einzig deine Frau dafür.
Bist schon alt, bist schon grau, was kannst du ihr geben
Im Morgenrot der Jugend, schon bringst du sie ums Leben.

Eddy-Baby sang in vollem Ernst, sein Liederbuch vor sich haltend, wie ein Opernsänger. Und seine Eltern kugelten sich vor Lachen. Wenjamin Iwanowitsch sagte, er hätte einen »wunderbaren Ziegenton«, keinen Baß und keinen Bariton, sondern einen »Ziegenton«. Eddy aber, wie ein echter Künstler, übertönte das Gelächter. Er empfand das wichtigste Lied seines Repertoires mit ganzer Seele, und daher erlebte er einen ästhetischen Genuß reinster Art, wenn er es vortrug. Chaz-Bulat tötet schließlich seine schöne Frau und schickt ihre Leiche verachtungsvoll dem Fürsten. Eddy-Baby, der im Leben noch alles vor sich hatte, träumte davon, zuerst der georgische Fürst zu sein, der in Chaz-Bulats Frau verliebt ist und später der tapfere, von Narben bedeckte Chaz-Bulat, der die Schöne tötet, um seine Ehre zu verteidigen.

Unter den alten Fotos, die seine Mutter aufgehoben hat, ist eins mit Eddy-Baby in Knickerbockern und offenem Mund: er singt; in der Hand hat er eine Liedersammlung in Taschenbuchformat.

Die Knickerbocker rühren von dem Bedürfnis seiner Eltern her, zu zeigen, daß sie eine kultivierte Familie sind. Die ersten Knickerbocker waren wohl jemandem abgekauft worden, der seinerzeit in Deutschland war und sie von dort als Trophäe mitgebracht hatte. Die folgenden, die immer größer wurden, Eddy-Baby wuchs schließlich, hatte seine Mutter selbst genäht. Erst in der fünften Klasse wurde er endlich von diesen Hosen erlöst; da hatte Saltow seine Familie ein für allemal besiegt. Ihm war nur die Liebe zu den Büchern geblieben und infolgedessen ein zum Platzen vollgestopfter Bücherschrank.

13

»Spiel uns doch was, Wolodja!« bittet Grischa nach dem fünften Wodka: »Erfreu unsre Seele!«

Eddy-Baby findet, daß Grischa sich Wolodja gegenüber nicht natürlich benimmt, er versucht, älter zu wirken und lockerer, dabei ist er in Wirklichkeit gar nicht so oberflächlich. »Erfreu unsere Seele«, – was soll das bedeuten? denkt Eddy. Wenn Grischa ihn um irgendwas hätte bitten wollen, hätte er sich nicht so seltsam ausgedrückt. So reden die Kaufleute in alten Büchern und in den Stücken von Ostrowskij, die sie neuerdings in der Schule durchnehmen und die er verabscheut.

Wolodja holt seine Gitarre und zupft, wie alle Gitarristen, zuerst an den Saiten, um sie zu stimmen. Eddy-Babys Vater spielt viel besser Gitarre und kann sie auch schneller stimmen.

Als er fertiggestimmt hat, fragt Wolodja, was sie hören möchten.

»Sing uns doch mal ›Die Tage und Jahre vergehen‹«, sagt Grischa und präzisiert dann: »›Wein der Liebe‹.«

Wowa nickt, rutscht auf seinem Stuhl zurecht und faßt dann in die Saiten:

»Tage und Jahre vergehen. Und die Jahrhunderte fliehen.
Auch die Völker verschwinden mit ihren Sitten und Moden,
Unveränderlich treu allein
Bleibt der Liebe der Wein!...«

singt Wolodja und dann nickt er Grischa und Eddy zu, damit sie den Refrain mitsingen.

»Der bezaubernden Liebe Wein
soll die Freude der Menschen sein.
Wie Feuer erregt er die Triebe,
Der Wein der Liebe!«

Eddy-Baby und Grischa fallen im Chor ein. Und Eddy denkt, wie seltsam es doch ist, daß ein Lied mit einem so banalen Text – als Dichter kann er das schließlich beurteilen – trotzdem eine Wirkung auf ihn hat. Ihm ist gleichzeitig schwer und leicht ums Herz, weil die Jahre und sogar die Jahrhunderte vergehen, aber die Liebe wie eh und je die Einwohner von Saltow, Tjura und Charkow betrunken macht. Eddy-Baby denkt voller Zärtlichkeit an Swetka, an ihr Puppengesicht und ihre Gefallsucht. Liebe Swetka! denkt er, ich liebe sie.

14

Der wichtigste Sänger, Gitarrist und Akkordeonspieler in Eddy-Babys Leben war Witja Nemtschenko, ein blonder Junge mit Locken und grünen Augen. Aber im September war sein Vater aus dem Ural gekommen und hatte ihn aus Tjura, wo er bei seinen Großeltern lebte, weggeholt. Für Eddy war es sehr hart, daß Witja wegging. Er hatte nur zwei Jahre in Tjura gewohnt und befreundet gewesen waren sie noch weniger lang, aber Witja hatte etwas in Eddy-Babys Leben gebracht, was die anderen nicht hatten: Natur, Lieder, das Land, eine Bauernhütte, seinen Großvater und seine Großmutter.

Im Frühling waren sie in die gleiche Bank gesetzt worden. Nach der Schule fanden sie heraus, daß sie denselben Heimweg hatten. Gewöhnlich nahm Witja zusammen mit Wika Kosyrjewa und den anderen Schülern aus Tjura die Straßenbahn bis zur Haltestelle »Elektrostal«, dann gingen sie zu Fuß weiter.

An diesem Tag aber war Witja mit Eddy-Baby gegangen; sie wollten über den russischen Friedhof nach Tjura. Als sie bei Eddys Haus vorbeikamen, hatte der seine Aktentasche und den Beutel mit den Schlappen auf seinen Balkon geschleudert. In seiner, wie in allen Charkower Schulen mußte man am Eingang die Schuhe aus- und Schlappen anziehen. Nicht ganz grundlos vielleicht, denn die Schule ist im Frühling und im Herbst von einem Schlammeer umgeben. Aber für einen Mann ist es erniedrigend, in leichten Schläppchen herumzulaufen, findet Eddy. Wenn einem die Absätze und die schweren Stiefel, das unverzichtbare Gewicht an den Füßen, weggenommen wird, so ist das, als würde man seiner Männlichkeit beraubt!

Nachdem er sich von den verhaßten Schläppchen befreit hatte, war er mit Witja zusammen weitergegangen.

Auf dem Friedhof blühten schon die Obstbäume, und er sah aus wie ein verwilderter Obstgarten. Die beiden unterhielten sich beim Gehen. Die Sonne war schon so warm, daß Fliegen,

Hummeln, Schmetterlinge und Wespen herumschwirrten. Eddy-Baby hatte sogar seine schwarze Samtjacke, auf die nach dem strengen Schulreglement ein weißer Kragen aufgenäht sein mußte, ausgezogen und ging im Hemd, mit offenem Kragen.

In Tjura war es still und klar, es roch nach frischem Grün und alten Holzhäusern; aus den Schornsteinen kamen Rauchwolken in verschiedenen Farben. Das friedliche Tjura, auf seinen Hügeln, sah um diese Nachmittagsstunde aus wie mit Pastellfarben gemalt, den Landschaften der Impressionisten ähnlich, die Eddy-Baby in den großen Bildbänden bei Boris Tschurilow gesehen hatte.

»In ein paar Tage ist Ostern«, sagte Witja. »Siehst du die bunten Rauchwolken? Die Leute machen Selbstgebrannten. Der rosafarbene Rauch dort, das ist Birnenschnaps. Tante Galja macht den Schnaps immer aus Birnen.« Witja grinste spitzbübisch.

Eddy-Baby hatte keine große Vorstellung von Ostern. Er wußte, daß da hartgekochte Eier angemalt wurden, und daß die Kinder in der Schule ihr Ei gegen das eines Mitschülers schlugen. Jeder hielt sein Ei fest in der Hand und versuchte, das des Gegners so zu treffen, daß es kaputtging und das eigene ganz blieb. Dann bekam man das kaputte Ei und aß es auf.

Eddy-Babys Mutter hat vor kurzem auch angefangen, Eier zu färben: gelb mit Zwiebelschalen und lila mit Kaliumpermanganat, aber sie glaubte nicht an Gott. Seine Familie sei »synthetisch«, hatte sein Klassenlehrer, der Mistkerl von Jakow Lwowitsch, gesagt – weil sie keinerlei Wurzeln habe. Jakow Lwowitsch glaubte auch nicht an Gott, höchstens vielleicht insgeheim an den jüdischen, aber das war unwahrscheinlich, er war zu groß und zu stark, um an Gott zu glauben; über die »synthetische Familie« hatte er trotzdem in verurteilendem Ton gesprochen. War es etwa Eddys Schuld, daß sie seinen Vater als Angehörigen des Militärs bis vor sieben Jahren immer von einer

Stadt in die andere versetzt hatten und daß sie keine Verwandten besaßen, weil alle entweder gefallen oder jung gestorben waren?

»Was ist denn eigentlich Ostern, Witja?« fragte Eddy-Baby verwirrt.

»Na, das ist eben der Tag, wo Christus auferstanden ist, nachdem sie ihn ans Kreuz geschlagen haben«, erklärte Witja.

»Auferstanden?« sagte Eddy mißtrauisch vor sich hin, »was soll das heißen?«

Eddy-Baby kannte alle Einzelheiten der Reisen Livingstones durch Afrika, konnte mit geschlossenen Augen Seemannsknoten von beliebigem Schwierigkeitsgrad knüpfen, hätte sicherlich Vorlesungen über die Eroberung des Inkastaates und Mexikos durch die Spanier halten können; er wußte, daß sich bei einem Einbruch das Tragen von Gummistiefeln empfahl und konnte alle möglichen Schlösser knacken, aber über Gott wußte er sehr wenig.

»Auferstanden, das heißt, er ist wieder lebendig geworden«, erklärte Witja, »er war tot, und dann ist er wieder lebendig geworden.«

»Ich mag Gott nicht, das ist langweilig«, erwiderte Eddy, um sich zu rechtfertigen. »Ich war noch nie in der Kirche.«

»Aber mir gefällt Ostern«, sagte Witja. »Da ist immer schönes Wetter und allen geht's gut. Was machst du an Ostern?«

»Nichts«, antwortet Eddy bestürzt, »wir feiern nicht. Meine Mutter geht vielleicht zu ihren Nachbarinnen. Mein Vater ist Kommunist, der darf nicht; ist außerdem beim Militär und sowieso auf Dienstreise.«

»Komm doch zu uns«, schlug Witja vor, »meine Großeltern glauben an Gott, die dürfen auch, sie sind keine Kommunisten. Dir wird's bestimmt gefallen. Meine Großmutter hat schon ›Braga‹ angesetzt. Magst du Braga?«

»Hab' ich noch nie probiert«, sagte Eddy verlegen.

⑮

Eddy-Baby war Ostern zu Witja gegangen. Er hatte sogar ein weißes Hemd von seinem Vater mit provisorisch befestigtem Kragen angezogen und sein einziges Jackett; und in die Tasche hatte er für alle Fälle die Fliege gesteckt, die er von dem anderen Witja, von Golowaschow, geschenkt bekommen hatte.

Zu Ostern war Tjura noch schöner. Jetzt blühten in den kleinen Gärten auch noch die Obstbäume. Der alte Apfelbaum vor Witjas Bauernhaus war mit riesengroßen Blüten übersät und roch ungeheuer gut. Den großen Hirtenhund, mit den dicken Pfoten und imponierender Schnauze hatten sie hinterm Haus im Küchengarten eingesperrt. Aber er hörte von dort alles, und als Eddy sich dem Gartentor näherte, fing er an zu bellen.

Vom Haus her kamen Essensdüfte und ein leichter Papirossygeruch lag in der Luft. Man hörte Lachen und das Scheppern von Geschirr. Er hatte das Gartentor aufgemacht, war an dem Apfelbaum vorbeigegangen und Witja war ihm in einem Hemd, blau wie seine Augen, und schwarzen Hosen entgegengekommen. Seine kurzen, blonden Locken waren ordentlich gekämmt, und er duftete nach Eau de Cologne.

Das ist »Karmen«, dachte Eddy. Er war gut im Erkennen von Düften. Das hat er bestimmt von seiner Großmutter.

»Grüß dich!« sagte Witja, »Christus ist auferstanden! Komm laß dich küssen!« und er zog Eddy an sich.

Eddy hatte von diesem Brauch gehört und auch letztes Ostern gesehen, wie sich vor dem Bierkiosk zwei Männer küßten. Aber ihm war das peinlich; er küßte nur Swetka gern. Sogar seiner Mutter hatte er es schon vor langem verboten, ihn zu küssen. Aber in diesem Fall hatte er sich nicht entziehen können. Vorsichtig küßte er Witja. Nichts Besonderes passierte. Sie berührten sich flüchtig mit Lippen und Nase und gingen ins Haus.

Im Haus erwarteten Eddy-Baby noch ein paar Dutzend

solcher Osterküsse, denn um den Tisch im großen Zimmer saßen erstaunlich viele Gäste. Einige Umarmungen waren ihm keineswegs unangenehm, wie zum Beispiel mit einem großen hübschen Mädchen namens Ljuda. Ihrem Aussehen nach war sie vielleicht ein, zwei Jahre älter als Eddy-Baby und Witja. Ihre Lippen waren weich. Nachdem er alle am Tisch durchgeküßt hatte, war er schon ein Profi.

Danach hatte Witja ihn in den Flur geführt, um ihm das Bragafaß zu zeigen. Die Braga stand auch in Flaschen auf dem Tisch, aber Witja wollte ihm das Faß zeigen. Er hatte den Deckel abgenommen und das Mulltuch, mit dem das Faß bedeckt war, leicht hochgehoben. Eddy kam ein berauschender und säuerlich-frischer Duft entgegen. Das Faß war randvoll mit einer braunen Flüssigkeit.

Mit einer hölzernen Kelle füllte Witja zwei Gläser. Sie stießen an und tranken.

»Paß auf«, sagte Witja, »ich weiß, du kannst eine Menge vertragen, aber Großmutters Braga ist schlimmer als Wodka; sie ist trügerisch. Man trinkt und denkt, das ist ganz harmloses Zeug, aber es macht fürchterlich besoffen. Haut die stärksten Männer um.«

Sie gingen ins Zimmer zurück und setzten sich auf die Holzbank an den Tisch. Die anderen Gäste rutschten ein bißchen zusammen, um ihnen Platz zu machen. Als Gastgeber kümmerte sich Witja um Eddy, tat ihm von der Sülze auf den Teller, die seine Großmutter selbst gemacht hatte und dazu hellrot gefärbten, geriebenen Meerrettich.

»Das paßt gut zur Braga«, sagte Witja, »Großmutter macht alles selbst.«

In Tjura wird vieles selbst gemacht. Viele dort haben ihre eigenen Schweine, und ein paarmal im Jahr, für die Feiertage, schlachten sie und machen Wurst. Es gibt nichts Besseres, als hausgemachte ukrainische Wurst, wenn sie kalt, in ihrem festgewordenen Fett, aus dem Keller auf den Tisch kommt. Die

Tjuraer verdienen sich auch ein bißchen Geld dazu, indem sie ihr Obst und ihr Gemüse auf den Märkten verkaufen, und ihnen geht's viel besser als den Saltowern, weshalb die Saltower Habenichtse sie »Kulaken« schimpfen. Die Leute von Tjura sind alle Eingeborene, ihre Häuser sind uralt, schon ihre Großeltern haben darin gelebt. Sie sind fest verwurzelt. Das Saltower Bettelvolk dagegen kommt von überall her, auch aus den Dörfern vor der Stadt, um in den Fabriken zu arbeiten. An diesem Tag in Tjura hatte Eddy-Baby verstanden, was der Klassenlehrer Jakow gemeint hatte, als er sagte, seine Familie hätte keine Wurzeln, sei »synthetisch«.

Witja Nemtschenkos Wurzeln – seine Großeltern – erwiesen sich als sehr sympathisch und noch jung. Der Großvater war ein zweiter Witja, nur vierzig Jahre älter, mit genau den gleichen, blauen Augen, groß und knochig, noch größer als Witja. Wenn Witja noch wachsen sollte – Eddy selbst hatte durchaus die Absicht, noch etwas größer zu werden –, würde er genau wie sein Großvater werden, hatte Eddy gedacht. Aber der Opa war schüchtern, den Ton im Haus gab die Oma an.

Diese Oma, das war vielleicht eine Marke! Gegen Ende des Festes hatte Eddy, von den Tänzen und vom Trinken übermütig, sogar mit der Oma getanzt, obwohl er gar nicht wußte, wie man das macht. Die kleine Großmutter zog ihn mit einem Ruck von der Bank, schleppte ihn in die Mitte des Kreises und – zu seiner eigenen Verwunderung fing er an zu tanzen!

Als das Fest zu Ende ging, verschwand die Großmutter für eine Weile im Schlafzimmer, nachdem sie zuvor mit Witja, der im Zentrum der Aufmerksamkeit stand, weil er unermüdlich auf seinem perlmuttverzierten Akkordeon spielte, geflüstert hatte. Wie auf dem Dorf, ist in Tjura der Akkordeonspieler bei Festen die Hauptperson. Als die Großmutter zurückkam, setzte Witja mit der »Barynja« ein. Die Großmutter hatte eine Schirmmütze auf, ein kariertes Hemd an und, sicher von Witja, ein paar ganz supermoderne Röhrenhosen, unten zu lang und um die

Hüften zu eng. So als Bengel verkleidet und klein und rund, hatte sie ihre »Barynja« getanzt, wie eine Künstlerin von Klasse und dabei Kunststückchen gemacht, daß sogar der Onkel Wolodja Schitkow, der dazugesprungen war und mitmachen wollte, aufgeben mußte.

»Das ist eine Oma!« begeisterte sich Eddy. Er selbst hatte nur noch eine Großmutter, in Liski, in der Woronescher Gegend: Großmutter Wera. Aber er hatte sie nie gesehen. An dem Abend hatte er Lust bekommen, sie mal kennenzulernen. Vielleicht war sie ja auch so...

Zum Schluß hatte Eddy-Baby sich so wohl und froh gefühlt, daß er nochmal alle Gäste küßte, die erhitzte Ljuda eingeschlossen, die, wie er herausgefunden hatte, die Nachbarin von Witjas Großeltern war. Mit dieser Ljuda war Eddy-Baby zum Küssen in den Garten gegangen, unter den großen Apfelbaum. Und entweder war die Braga daran Schuld oder Ljuda, die er küßte, daß es Eddy-Baby – mit seiner Fliege, die er nach der ersten Hälfte des Festes umgebunden hatte – so vorkam, als duftete der Apfelbaum ganz wunderbar nach »Karmen«.

16

Nach Ostern war Eddy-Baby noch oft zu Witja gegangen. Die Großmutter machte ihre Braga nicht nur für Festtage. Kalt und braun, wie harmloser Kwaß, stand die berauschende Braga rund ums Jahr bei Nemtschenkos im Flur. Eddy erinnert sich an viele Frühlings- und Sommertage, an denen er neben Witja saß und leise summte, während der Freund Akkordeon spielte. Witja spielte auch Gitarre und lernte Trompete. Er träumte davon, Musiker in einem Restaurant zu werden, und Eddy-Baby fand es einfach schön, die Tjuraer Lieder zu singen, die er durch Witja kennengelernt hatte. Einige davon waren mindestens fünfzig Jahre alt, aber fast alle waren Gaunerlieder. Sie erzählten von Gefängnis, von der Freude dort herauszukommen und sogar von dem Vergnügen, wieder dorthin zurückzukehren. Und von Liebe war natürlich auch die Rede. Das Gefängnis und die Liebe, das war es, was die Geister und Herzen von Tjura erfüllte.

»Der Staatsanwalt fordert, daß man uns erschießt...«, sang Witja, und Eddy-Baby zog es das Herz zusammen. Er identifizierte sich total mit den Personen in diesem Lied, und es war ihm, als hätte der Staatsanwalt für Kostja und ihn die Todesstrafe gefordert, und als säßen Kostja, Grischa und er »auf der Bank im stickigen Volksgericht...«, wo »man sah, wie der Vorhang im Wind leicht sich regt und hörte wie eine Fliege vorüberfliegt...«

Trotz ihrer scheinbaren Banalität, waren alle Details des Liedes erstaunlich zutreffend. Eddy-Baby hatte sich schon mehr als einmal in einem Gerichtssaal aufhalten müssen. Da war es tatsächlich immer sehr heiß, und man konnte kaum atmen, weil die Luft vom vielen Kummer der Verwandten der Angeklagten, ihren Emotionen, Tränen, Klageschreien und Ohnmachtsanfällen durchtränkt war. Und Eddy kannte ganz genau die schreckliche Stille, die sich beim Erscheinen des Richters ausbreitete, wenn alle aufstanden und der Richter sich räuspert, um das Urteil zu verlesen.

Aber dann, was für ein Freudenausbruch, wenn es auf einmal »fünfzehn Jahre« hieß und nicht »Todesstrafe«.

Ich seh', der Verteidiger lächelt befreit,
Er hatte schon seine Pistole bereit,
Seh', wie der Richter herüberblickt
Der Hauptangeklagte wird nur auf 5 Jahre verschickt.
Die Mütter vor Glück in Tränen zerfließen,
Selbst die Wächter scheint das Urteil nicht zu verdrießen.
Doch dich, meine Schöne, mit dem blauen Blick,
Seh' ich nicht – wünschtest du mir kein Glück?

So eine Schlampe, die Blauäugige, denkt Eddy böse. Sie hat mich betrogen! Aber das macht nichts. Ich fliehe aus Kolima und dann räche ich mich. Jawohl, das werde ich! Tolik Wetrow ist geflohen, das heißt, daß es möglich ist. Ich komm' zurück und stell' mich drohend vor ihre Tür. »Na?« werd' ich sagen. »Swetka!«

17

»Wie Feuer brennt er im Blut, der Wein der Liebesglut!« beendet Wolodja sein Lied und legt die Gitarre auf das automatisierte Bett.

»Teuflisch gut, Wowa!« sagt Grischa, »echte Klasse!« Mit seinen gelben Fingern fummelt Grischa sich eine »Belomor« aus dem Päckchen. Noch auf einen Meter Entfernung stinkt er nach Tabak, er ist damit imprägniert, wie ein alter Opa.

Gelangweilt schenkt Wolodja Wodka nach. Wer ihn nicht kennt, könnte denken, seine Gäste hängen ihm zum Hals raus und er wünscht sich, daß sie verschwinden. Aber in Wirklichkeit hält er es keine halbe Stunde ohne Gesellschaft aus. Er langweilt sich allein.

»Prost!« sagt er, stellt dann aber unvermittelt sein Glas wieder auf den Tisch. Er hat die Musik vergessen. Er steht auf und macht das Tonband an: Glenn Miller. Nein, weg mit Miller, der paßt ihm im Moment nicht. Er läßt das Band zurücklaufen, man hört es rascheln, und wählt einen anderen Song aus: Mecky Knife, was »Messer« bedeutet. »Mecky Messer«. Eddy mag dieses Stück; vielleicht, weil Mecky Messer auch ein kleiner Gangster ist? Sicherlich. Das ist ein harter Typ! denkt sich Eddy während er zuhört. So muß ein Mann sein. Knallhart. Deswegen hat er immer sein Rasiermesser dabei.

»Prost!« ruft Wolodja wieder. Sie stoßen an und trinken ex. Unter dem Tisch stößt Eddy Grischa mit dem Fuß an: Es ist zwar gemütlich bei Wowa, aber Eddy war wegen Geld gekommen. Die Uhr, die bei Wolodja, wie bei allen Saltowern, die auf sich halten, auf dem Fernseher steht, zeigt auf Süd-West: es ist halb vier.

Grischa hüstelt und setzt an: »Wowa, wir haben da ein Problem. Könntest du uns nicht etwas Geld borgen, bis...« Er sieht Eddy an.

»Bis in einer Woche«, sagt Eddy. Er rechnet damit, daß Sanja vielleicht die Uhr verkauft, oder daß er nochmal bei jemand anderen Geld pumpen kann, bei besagtem Boris Tschurilow zum Beispiel, aber Wolodja würde seinen Zaster in einer Woche zurückbekommen.

»Wieviel?« fragt Wolodja knapp. Er ist unheimlich lakonisch. Ein echter Spartaner.

»Zweihundert«, sagt Eddy, genauso knapp.

»Nein, soviel hab' ich nicht«, schüttelt Wolodja den Kopf. »Ich druck' mein Geld nicht selbst. Ich hab' gerade einen Vorschuß kassiert und bin selber froh, wenn ich damit über die Feiertage komme. Wenn ich meinen Lohn kriege – kein Problem«, fügt er hinzu.

Die beiden Jungen sagen nichts.

»Tjaaa!« seufzt Grischa enttäuscht, »Schade.«

»Du weißt, daß ich kein Knauser bin, Grigorij«, betont Wolodja würdevoll. »Wenn ich die Kohle hätte, würdet ihr sie kriegen.«

Eddy-Baby findet, daß Wolodja tatsächlich kein Knauser ist. Bei ihm gibt's immer Wodka und mit dem Imbiß spart er auch nicht und wenn sie aus dem einen oder anderen Anlaß ein Fest feiern wollen, kauft er immer Champagner und Schokolade, weil er weiß, daß die Schüler wenig Geld haben, wenn sie keins stehlen.

Langsam kommt Eddy-Baby die Wirklichkeit finster vor, wie eine ewige Nacht. Er hat absolut keine Ahnung, was er jetzt noch unternehmen könnte. Soll er nochmal auf seine Mutter einreden? Ihr sagen, daß ihre verdammte Erziehungsmethode (er hat noch nichtmal eine Armbanduhr) ihren Sohn in die Kriminalität treibt, anstatt ihn zur Genügsamkeit zu erziehen?

Schon einmal ist ihm aus Wut auf seine Eltern so eine Geschichte passiert. Sie hatten ihm, wie jetzt, kein Geld gegeben. Also hat er ein paar Dutzend Kassenbons vom Gastronom auf dem Stalinprospekt gefälscht, und damit hat er dort, mit den Kumpels aus seiner Klasse, zwei Tage hintereinander Likör, Kuchen, Kognak und Schokolade eingekauft.

Der erfinderische Eddy hatte den Namen des Geschäfts, Datum und fortlaufende Zahlen, in eine Gummisohle geschnitzt und das Ganze dann auf eine leere Kassenzettelrolle gedruckt. Jascha Slawuzkij, ein Jude aus seiner Klasse, dessen Mutter in einem Geschäft in der Stadt als Kassiererin arbeitet, hatte ihm die Rolle beschafft. Das Funktionsprinzip dieser betrügerischen Handlung war einfach: Ausgangspunkt war die Tatsache, daß der Käufer die Ware zuerst an der Kasse bezahlen mußte. Wenn er zum Beispiel fünf Flaschen Wodka zu je 28 Rubel und 70 Kopeken erwerben wollte, dann ging er zur Kasse und bezahlte 143 Rubel 50. Dafür gab man ihm einen Bon, auf dem diese Summe vermerkt war. Mit dem Bon ging er zur Wein- und Spirituosen-Abteilung und sagte dort: »fünf Flaschen Wodka, bitte schön!« gab den Bon und erhielt dafür den Wodka.

Das Gastronom, das Eddy ausgesucht hatte, war groß, immer voller Leute, und in der Wein- und Spirituosen-Abteilung standen die Kunden ständig an. Meistens ging einer von den Jungs an die Kasse und bezahlte für hundert Gramm Bonbons, von der billigen Sorte. Das machte zum Beispiel einen Rubel zwei Kopeken. Mit dem Kassenbon lief er dann schnell hinaus, und im Hof hinter dem Gastronom tauchte Eddy-Baby seine Gummiziffern in eine extra besorgte Spezialtinte und setzte auf seine längst vorgefertigten und ausgerechneten Bons (immer über 150 Rubel, damit sich's lohnte), die Ordnungsnummer des Tages; angefangen mit der Nummer, die auf dem Bonbonkassenzettel gestanden hatte. Dann fabrizierte er noch ein paar Bons mit den nächsthöheren Zahlen; wieviele, das hing von der Anzahl der Leute ab, die mitgekommen waren, um sich zu versorgen.

Beim letzten Mal war es kalt. Eddy-Baby beeilte sich – seine Hände waren schon ganz klamm – und dabei hatte er wahrscheinlich eine der Zahlen falsch rum aufgestempelt, was bei einer Kasse, wo die Zahlen befestigt sind und sich nicht umdrehen lassen, niemals passiert wäre.

Die Verkäuferin, eine Dicke mit Brille, hatte den Bon schon auf den dafür bestimmten Stahlspieß gespießt, als – Eddy-Baby fühlte es mehr, als daß er es sah – ihr Blick plötzlich daran hängenblieb und sie mit ungewöhnlich liebenswürdiger Stimme sagte:

»Oh, ich hab' gar keinen Likör mehr, ein Momentchen, mein Kleiner, ich geh' welchen aus dem Lager holen.« Und sie bewegte sich in Richtung Kasse, von der sie etwa 25 Meter trennten. Den Bon hatte sie mit einer kaum merklichen Bewegung vom Spieß genommen, aber Eddy, dessen Nerven natürlich zum Zerreissen gespannt waren, nahm diese flüchtige Geste der Verkäuferinnenhände wahr und, nachdem er ein paar Sekunden abgewartet hatte, bis sie hinter einer Säule verschwunden war – das Geschäft war wie ein Palast gebaut, mit vielen Säulen – stürzte er Kunden und Kisten anrempelnd hinaus, seine Freunde hinterher.

Es gelang ihnen allen zu entkommen. Auf einem Platz, einen halben Kilometer vom Ort des Verbrechens entfernt, trafen sie sich wieder. Keiner hatte seine eben ergatterten Flaschen unterwegs aufgegeben, und jeder hatte was abgekriegt, außer Eddy, der der letzte war. So war doch noch mal alles gutgegangen. Unter dem Diebesgut befanden sich sogar zwei große Torten, die auf der Flucht leichten Schaden genommen hatten.

Aber den Trick mit den Bons hatte er natürlich aufgeben

müssen. Eddy-Baby dehnte seinen Aktionsradius nicht auf andere Geschäfte aus, wie er es ursprünglich vorgehabt hatte. Erstens brachten ihm die gefälschten Bons kein Geld ein, sondern nur Getränke und Lebensmittel, und zweitens hatten seine Freunde gesagt, daß die Sache gefährlich wäre, weil jetzt die Bullen aufmerksam gemacht worden seien, und sie den Bonbetrügereien bestimmt nachspüren würden.

Auch wenn es nicht gefährlich wäre – eine solche Operation würde mehrere Tage Vorbereitung erfordern, denkt Eddy voll Bitterkeit. Und außerdem wollen Plotnikow und seine Leute Geld sehen. Dort mit Fliege um den Hals zu erscheinen, Swetka mit ihren Petticoats an der einen Hand und eine Einkaufstüte voller Pullen in der anderen, das wäre lächerlich. Außerdem lohnt es sich sowieso nicht, die Zeit mit solchen Spekulationen zu verschwenden: an die Flaschen kommt er ja auch nicht mehr ran.

18

Eddy-Baby möchte gehen. Aber der kleinbürgerliche Sittenkodex der Saltower Proletarier zwingt ihn, noch wenigstens eine halbe Stunde bei Wolodja zu bleiben, aus »Anstand«. Damit Wowa nicht beleidigt ist.

Eddy hat den Eindruck, daß Wowa gar nicht beleidigt sein kann, daß ihm alles zutiefst gleichgültig ist. Aber er täuscht sich vielleicht. Sein Gesicht jedenfalls ist schlaff, gleichgültig und grau. Seine dunkelbraunen, feinen und schon schütteren Haare werden in der Mitte von einem überflüssigen Scheitel geteilt. Das ist nicht so ein Scheitel wie Eddys, sondern ein unordentlicher, der von selbst entstanden ist. Wowa hat rosa Lippen, mit Grinden darauf, kein schöner Anblick. Es hat schon seinen Grund, daß Boris Tschurilow ihn nicht ertragen kann. Der sagt, daß Wolodja auf die Jungs einen schlechten Einfluß ausübt, daß er ein Schleimer und ein Lump ist und irgendwann mal im Kittchen landet, weil er mit minderjährigen Mädchen schläft – ein Wüstling eben. Wowa macht die Mädchen betrunken und vergewaltigt sie dann, sagt Boris. Wenn die Mädchen ihm nicht nachgeben, schlägt er ihnen mit der Faust auf die Leber, und sie verlieren dann für ein paar Minuten alle Kraft. In der Zeit zieht er seinem Opfer die Hose aus und fängt an zu rammeln.

Boris hat Solotarjew sogar schon einmal gedroht, daß er ihm in die Fresse haut, wenn er nicht aufhört, Witja Golowaschow vom rechten Weg abzubringen. Der könnte nämlich ein sehr guter Ringer werden, wenn er nicht trinken würde. Witja geht oft zu Wolodja und besäuft sich mit ihm.

Wolodja seinerseits verabscheut Boris und nennt ihn einen »Wichser«. Und als Sektierer bezeichnet er ihn auch, aber wohlweislich nur hinter seinem Rücken, denn Boris' stählerner Körper läßt nicht daran zweifeln, daß er Solotarjew für den Rest seines Lebens zum Invaliden machen könnte, obwohl der Ringkämpfer eigentlich ein friedliebender Mensch ist.

Die Türklingel kündigt die Ankunft von einem oder mehreren Gästen an.

»Wer ist da?« fragt Wolodja durch die Sprechanlage und läßt sich auf sein Sofa fallen.

»Olga!« quäkt der Hörer, »und Muschka ist bei mir.«

Bei Olga und Muschka fragt er nicht, ob sie eine Flasche dabeihaben. »Drück auf den Knopf«, sagt Wowa. Einen Moment später platzen zwei Mädchen ins Zimmer. Eddy hat Muschka schon öfter gesehen und noch mehr über sie gehört, obwohl sie nicht miteinander bekannt sind. In die Saltower Geschichtsschreibung ist sie als Nutte eingegangen. Die Jungs aus Iwanowka, der dicke Witja Fomenko eingeschlossen, haben sie mehrere Male »im Chor« gefickt, das heißt, der Reihe nach. Zu diesem Zweck muß man sie mit einem halben Liter Wodka abfüllen und dann zieht sie sich gerne aus und macht die Beine selber breit. Olga ist ein Mädchen aus Eddys Schule, aus der Klasse über ihm. Sie ist größer als er und hat ein weißes, trauriges Gesicht; die anderen Jungs finden sie hübsch, Eddy nicht so.

Muschka hat eine Männermütze auf unter der wasserstoffgebleichte Haare hervorquellen. Sie trägt einen schwarzen Tuchmantel, sicher auch ein Männermantel, der ihr bis an die Knöchel reicht. An den Füßen trägt sie Stöckelschuhe mit Pfennigabsätzen und, ungeachtet der Novemberkälte, weiße Söckchen. Ihr Frätzchen ist ja ziemlich hübsch, denkt Eddy, aber es ist eindeutig ein Nuttengesicht. Unter ihrem Mantel hat sie ein ärmelloses schwarzes Samtkleid an, das in der Taille mit einem weißen Plastikgürtel zusammengerafft ist. Um den Hals trägt sie weiße Plastikperlen. Sie hat sich wohl extra schwarz-weiß angezogen, denkt Eddy. Das ist doch lächerlich!

»Grüßt euch, Kumpels!« sagt Muschka flott.

Als galanter Herr hat Grischa sich längst erhoben und schwänzelt um die Mädchen herum.

»Oh Muschka, wie Sie wissen gehöre ich schon seit langem zu Ihren Verehrern!« sagt er mit rostiger Stimme. Genauso wendet sich bestimmt sein Onkel, der Ex-Präsident der Saburka, an die Damen. Muschka gefällt Grischa sichtlich.

Eddy ertappt sich dabei, wie auch er seine ganze Aufmerksamkeit auf die Nutte Muschka konzentriert und der hübschen, aber mürrischen Olga in ihrem engen, dunkelgrünen Wollkleid kaum Beachtung schenkt. Bestimmt, weil Muschka so vergnügt ist, denkt er sich.

Muschka nimmt die Mütze ab und der gebleichte Pony fällt ihr in die Stirn. Wowa, der in der Küche verschwunden war, kommt mit einer Flasche Wodka zurück und nicht nur mit einem Teller, sondern mit einem ganzen Plastiktablett voller Appetithappen.

Das Tablett hat er eindeutig in der Milizkantine geklaut, stellt Eddy fest, als Wowa an ihm vorbeigeht. Dabei bemerkt er auch, daß Wowa sich umgezogen hat: seine Hausschuhe aus- und schwarze Schuhe mit Absatz angezogen.

»Ich hab' gerade meine Mutter mobilisiert. Sie macht uns was Warmes. Solange nehmen wir eine kleine Vorspeise«, verkündet Wowa, merklich besser gestimmt.

Er ist wie umgekrempelt. Verschlafenheit und Schlappheit wie weggeblasen. Er füllt zum zigsten Mal die Gläser, aber jetzt freundlich lächelnd wie ein Hausherr, der sich über seine Gäste freut, und ohne diese roboterhafte Gleichgültigkeit.

Grischa springt vom Stuhl auf, nimmt absätzezusammenschlagend die Pose eines Husarenoffiziers ein, und posaunt mit erstaunlich klangvoller Stimme: »Erlaubt mir, auf die Gesundheit unserer schönen Damen zu trinken!«

Muschka mit ihren lila Lippen lächelt kokett. Man sagt, sie macht's auch mit dem Mund, denkt Eddy, während er auf Muschkas Mund schaut. Sie nimmt den Schwanz von den Kerlen in den Mund und leckt dran, man nennt das: »Einen blasen«. Zigeuner-Slawa hat ihm das erzählt. Er ist davon ein großer Liebhaber. »Am besten machen's die Mädchen im Baltikum«, hat Slawa ihm erzählt, »weil sie sehr westlich sind, nicht so verdorft, wie unsere russischen und ukrainischen Weiber. Die baltischen Mädchen tragen auch andere Unterhosen, keine solchen häßlichen, lila oder rosa Pumper, die den Geruch von allen möglichen körperlichen Niederträchtigkeiten annehmen«, hatte Slawa gesagt und dabei das Gesicht verzogen.

Eddy-Baby betrachtet Muschka und versucht zu verstehen, wie es eine anscheinend so zarte Person, mit einem Dutzend Iwanower Rowdys »im Chor« treibt, und allen miteinander, den dicken Witja Fomenko inbegriffen, den Schwanz lutschen kann. Sie ist dreist, natürlich, aber ganz schmächtig und noch nichtmal fünfzehn. Eddy hat von einer ihrer letzten Heldentaten reden hören: sie ist durchs Fenster in ein Männerwohnheim eingestiegen und hat dort mehrere Tage lang mit den Männern gevögelt: eine Weile mit den vier Bewohnern des einen Zimmers, dann mit den vieren vom nächsten. Es heißt, sie hätte es wegen einer Wette gemacht und um Witja Kjukow, der in sie verliebt ist, zu ärgern. Witja hat goldene Zahnkronen. Er ist ein Einzelgänger und gefährlich; die Jungs haben Angst vor ihm. Aber Muschka springt mit ihm um, wie's ihr paßt.

Schließlich bemerkt Muschka, daß Eddy sie unverwandt anstarrt.

»Willst du mich kaufen?« fragt sie und schmiegt kokett ihre Wange an die Schulter. »Ich bin teuer«, und sie wendet ihm stolz ihr Profil zu.

Eddy-Baby dagegen hat sagen hören, daß sie eben nicht teuer ist, aber das behält er für sich, er lächelt nur. Bei Mädchen ist er schüchtern, außer bei Assja, aber die ist ein Freund.

»Er hat kein Geld«, sagt Wolodja auf einmal, »er ist gekommen, um welches von mir zu pumpen.«

So ein Dreckskerl dieser Wolodja! Eddy ist platt. Nach dem ungeschriebenen Gesetz von Saltow darf man so etwas nicht sagen. Für derartige Äußerungen kann man die Fresse vollkriegen und zwar randvoll. Einen Moment lang zögert Eddy, aber als er Grischas flehenden Blick sieht, beschließt er, die Beleidigung zu schlucken. Das macht man nicht, einen Jungen vor Mädchen zu entehren, indem man sagt, daß er kein Geld hat! Eine Beleidigung!

»Ich kenn' deine Swetka«, sagt Muschka plötzlich. »Wir sind seinerzeit zusammen in die Schule Nr. 136 gegangen. Wir waren sogar befreundet.«

Eddy ist ehrlich erstaunt. Swetka hatte ihm nie erzählt, daß sie Muschka kennt. Überhaupt ist ihm noch nie in den Sinn gekommen, daß Muschka irgendwann mal in die Schule gegangen sein könnte, mit Schulkleidung und Schürzchen...

»Ach ja?« ist alles, was er herausbringt. Wenn er rot werden könnte, hätte er jetzt bestimmt eine knallrote Birne gekriegt.

»Und du siehst süß aus!« sagt Muschka plötzlich quer über

den Tisch. »Müßtest nur längere Haare haben. Was hast du bloß für einen Kommißschnitt?«

Eddy wird immer verlegener.

»Ich hab' keinen Kommißschnitt«, sagt er, »das ist ein Scheitel, ist ein polnischer Schnitt. Wazlaw schneidet meine Haare, und der ist ein sehr guter Friseur«, rechtfertigt er sich.

»Ach was, wie ein Gefangener!« schießt Muschka zurück. »Vor der Revolution hatten die Gefangenen solche Scheitel. Eine Tolle würde dir gut stehen«, redet sie weiter und dabei legt sie den Kopf zur Seite und mustert Eddy ohne Umschweife. »So wie Elvis. Du hast denselben Gesichtstyp.«

Muschka hört auf zu reden und schaut Eddy mit vielsagendem Lächeln an. Sie reibt ihre Wange an seiner Schulter.

Gefalle ich ihr etwa? denkt Eddy erschrocken. Was für eine Nutte! So ein Biest! Er schämt sich, einzugestehen, daß ihm Muschka auch schrecklich gut gefällt, mit ihrem Pony, ihren zarten, nackten Schultern, im schwarzen Erwachsenenkleid...

Eddy dreht sich zu Grischa um, der mit Olga redet:

»Trinken wir einen?«

Olga lebt in einer Baracke am Bach. Sie ist arm, hat nur noch ihre alte Mutter und zwei jüngere Schwestern. Sie leben in der gleichen Baracke wie Slawa Panow und sein Großvater. Eddy weiß, daß Olga so schnell wie möglich heiraten möchte, um dem bedrückenden Barackendasein zu entrinnen. Sie hat auch schon einen erwachsenen Verlobten, viel älter als Olga und glatzköpfig.

»Trinken wir einen, auf geht's!« echot Grischa bereitwillig. Sie gießen ihre Gläser halbvoll und trinken ex, ohne auf Wolodja zu warten, der mit Muschka tanzt. Eddy sieht, wie sich Muschkas schmaler Rücken aufreizend in Wolodjas Armen windet. Jetzt fällt ihm auf, daß ihr Kleid am Rücken ausgeschnitten ist, und er entdeckt dort zwei leicht überpuderte Pickel. Während er die betrachtet, wird ihm aus irgendeinem Grund klar, daß Muschka tatsächlich im Chor vögeln kann und, schmatzend, sogar Witja Fomenkos Schwanz lutscht. Und irgendwie ist es ihm unangenehm zu sehen, wie Wowa sie mit seinen rosigen, grindigen Lippen auf den Hals küßt.

»Also ich geh'!« kündigt er an, »versuch' mein Glück woanders.«

Er möchte sich um die Verabschiedung von Muschka drücken, aber die hat bemerkt, daß er aufgestanden ist und seine Jacke angezogen hat und zieht Wowa zu ihm hin.

»Na, wir gehen wohl, kleiner Soldat?« fragt sie mit süßer Stimme.

»Wir gehen«, bestätigt Eddy. »Tschüß!«

Muschka, das freche Stück, hält ihm ihre, im Gelenk leicht abgewinkelte Hand hin, wie für einen Handkuß!

Das werde ich nicht tun! In Gedanken leistet Eddy Widerstand, aber gegen bessere Einsicht küßt er ihre Hand doch. Die duftet im übrigen köstlich nach irgendeinem Blumenparfum.

»Tschüß!« verabschiedet sich auch Wowa. »Tut mir leid!«

Grischa haut Eddy auf die Schulter.

»Tschüß, Alter! Komm morgen mal vorbei!«

Olga winkt ihm vom Tisch aus zu. Wahrscheinlich denkt sie auch jetzt gerade an den Tag, an dem sie ihren Glatzkopf heiratet und endlich ihre Baracke verläßt. Sie sieht zerstreut aus.

19

Draußen ist es schon dunkel und vom Himmel fällt zaghafter Schneeregen. Eddy ist es zum Heulen zumute. Er hat keine Ahnung, was er Swetka um acht erzählen soll. Man könnte vor Scham vergehen, mit diesen Geldgeschichten. Dieses gemeine Stück von einer Mutter! Wo sie doch Geld hat – was hätte es ihr schon ausgemacht, ihm 250 Rubel zu geben. Dann wäre jetzt alles in Ordnung. Alle seine Freunde kriegen dreimal im Jahr von ihren Eltern Geld: zum Ersten Mai, an Neujahr und zu den

Oktoberfeiertagen. Das ist eine Tradition. Die allerärmsten Arbeiter geben ihren Kindern Geld, damit sie »wie die anderen« sind. Und damit sie sich am Abend des Feiertages mit ihren Freunden treffen, einen trinken und zu Plattenmusik oder zum Tonband tanzen können. Sein Vater ist Offizier, verdient doppelt so viel, wie ein Arbeiter. Eddy ist ein Opfer ihrer verdammten Prinzipien. Völlig geknickt geht er die Materialistitscheskaja entlang, die am zweiten Feiertag wie ausgestorben ist und fängt unwillkürlich laut an zu schimpfen:

»Wir wollen, daß du ein ehrlicher Mensch wirst!« äfft er seinen Vater nach. »Ich möchte, daß du wie dein Papa wirst! Der hat nie etwas genommen, das ihm nicht gehört und nie seine dienstliche Position zu persönlichen Zwecken genutzt!« macht er die Stimme seiner Mutter nach.

»Scheiße! Ich will nicht sein, wie mein Vater!« schreit Eddy, dann schaut er um sich. Nein, niemand da. »Ihr wollt also, daß ich ein ehrlicher Mensch bin?« redet er weiter laut vor sich hin. »Gut, dann rückt die elende Kohle raus und zwingt mich nicht, in Kantinen einzubrechen und dabei fünf Jahre zu riskieren. Sascha Ljachowitsch zum Beispiel, der klaut nicht, weil seine Mutter und sein Stiefvater ihm erstens Geld geben, und zweitens auch erlauben, alle Freunde, die er will, mit nach Hause zu bringen, auch Mädchen. Und die kann er sogar über Nacht dabehalten, wenn er Lust hat. Das sind Eltern! Deshalb ist Sascha kein Krimineller. Ach, verdammte Kacke!« beendet Eddy seine Schimpftirade.

Er beschließt, an Boris Tschurilows Fenster vorbeizugehen. Da ist vielleicht Licht, er ist womöglich schon aus Schurawljow zurück. Bei Boris im Hof unter einem Vordach sitzen, in ihre Mäntel eingewickelt, Dominospieler um einen Holztisch und spielen eine Partie.

Diese Schwachköpfe denkt Eddy verachtungsvoll! Ob's regnet oder schneit, sie haben nichts anderes im Kopf, als ihre Dominosteine hin- und herzuschieben. Kommen von der Fabrik, futtern und ab, in den Hof, zum Domino. Bis spät in die Nacht spielen sie bei Hoflicht. In allen Saltower Höfen sitzen die Dominospieler. Boris lacht über sie, Eddy-Baby verachtet sie. Er verachtet überhaupt alle Arbeiter, außer Boris. Sie sind rückständig und total uninteressant. Die Repatriierten, das sind interessante Leute. Assja zum Beispiel. Ihre Eltern auch. Ihr Nachbar, Wiktor Apollonowitsch, auch ein Repatriierter, ist ebenfalls interessant, obwohl der wahrscheinlich nicht alle Tassen im Schrank hat. Selbst im Winter geht er ohne Mantel auf die Straße, in Frack, Fliege und Melone, wie eine Erscheinung aus den Märchen der Brüder Grimm... Sogar Katja Murawjowa ist interessant, denkt Eddy. Assjas Erzählungen nach, wollte sie sich eine Kugel in den Kopf jagen, aber dann ist der Schuß aus irgendeinem Grund ins Bein gegangen, deshalb hinkt sie jetzt. Aber immerhin wollte sie sich erschießen. Die Proletarier, die machen sowas nicht.

Eddy-Babys Verachtung erstreckt sich seltsamerweise nicht auf die Rumtreiber, die von Zeit zu Zeit in der Fabrik arbeiten. Die suchen sich nur unter dem Druck der Miliz eine Arbeit, bleiben nie lange auf einer Stelle und sehen zu, daß sie schnell wieder abhauen können. In der Regel arbeiten sie im Winter williger als im Sommer. Beim ersten Sonnenstrahl packt sie die Unruhe.

»Das Wetter ist gut – nimm deinen Hut!« sagt ein Saltower Sprichwort und so lassen sie sich im April gemeinsam wieder auf die Straße setzen.

»Nie geh' ich schuften!« murmelt Eddy wütend, als er an den Dominospielern vorbeigeht. Nachdem er um die Ecke gebogen ist, sieht er, daß Boris' Fenster hoffnungslos dunkel sind.

Eddy-Baby bleibt nichts anderes übrig, als nach Hause zu gehen und das Geld irgendwie aus seiner Mutter herauszupressen. Um sechs wollte Kadik kommen. Kadik kann es gut mit Raissa Fjodorowna; vielleicht gelingt es ihm, sie zu überzeugen, daß sie Eddy die Kohle gibt? Eine schwache Hoffnung steigt in ihm auf, und schaudernd von der naßen Kälte, die er plötzlich spürt, macht er sich auf den Nachhauseweg, Richtung Saltower Chaussee.

20

Die Diktatur der Erwachsenen, denkt Eddy, während er durch die finsteren Saltower Straßen trottet, wo er jeden Stein und jeden Baum kennt. Die Diktatur der Eltern und die Diktatur des Proletariats!

Eddy ist der Ansicht, daß die Erwachsenen sich mit Lappalien beschäftigen, daß sie mit wichtiger Miene Dinge tun, die vielleicht vollkommen überflüssig sind. Durch die Arbeit zum Beispiel versuchen sie ihre Schwäche zu überdecken. Eddy weiß, wie sehr seine Nachbarn aus der 1. Querstraße Nr. 22 die Schufterei hassen. Sascha Tschepiga ist mit Vorliebe krank und freut sich immer, wenn er nicht zur Arbeit braucht. Dann spielt er mit seinem Witja und dem buckligen Tolik Fußball, und das kann er den ganzen Tag machen, kann fürs Kicken sogar auf den Wodka verzichten. Wenn man beobachtet, wie die Einwohner von Saltow morgens um sieben unausgeschlafen, mit bösen Gesichtern, in einer traurigen Prozession zu ihren Fabriken ziehen, kann man nur zu dem Schluß kommen, daß sie ihre Arbeit hassen. Gut geht's ihnen nur an zwei Tagen im Monat: am Vorschuß- und am Zahltag.

Seit diesem Jahr hat Eddy-Baby ein neues Unterrichtsfach: »Die Verfassung der U.d.S.S.R.« Widerlich und öde! Eddy-Baby hat keine Lust, die Prinzipien der gigantischen Bürokratie des ersten Sowjetstaates der Welt auswendig zu lernen. Aber als intelligenter Knabe macht er sich Gedanken. Besonders überrascht hat ihn zum Beispiel, daß der Achtstundentag als eine der bedeutendsten Errungenschaften der Oktoberrevolution gilt. Vor der Revolution haben die Arbeiter scheinbar zehn, zwölf oder gar vierzehn Stunden am Tag gearbeitet. Meine Fresse! Was für ein Sklave muß man sein, damit man damit einverstanden ist!

Eddy weiß, belesen wie er ist, daß die primitiven Stämme in Neu-Guinea, wo der Forscher Miklucho-Maklai soundsoviel Jahre verbracht hat, und auch die in Afrika, Australien und Ozeanien, im Durchschnitt nur drei Stunden täglich arbeiten – das heißt jagen, Wurzeln und Früchte sammeln! Leck mich! denkt Eddy, wir werden doch echt für blöd verkauft! Eddy würde lieber unter primitiven Bedingungen leben und dafür wenigstens fünf Stunden weniger arbeiten, wenn überhaupt nicht arbeiten schon nicht geht.

Eddys Vater liebt seine Arbeit nicht. Seine Mutter auch nicht. Manchmal, wenn sie in Wut gerät, behauptet sie, ihr Familienleben würde durch den Beruf des Vaters zerstört und daß Eddy-Baby und sie ihn kaum zu Gesicht bekommen. Der Vater, den das Gejammer seiner Frau erbost, möchte dagegen mit gutem Recht wissen, wovon sie denn leben sollen, was essen und wie sich kleiden, wenn der ihr so verhaßte Militärdienst plötzlich aus ihrer aller Leben verschwindet.

Manchmal träumt Eddy-Baby, sie würden auf dem Land leben und sein Vater würde im weißen Hemd die Erde pflügen. So einen Vater hat er mal in einem ungarischen Film gesehen. In seinen Träumen haben er und seine Eltern ein ähnliches Haus, wie das von Witjas Großeltern, nur größer. Und auch seine Familie ist größer; es gibt noch andere Kinder außer ihm: Assja, Kadik und Witja... Und Witjas Großeltern sind seine Großeltern. Sie haben viele blühende Apfelbäume, Pferde und Gewehre, um sich zu verteidigen. Eddy will nicht von der Miliz beschützt werden, er kann sich selbst verteidigen.

Und fast immer wären sie weiß gekleidet. Niemand hätte Lust, in dunklen Fetzen herumzulaufen und jedes Kind hätte sein eigenes Zimmer. Eddy-Baby hätte endlich Platz, um seine Exzerpte, Hefte und Bücher auszubreiten und seine Landkarten aufzuhängen. Jetzt liegt das alles auf einem Haufen im unbenützten Badezimmer. Aber da ihnen die Installation von warmem Wasser versprochen worden ist, muß Eddy-Baby seine Siebensachen vielleicht in den Keller schaffen, wo seine Familie, wie alle Hausbewohner, ihre Kartoffelsäcke aufbewahrt und früher, bevor es Gas gab, Holz und Kohlen lagerte.

Eddy-Baby ist überzeugt, daß die Erwachsenen ein Spiel spielen, in vollem Ernst, an das nur die Hälfte von ihnen glaubt, vielleicht auch gar keiner. Er kennt seinen Vater genau, weiß, wie schwach er ist. Wenn man ihn aber in Uniform sieht, wie er mit seinen Orden und Medaillen, mit Mütze, Stiefeln und Reithose die Straße entlanggeht, dann ist er die reinste Verkörperung von Kraft und Macht! Dabei kann er bei seinen Vorgesetzten noch nicht mal eine eigene Wohnung durchsetzen! Wenn Eddy-Baby im Fernsehen die Gesichter der politischen Führer der Ukraine und der Sowjet Union sieht, ist er erstaunt, daß sie so beschränkt sind und wie Bauern sprechen. Bis sie 1953 den Fernsehapparat bekamen – einer der ersten in Charkow – hatte Eddy nie gesehen, wie sich die Machthaber seines Landes bewegen und sprechen. Jetzt, wo er sie sehen kann, ist er erschüttert. Warum ist Chruschtschow so ein Trampel und sieht aus, wie ein ukrainisches Schwein? denkt er. Gibt's denn im ganzen Land niemanden, der weniger häßlich ist und mehr Eindruck macht? Die örtlichen Funktionäre, mit denen er im Alltagsleben zusammentrifft, der Schuldirektor, der Milizchef, kommen ihm alle vor, wie abstoßende, grobe Provinzfaschisten, die sich über die Kinder und Halbwüchsigen nur lustig machen. Wen er an deren Stelle gerne sehen würde, davon hat er keine genaue Vorstellung, aber auf jeden Fall Leute mit mehr Niveau. Seine Eltern sind stolz auf ihr reines Russisch; wie soll da Eddy, der dieses reine Idiom übernommen hat, für einen fetten, schlechtgekleideten Kerl, der nuschelt und faselt, während er auf dem Bildschirm etwas vom Blatt liest, Respekt empfinden?

Eddy hat ein Heft, in das schreibt er die politischen Ämter und die Namen derjenigen, die sie bekleiden. Dieses Heft hat noch nie jemand gesehen; er versteckt es zusammen mit dem Roman, den er zu schreiben angefangen hat, im Keller, in einem Holzkasten, unter den Kartoffeln. Wenn es irgend jemand findet, ist das für Eddy-Baby das Ende und sein Vater bringt ihn dann vielleicht nach Kolima oder zum Erschießen. Denn in diesem Heft finden sich die Namen von Politbüromitgliedern, von Generälen, Ministern und Regionalkomitee-Sekretären, die man beseitigen muß. Liquidieren. Eddy-Baby findet, die Macht im Land müßten die Herumtreiber und Kriminellen haben. Anstelle der Diktatur des Proletariats müßte es eine Diktatur der Halunken geben. Schließlich sind die unbestreitbar höher entwickelt, geschickter und klüger als das Proletariat. Jeder Prolet weicht vor dem Messer eines Kriminellen zurück. Der Kriminelle ist immer überlegen.

Eddy-Baby würde über seine Idee gerne mit Sanja reden, aber er verschiebt es auf später. Das macht er, nachdem sie mit ihrer Bande den reichen Ljoscha ausgeplündert haben, damit Sanja ihn ernster nimmt.

Eddy-Baby ist überzeugt, daß sofort Chaos ausbricht, wenn man die führenden Köpfe eines Staates liquidiert. Währenddessen könnte eine gutorganisierte Bande die Macht an sich reißen. Vielleicht die von Kostja. Natürlich nicht jetzt gleich, sondern so in zwanzig Jahren. Und die Funktionäre, die muß man alle an einem einzigen Tag liquidieren.

Eddy-Baby hält seine Idee für durchaus realisierbar. Die Bolschewiken und Lenin hatten 1917 auch nur eine ganz kleine Bande. Trotzdem haben sie die Macht an sich gerissen. Kostja, der einzige Mensch, dem er von seiner roten Liste erzählt hat – rot, weil sie mit roter Tinte geschrieben ist – hat ihm gesagt, er wäre verrückt. Aber Eddy denkt, daß er Kostja mit der Zeit doch noch überzeugt, vielleicht, wenn sie beide erwachsen sind. »Warum bin ich verrückt?« hatte Eddy gefragt. »Es hat doch schließlich auch Alexander den Großen, Cäsar und Napoleon gegeben. Und vor ganz kurzem gab's Hitler und Göring, der dem Roten Sanja ähnlich sieht. Es gab nicht immer nur tausende von Onkel Wassjas, Saschas, Toljas und Iwans, langweilig und einer wie der andere. Hitler war ein großer Mann, Kostja, wenn er auch unser Feind war, stimmt's Kostja?« hatte Eddy gesagt.

Kostja hatte ihm geantwortet, ja, Hitler sei ein großer Mann gewesen und ihm persönlich gefalle die SS sehr, besonders wegen ihrer schwarzen Uniform, aber daß man verrückt sein müsse, um solche Sachen in Saltow zu planen. Und dann hatte er Eddy noch in seiner Eigenschaft als Anführer befohlen, niemandem sonst von seiner roten Liste zu erzählen und sie so schnell wie möglich wegzuschmeißen, noch bevor irgend jemand seine Nase reinsteckt.

Eddy hat seine Liste nicht weggeworfen, denn es hatte ihn viel Zeit gekostet, die Namen alle aus Zeitungen und Büchern herauszuschreiben und zu klassifizieren, wie er es gewöhnlich mit all seinem Wissen machte. Wäre schade gewesen um die viele Arbeit. Er hat seine Liste nur von dem Versteck auf dem Balkon in den Keller gebracht.

21

Vor dem Eingang zu seinem Treppenaufgang steht der bucklige Tolik Pereworatschajew; keine Möglichkeit sich an ihm vorbeizudrücken. Früher waren er und Eddy mal Freunde. Jetzt ist Eddy groß geworden, fast erwachsen, während Tolik klein geblieben ist. Sein Buckel hindert ihn am Wachsen, obwohl er ein Jahr älter ist als Eddy.

»Grüß dich Tolik, wie geht's?« fragt er etwas ungezwungener als nötig und merkt gleichzeitig, daß er übertrieben hat. Wie kann's einem schon gehen, wenn man sechzehn Jahre alt ist, bucklig und ganze 1 Meter 51 groß? Toliks Leben kann nur ein

Hundeleben sein; der falsche Frohsinn in seiner Stimme, als er mit Tolik spricht, ist Eddy widerlich.

»Es geht«, antwortet Tolik verwirrt. »Hab' ein neues Bild gemalt: Tschapajew, wie er sich im Ural-Fluß ertränkt. Willst du's sehen?«

Dazu hat Eddy nicht besonders viel Lust. Tolik macht nichts anderes als Tschapajew malen, manchmal auch den letzten Krieg, die Deutschen und unsere, aber meistens Tschapajew. Eddy hat schon hunderte von seinen Aquarell- und Buntstiftbildern gesehen: Der Held des Bürgerkrieges hat immer einen schwarzen Filzmantel an, wie ihn die Kosaken tragen, und einen Schnauzbart. Die Farben von Toliks Bildern sind sehr grell, so daß es direkt im Auge wehtut. Eddys Mutter sagt, daß Tolik wegen seinem Buckel geistig zurückgeblieben ist und eine Psyche hat, wie ein Kind, aber seine geschlechtliche Entwicklung ist normal, deshalb möchte er eine Frau. Aber wo kriegt er eine Frau her, mit dem Buckel? Deshalb wird der früher so sanfte Junge jetzt bösartig und brutal und belästigt, wie es die Nachbarin unter dem Gebot größter Geheimhaltung weitergesagt hat, sogar seine Schwestern Ljuba und Nadja, das Kind.

Toliks Bösartigkeit erstreckt sich nicht auf Eddy-Baby. Früher, als Kinder, haben sie zusammen eine Menge Seifenkisten gebaut und sogar ein paar Roller. Und als Eddy-Baby mit einer Lungenentzündung und 39 Grad Fieber im Bett lag, saß niemand anderer, als Tolik an seiner Seite und las ihm geduldig aus einem Reisebuch vor, um ihn vom Fieber abzulenken.

Eddy-Baby möchte Tolik nicht beleidigen, aber noch weniger hat er Lust in die ekelhaft heiße, fast feuchte Atmosphäre von Pereworatschajews Zimmer einzutreten, Vater und Mutter zu begrüßen, sich auf die stinkende Tagesdecke zu setzen und noch einen, seine Hände aus den Wogen streckenden Tschapajew zu betrachten.

»Ich würde gern, Tolik«, sagt Eddy, »aber bei mir oben wartet ein Freund. Morgen. Einverstanden?« verspricht er und haßt sich selbst dabei.

»Gut, dann morgen«, gibt sich Tolik zufrieden. Sein Gesicht hat eine gelbliche, beinahe schon grünliche Färbung und bestimmt weiß er, oder fühlt zumindest, daß sein ehemaliger Freund auch morgen keine Zeit für ihn haben wird.

Eddy rennt an dem Buckligen, der zur Seite ausweicht, vorbei und atmet, in seinem Stockwerk angelangt, erleichtert auf. Drumrumgekommen!

Seine Mutter ist nicht da. Sie hat noch nicht mal einen Zettel auf dem Küchentisch gelassen. Gewöhnlich tauschen Eddy und Raissa Fjodorowna Zettel aus. Die Abwesenheit einer Notiz weist unfehlbar daraufhin, daß seine Mutter wegen irgend etwas mit ihm böse ist. WESHALB DENN JETZT WIEDER? versucht er zu verstehen. Aber ihm fällt nichts ein, was er getan oder im Gegenteil nicht getan haben könnte, um den Unmut seiner Mutter zu verdienen.

Punkt sechs, wie versprochen, ist Kadik da. Er ist bester Laune und im übrigen sowieso selten schlecht gestimmt; Kadik ist ein lebensfroher Mensch.

»He, Mann, was gestern passiert ist!« ruft er schon auf der Türschwelle. »Das kannst du dir nicht vorstellen!«

»Kannst du dir das vorstellen?« oder »das kannst du dir nicht vorstellen...!« sind Kadiks Lieblingsausdrücke.

»Ljudka Schepeljenko hat's mit Georges getrieben! Erinnerst du dich an Georges, Eddy? Mit ihm hat sie's auf dem Tisch getrieben!« platzt es begeistert aus ihm raus. »Ach, was für ein schamloses Stück!«

Eddy-Baby unterbricht seinen Verzückungsanfall:

»Ich hab' das Geld nicht beschaffen können«, sagt er mit finsterer Miene, »ich weiß nicht, was ich jetzt mache...«

Kadiks Gesichtsausdruck verändert sich. Eddy weiß, daß Kadik ihm gern helfen würde, aber nicht kann. Wie denn? Er hat ja selber nichts. Gelegentlich macht er ganz gutes Geld mit

Platten, aber jetzt ist es schon einen Monat her, daß er die letzte Lieferung aus dem Baltikum bekommen hat.

»Ganz schön unangenehm, Mann«, sagt Kadik vorsichtig.

»Komm, wir trinken was«, schlägt Eddy bekümmert vor, und er holt eine Flasche Portwein vom Balkon. Normalerweise ist kein Alkohol im Haus, sein Vater trinkt überhaupt nicht, ihm wird von Alkohol schlecht. Auch für Gäste ist kein Wein vorrätig – die Eltern wollen Eddy nicht verwöhnen. Wenn Besuch kommt, geht seine Mutter Wein kaufen. Aber heute ist Feiertag.

»Und gibt's nichts zum Beißen?« fragt Kadik. »Ich komm' direkt von Judschin, war noch nicht bei mir zu Hause.«

Eddy holt aus der Küche ein paar kalte Buletten, Brot, zwei harte Eier und einen Teller voll kalter, zusammengeklebter Ravioli. Das alles stellt er auf den Schreibtisch, zieht für Kadik einen Stuhl her und setzt sich selbst auf die Schreibtischkante.

»Schöne Feiertage!« sagt er zu Kadik und sie stoßen an.

Der kalte Portwein brennt in Eddys Kehle, als wäre er kochend heiß.

»Ah, läuft gut runter, das Weinchen!« Kadik schüttelt sich und spießt dann mit seiner Gabel eine Bulette auf. »Mmmh!« macht er voller Genuß, als er den ersten Bissen runtergeschluckt hat. »Deine Mutter kocht viel besser, die kann kochen! Nicht so wie meine, die dumme Ziege!«

Kadik, der Dummkopf, kapiert nicht, was für eine gute Mutter er hat, denkt Eddy. Wenn ihr Koljetschka Geld braucht, setzt die Postbotin Himmel und Hölle in Bewegung, um es ihm zu beschaffen. Vielleicht merkt er gerade deswegen nicht, was er an ihr hat, weil sie immer alles für ihn tut. Laut sagt Eddy nur: »Spinn doch nicht, deine Mutter kocht wunderbar!«

»Ah!« fuchtelt Kadik mit den Händen, weil er sich den Mund mit Buletten vollgestopft hat, »sie kocht wie eine Bäuerin. Manscht alles zusammen, wie für die Schweine.«

Eddy vermutet, daß Kadik sich wegen seiner Mutter nur

deswegen schämt, weil sie Postbotin ist, und daß er mit Eddys Mutter deshalb so gut auskommt, weil er davon träumt, respektable Eltern zu haben. Der Offizier Wenjamin Iwanowitsch und die belesene Raissa Fjodorowna würden seinen Vorstellungen genau entsprechen.

»Komm, wir tauschen«, schlägt Eddy vor und gießt Portwein nach, »wenn ich so eine Mutter hätte, wie du, dann würden jetzt 250 Rubel in meiner Tasche stecken. Aber so, was soll ich machen?« schließt er voller Bitterkeit.

»Also, Mann...«, sagt Kadik, jetzt schon leicht gereizt, »sag halt deiner Swetka, daß du das Geld nicht gekriegt hast. Geht ihr eben ins Kino; danach könnt ihr entweder zu mir kommen, ich schick' meine Mutter zu den Nachbarn, oder wir gehen zu Wowa Solotarjew, trinken dort und tanzen. Was machst du denn für ein Tamtam wegen deiner Swetka! Eine vernünftige Braut versteht, daß ihr Typ gerade abgebrannt ist und wartet eben. Das Fest findet ein andermal statt. Sowas kommt schließlich vor«, sagt er nüchtern.

Eddy schweigt. Woher soll Kadik wissen, daß er große Angst hat, Swetka zu verlieren? Als echter Saltower Halbstarker kann er nicht zugeben, daß er Swetka wie wahnsinnig liebt, sie noch kein einziges Mal gevögelt hat und befürchtet, daß sie, wenn er sie nicht zu Sascha Plotnikow mitnimmt und auch sonst nicht ausführt, mit Schurik gehen wird. Obwohl sie ihm versichert, daß Schurik für sie genauso ein Freund ist, wie Assja für Eddy, glaubt er ihr, ehrlich gesagt, nicht so richtig. Er hat gesehen, wie Schurik sie manchmal anschaut. Woher soll Kadik wissen, wie hart es ist, so einen Schurik neben Swetka zu sehen? Außerdem ist er älter, arbeitet und hat Kohle. Und die Hauptsache ist, daß Eddy und Swetka nicht miteinander schlafen, sie sind also nicht richtig zusammen und Swetka schuldet ihm nichts. Wenn sie miteinander schlafen würden, könnte Eddy ihr verbieten, sich mit Schurik zu treffen, weil er, Eddy, es nicht will. Das alles kann er Kadik nicht erklären. Eddy ist in Saltow aufgewachsen, wo ein 15-jähriger schon ein Mann sein muß. Er hat sogar schon ein paar Mal heimlich geweint, nach einem Streit mit Swetka, aber das weiß natürlich niemand.

»Also, was machen wir?« fragt Kadik.

»Weiß der Henker«, antwortet Eddy abwesend.

»Laß uns doch ins Pobjeda gehen«, sagt Kadik, »da liest du deine Gedichte – und wetten, daß du den Preis gewinnst!«

»Und was ist mit Swetka?« fragt Eddy unentschlossen.

»Die nehmen wir mit«, entscheidet Kadik, »es wird ihr gefallen, daß ihr Freund, vor tausenden von Leuten den Preis fürs beste Gedicht bekommt. Mädchen lieben sowas!« Kadik ist ganz begeistert von seiner Idee. »Scheinwerfer, Mikrophone – und auf der Bühne ihr Macker! Uh!« macht Kadik, »du wirst in ihrer Achtung steigen!«

Vielleicht hat er recht, denkt Eddy, daß Swetka eitel ist, daran gibt es nicht den geringsten Zweifel. Vielleicht ist das gar keine schlechte Idee? Er wird sagen, daß er das Geld nicht zusammengekriegt hat. Ging nicht, basta. Sowas kommt vor.

»Gut«, sagt er, »gehen wir ins Pobjeda. Unser Scheißwecker ist stehengeblieben. Wie spät ist es?«

»Halb sieben«, meldet Kadik, »erst halb sieben und der Dichterwettbewerb ist für acht Uhr angesetzt.«

Er geht zur Balkontür, macht sie auf und schaut in die Dunkelheit hinaus.

»Sieh an«, sagt er zufrieden, »das Wetter hat sich gebessert. Es ist trocken; weder Schnee noch Regen; das heißt, der Wettbewerb findet statt, wie geplant. Wir haben haufenweise Zeit; können sogar bei Swetka vorbeigehen. Zieh dich an.«

Eddy-Baby kleidet sich nicht so festlich, wie er es für Sascha Plotnikows Fete getan hätte, aber seine Sonntagsschuhe zieht er trotzdem an. Zuvor umwickelt er seine Füße mit Zeitungspapier und zieht die Socken drüber. Zeitungspapier ist ein wohlerprobtes Mittel, damit man sich die Füße nicht abfriert. Das hat ihm Zigeuner-Slawa beigebracht, als sie letzten Winter bei strengem Frost in leichten Lederschuhen zum Tanzen gegangen sind.

Er zieht auch die extrem enge Sonntagshose an, sein weißes Hemd und die gelbe Jacke mit der Kapuze. Und in die Tasche steckt er die Fliege, für alle Fälle. Die bindet er vielleicht um, bevor er auf die Bühne geht. Wenn er überhaupt auftritt. Ehrlich gesagt, hat er davor ein bißchen Angst. Er ist noch nie vor tausenden von Leuten aufgetreten und bei Volksfesten im Pobjeda – das ist die offizielle Bezeichnung für diese Art von Veranstaltungen – versammeln sich ohne Übertreibung tausende und sogar zehntausende von Jungen und nicht mehr so Jungen. Unterwegs überlegt sich Eddy, daß es eine Sache ist, vor etwa hundert Leuten, am Strand, aufzutreten, wo seine Kumpels immer bereit sind, ihn, falls nötig, mit Beifall zu unterstützen und eine ganz andere, von einer Jury gehört und beurteilt zu werden. Und wenn er nun nicht den ersten Preis gewinnt? denkt er voll Schrecken. Was ist dann? Was sagt dann Swetka? Was Kadik?

»Vergiß das Heft mit den Gedichten nicht!« erinnert ihn Kadik, »ist natürlich besser, wenn du frei vorträgst, aber für den Fall, daß du was vergißt...«

Eddy faltet das Heft mit dem Samteinband zusammen und steckt es in seine Jackentasche. Er hat es selbst mit Samt beklebt, damit es nicht so gewöhnlich aussieht.

»Gehn wir«, sagt er zu Kadik, »holen wir Swetka ab. Ist sogar besser, daß wir zu zweit sind. Da ist es einfacher, ihr die Lage zu erklären. In deiner Gegenwart wird sie sich nicht trauen, mich anzuschnauzen.«

22

Es passiert etwas, womit Eddy überhaupt nicht gerechnet hat, etwas, das ihm in gewisser Weise entgegenkommt, ihn aber auch ganz schön hellhörig macht: Swetka ist nicht zu Hause.

Eddy-Baby und Kadik bleiben eine Weile mit ein paar Pimpfen, aus der Nachbarschaft, die Eddy alle gut kennen, im Hof sitzen und warten auf sie. Eddy hat mit ihr abgemacht, daß er sie hier gegen acht abholt. Aber als die Zeiger von Kadiks Uhr auf halb acht zeigen, beschließen sie loszugehen, damit sie rechtzeitig beim Pobjeda sind, um sich für den Wettbewerb einzuschreiben.

Als sie vom Bänkchen in Swetkas Hof aufstehen, wird Eddy bewußt, daß er zwar beunruhigt ist, gleichzeitig aber auch erleichtert, weil ihm die Erniedrigung erspart geblieben ist, Swetka darüber aufzuklären, daß er das Geld nicht hat auftreiben können. Eddy-Baby bittet die Kinder aus dem Haus, ihr zu sagen, daß er vorbeigekommen sei und wenn sie Lust habe, ihn zu treffen, solle sie ins Pobjeda kommen. Irgendeine Erklärung, warum er ins Pobjeda geht und nicht zu Plotnikow, hinterläßt er ihr nicht. Außerdem ist er sich irgendwie sicher, daß Swetka bis zur verabredeten Zeit, also bis acht, nicht zurück sein wird. Er macht sich keine Sorgen um sie, er weiß ja, daß sie mit ihrer Mutter nach Dnjepropetrowsk gefahren ist und ihr also nichts Ungewöhnliches passiert sein kann. Bestimmt hat ihr Zug Verspätung wegen dem Feiertag. Wenn der Zug eine oder anderthalb Stunden Verspätung hätte, würde ja alles bestens klappen – rechnet Eddy sich aus, während er mit Kadik in der überfüllten Straßenbahn zum Pobjeda fährt.

Am Pobjeda steigen fast alle Passagiere aus; die Straßenbahn fährt leer weiter. Direkt hinter der Straßenbahnhaltestelle beginnt ein brodelndes Meer von Menschen; wie jede Massenansammlung ist es inneren, völlig ungeordneten Strömungen unterworfen, die jedoch zweifellos irgendeinem allgemeinen Gesetz gehorchen. Einmal hatte ihn der Filmvorführer vom Pobjeda, Witja Schuk, mit hoch aufs Dach des Kulturzentrums genommen und ihm die Menschenmenge von oben gezeigt. Eddy war erstaunt, daß sie von hier einem gefährlichen Gebirgsfluß glich: an vielen Stellen war sie aufgewühlt, bildete Strudel, bewegte sich in mächtigen Strömen in eine Richtung, um dann plötzlich anzuhalten und in die entgegengesetzte Richtung zu fließen. »Du meine Fresse!« hatte er damals nur gesagt und noch am gleichen Abend versucht, ein Gedicht über die Massen zu schreiben. Darin hatte er sie mit einem Sturzbach verglichen, aber das Gedicht war nichts geworden, es gefiel ihm nicht.

»Komm, mach zu, du mußt dich einschreiben!« treibt Kadik ihn an, »los, komm!« und sie bewegen sich durch die Menschenmenge zu der breiten Treppe hin, die zur ersten Terrasse des unteren Stockwerks führt. Das Pobjeda ist wie der Parthenon konstruiert, nur viel, viel größer. Auf der Terrasse sind Mikrophone, Kisten mit elektrischen Apparaturen, die berühmten Verstärker, die Kadik so begeistern, und eine Tribüne für das Orchester, das gerade Pause macht, aufgebaut. Als Ersatz legt irgendwo im Hintergrund der unsichtbare Witja Schuk Platten auf. Gerade läuft der Modeschlager des Jahres mit dem Titel »Schwarzes Meer«:

Wer am Meer geboren ist,
Der liebt für immer
Die weißen Masten im Hafen und
Die Städte im Meerdunstgeflimmer...

singt eine süßliche Stimme aus sämtlichen Lautsprechern und Verstärkern auf dem Platz. An manchen Stellen tanzen die Leute, an anderen machen sie einfach nur Lärm, schreien und diskutieren.

Auf der Terrasse angekommen, kriechen Kadik und Eddy-Baby unter der Absperrung hindurch, die die Mikrophone und Instrumente umgibt, und gehen auf eine Gruppe von Leuten zu, die um einen Mann im schwarzen Anzug und Fliege herumsteht; das ist der Konferencier. Ein paar Ordner, gut genährte

Komsomolzen mit roten Armbinden, wollen sie aufhalten, aber Kadik erklärt ihnen mit fester Stimme: »Wir nehmen am Dichterwettbewerb teil!« und die Komsomolzen lassen sie zum Konferencier durch.

»Entschuldigen Sie bitte! Verzeihung!« sagt Kadik höflich, während er die anderen Leute frech und hartnäckig beiseite drängt. »Mein Freund ist ein hochbegabter Dichter aus Saltow und er würde gerne an Ihrem Wettbewerb teilnehmen«, wendet er sich würdevoll an den Konferencier.

»Herzlich willkommen!« antwortet der Konferencier ohne sonderliche Begeisterung, aber mit professioneller Höflichkeit. »Wessen Gedichte werden Sie denn lesen, junger Mann?« fragt er zu Eddy gewandt.

Der will gerade den Mund aufmachen, aber Kadik ist ihm schon zuvorgekommen: »Seine eigenen, natürlich. Was sonst sollte ein Dichter denn vortragen, außer seinen eigenen Versen?«

»Seine eigenen! Das ist sehr gut!« sagt der Konferencier und wird lebhafter. »Es haben sich schon zehn Leute angemeldet, aber die meisten von ihnen rezitieren die Gedichte berühmter sowjetischer und russischer Dichter. Lediglich...« er schaut auf die Liste, die er in der Hand hält, »lediglich vier lesen ihre eigenen Gedichte. Letztes Jahr waren es wesentlich mehr«, bemerkt er zerstreut, als wäre es ihm unerklärlich warum so wenige Dichter ins Pobjeda kommen, um ihre Verse vorzutragen.

»Aber Sie veranstalten doch einen Wettbewerb der besten Gedichte?« fragt Kadik.

»Eigentlich hatten wir einen Dichterwettstreit geplant«, bestätigt der Konferencier zögernd, »aber in Anbetracht der geringen Teilnehmerzahl, hatten wir daran gedacht, einen Vortrags-Wettbewerb daraus zu machen.

»Aber nein! Machen Sie einen Dichterwettstreit, wie angekündigt!« fordert Kadik empört. »In der Presse stand, daß es ein Dichterwettstreit ist«, wiederholt er streng.

Eddy vergißt sogar sein Lampenfieber, so hingerissen ist er von seinem Impressario-Freund. Wieder insistiert er, wie ein richtiger Verantwortlicher: »in der Presse stand...«

»Na ja, jetzt haben wir schon fünf Leute. Das ist zwar nicht viel, aber ich denke, genug, um einen Wettstreit zu veranstalten«, entscheidet der Konferencier. »Vier Dichter waren doch etwas zu wenig.«

»Das Publikum ist gekommen, um einem Dichterwettstreit beizuwohnen«, bestärkt ihn Kadik und weist mit großer Geste auf das Meer von Menschen unter ihnen hin. »Sehen Sie, sie warten und sind ungeduldig.« Die Menge ist tatsächlich unruhig, aber Eddy, Kadik und der Konferencier wissen ganz genau, daß die Poesie sie einen Dreck interessiert. Einen Zirkus hätten sie mit dem größten Vergnügen gesehen. Sie wollen Brot und Sensationen, Biomizin und Zirkus. Wenn man ihnen fässerweise Biomizin herschaffen und den regionalen Zirkus ins Pobjeda einladen würde, mit Bären, Elefanten und Clowns, sie wären die glücklichsten Menschen der Welt. Noch Jahre später würden sie sich daran erinnern, denkt Eddy und lächelt ironisch. Die jungen Leute kommen ins Pobjeda, um sich zu treffen, zu streiten, zu trinken und mit Freunden rumzualbern. Jedes Viertel hat auf dem großen Platz sein Territorium. Rechts von Eddy gehört die ganze Platzhälfte den Jungs von Tjura und Saltow: »uns«, denkt Eddy. Die linke Hälfte gehört den Plechanowern. Sie teilen sie mit denen aus Schurawljow, aber sie sind die Herren. Das bedeutet nicht, daß die Tjuraer oder Saltower die andere Hälfte nicht betreten dürften, aber offiziell versammeln sich die Banden jeweils auf ihrem Territorium. So ist es schon immer gewesen: das ist eine Tradition, die von Generation zu Generation weitergegeben wird.

»Ich würde mir ihre Gedichte vorher gerne mal ansehen«, wendet sich der Konferencier an Eddy. »Verzeihen Sie, wie heißen Sie übrigens, junger Mann?«

»Eduard Sawenko.«

Eddy stellt sich ungern vor. Er mag seinen Familiennamen nicht und träumt davon, ihn zu ändern, wenn er erwachsen ist.

»Also, Eduard«, sagt der Konferencier, »ich würde gerne mal einen Blick auf Ihre Gedichte werfen. Verstehen Sie mich nicht falsch, aber das ist so üblich«, sagt er umständlich.

»Die Zensur«, wirft Kadik spöttisch ein. »Zeig ihnen, was du zu lesen gedenkst!«

Zum Glück hat Eddy sein Heft mitgenommen, er blättert eine Weile drin herum, um die passenden Gedichte auszusuchen. Hier ist nicht der Strand; Gedichte über die Miliz und das Gefängnis lassen sie ihn hier nicht vortragen, was er braucht sind Liebesgedichte, die kommen überall gut an.

»Das hier«, zeigt er mit dem Finger, »und das auch«, er blättert um, »und das noch: ist ganz kurz.« Er gibt dem Konferencier das Heft. Der vertieft sich in die Lektüre.

Er liest mit professioneller Geschwindigkeit und nach ein paar Minuten gibt er Eddy sein Heft wieder zurück.

»Sie sind sehr begabt, junger Mann«, sagt er, »wirklich.« Ich bin angenehm überrascht. »Die meisten, die hier auftreten, sind«, er nimmt Eddy am Ärmel und zieht ihn etwas beiseite, »die Mehrzahl der Dichter ist – wie soll ich sagen – « er zieht eine Grimasse, »ist poetisch nicht besonders begabt. Und außerdem«, fügt er herablassend hinzu, »fehlt es ihnen an geistiger Kultur... verstehen Sie, was ich meine?« Er blickt Eddy in die Augen. »A propos: was sind Ihre Eltern?«

»Mein Vater ist Offizier und meine Mutter Hausfrau«, antwortet Eddy knapp. Trotz der Komplimente, gefällt ihm der Konferencier nicht. Er hat irgendwas Unangenehmes. »Kultursöldner« nennt er ihn in Gedanken.

»Genau das habe ich mir gedacht, genau das!« ruft der Konferencier erfreut. »Der Vater ist Offizier. Die Offiziere sind unsere sowjetische ›middle-class‹... Natürlich. Das ist klar«, sagt er.

»Und Sie, junger Mann«, wendet er sich Kadik zu, der

nähergekommen ist, um ihnen zuzuhören, »was die Zensur betrifft, haben Sie unrecht. Ich will die Zensur nicht wiederbeleben, die Stalinzeit liegt längst hinter uns, aber wir haben hier ein gigantisches Auditorium«, mit einer Armbewegung weist er auf den von Menschen schwarzen Platz, »zehntausende von Leuten... Nein, wir zensieren unsere Dichter nicht, wir sind nur ganz einfach verpflichtet, diese Menschen vor eventuellen Provokationen und Hooliganismus zu schützen. Wissen Sie, was zum Beispiel erst vor ein paar Monaten in der ›Ukrainischen Prawda‹ passiert ist?« wendet er sich dieses Mal an beide, an Eddy und Kadik.

»Nein«, antworten sie.

»Eine schreckliche Provokation! Und mit was für einem Geschick!« lacht der Konferencier giftig. »Die Redaktion der Zeitung bekam einen Brief aus Kanada. Darin schrieb ein junger Kanadier ukrainischer Herkunft, wie sehr er unser Land liebte, und daß er Arbeiter sei; er bat darum, seine Gedichte, in denen er das erste Land des siegreichen Sozialismus rühme und von seinem Haß gegen den Kapitalismus spreche, der die Werktätigen der Arbeitslosigkeit preisgebe, abzudrucken. Die Gedichte wurden gedruckt. Aber...«, die Stimme des Konferenciers ist nur noch ein leises Flüstern, »Eduard, Sie als Dichter sollten wissen, was ein Akrostichon ist. Nicht wahr?«

Eddy nickt.

»Also«, erklärt der Konferencier triumphierend, »es war ein Akrostichon. Und wenn man nur den Anfangsbuchstaben von jedem Vers las, kam der berühmte Aufruf von Petljura heraus: ›Wetzt eure Messer gegen die Russen, Polen und Juden‹. Da könnt ihr mal sehen, ihr jungen Herren... und Sie sagen: Zensur...«

Zufrieden mit sich selbst, entfernt sich der Konferencier, um den Beginn des Dichterwettbewerbs anzusagen.

Sogar Kadik ist erstaunt. Er lacht.

»Mannomann«, ruft er aus, »der Redakteur ist bestimmt verurteilt worden!«

Nicht, daß Kadik Mitleid mit dem Chefredakteur hätte, oder die hinterhältige Provokation des kanadischen Dichters gut fände, aber wie alle Einwohner von Saltow freut er sich, wenn die Obrigkeit eine Bauchlandung macht. Erst recht, wenn es sich um die »Ukrainische Prawda« handelt. Ein scheußliches Blatt, zu allem Übel auch noch auf Ukrainisch geschrieben – was man in Charkow für total verbauert hält. Kein Mensch will in eine ukrainische Schule gehen, deshalb zwingt man jetzt die Kinder in allen anderen Schulen, Ukrainisch zu lernen, obwohl der Unterricht auf russisch gehalten wird. Eddy-Baby lernt seit der zweiten Klasse Ukrainisch und kann es sehr gut. Aber wo soll er's sprechen? Auf dem Dorf vielleicht? Sogar in Alt-Saltow reden nur noch die alten Leute Ukrainisch. Die Jungen wollen nicht. In Kiew reden die Intellektuellen aus Snobismus so, sie stellen sich auf den »Kreschtschatik«, ihre Hauptstraße, und palavern ganz laut auf Ukrainisch. Aber wenn's ums Angeben geht, kann man genausogut Englisch sprechen. Assja ist bescheiden, sie brüstet sich nicht mit ihrem Französisch, obwohl sie es besser spricht, als jeder Französischlehrer, denkt Eddy.

In der Schule gibt's kein langweiligeres Fach, als ukrainische Literatur: ein endloses Gejammer über die Knechtschaft, nicht auszuhalten. Die Knechtschaft gibt's schon seit ewigen Zeiten nicht mehr, aber das Gejammer ist geblieben.

23

Eddy tritt als zweiter auf. Das ist gut, denn beim fünften Dichter sind die Zuhörer müde; dann fangen sie an zu pfeifen und verlangen Musik. Der erste Dichter, ein muskulöser Typ von etwa 25 Jahren, trägt sein Gedicht, das von einem Boxer handelt, miserabel vor. »Er ist bestimmt selber der Boxer«, flüstert

Kadik. Das Gedicht an sich ist gar nicht so schlecht. Natürlich imitiert er sowohl Jewtschenko als auch Roschdestwenskij, kann er ja ruhig, aber das Vortragen hat dem Jungen keiner beigebracht. Er nuschelt ins Mikrophon, wo man vor so einer Menschenmenge doch laut und deutlich sprechen muß.

Und man muß viel näher am Mikrophon stehen, analysiert Eddy die Fehler seines Vorgängers. Als der Dichter vom Mikrophon wegtritt, hört man nur spärlichen Applaus. Das hätte er viel besser machen können, urteilt Eddy. Gut vorgetragen wären seine aggressiven Verse über einen Boxer, der seinen Gegner K.O. schlägt, sicher bestens angekommen bei diesem Publikum von Halbstarken, das nichts auf der Welt mehr bewundert, als aggressive Kraft. Dummkopf! bedauert er seinen glücklosen Rivalen herablassend.

Der Konferencier kommt auf ihn zu.

»Möchten Sie, daß ich Sie als Saltower Dichter ankündige, Eduard?« fragt er lächelnd.

»Ja«, antwortet Eddy.

»Natürlich«, bestätigt Kadik. Er kann Saltow zwar nicht besonders leiden, begreift aber, daß dann alle Saltower auf Eddys Seite sein werden und der Applaus wesentlich stärker ausfallen wird. Welcher Saltower Patriot würde seinem Landsmann den Applaus verweigern?

»Und jetzt«, kündigt der Konferencier mit inniger Stimme an, »möchte ich Ihnen den jüngsten Teilnehmer unseres Dichterwettbewerbs vorstellen... den Dichter aus Saltow, wie er sich selbst nennt«, und hier macht er unvermittelt eine Pause, um dann plötzlich loszubrüllen: »Eduard Sawenko!«

Ja. Das ist ein Professioneller! denkt Eddy neidvoll. Ob man will oder nicht, den hört man. Sogar die ganz hinten, die noch hinter den Laternen der Straßenbahnhaltestelle im Dunkel stehen, haben den Namen des Saltower Dichters gehört und von überallher kommt ermunternder Applaus. Eddy und Kadik haben richtig gerechnet: auf dem Fest sind tausende von Saltowern. Als sie Eddy, der ans Mikrophon getreten ist, erkennen, fangen sie hier und da an zu rufen: »Ed!«. Dann wird auf der rechten Seite, da wo sich die Saltower Banden versammeln, im Takt geklatscht und wieder und wieder zur Aufmunterung »Ed! Ed!« gebrüllt.

»Könnt ihr mich hören?« fragt er laut und dreist ins Mikrophon. Seine Hände zittern, sein Mund ist trocken, aber er weiß, sobald er anfängt, zu lesen, ist die Angst wie weggeblasen.

»Ja, ja, wir hören dich!« schreit es aus der Menge zurück.

»Natascha! Lies Natascha!« brüllt plötzlich irgend jemand und andere Stimmen aus verschiedenen Richtungen greifen es auf:

»Komm, lies Natascha!«

Die Jungs haben ihn dieses Gedicht sicher mehr als einmal am Strand vortragen hören.

Natascha hat Eddy nach dem Osterfest bei Witja Nemtschenko geschrieben. Eigentlich hatte er nicht vorgehabt, dieses Gedicht zu lesen und es dem Konferencier deshalb auch nicht gezeigt. Aber jetzt, vor dieser Menschenmenge, denkt er: Warum eigentlich nicht Natascha? Das hat den Leuten immer gefallen. Er läßt eben die letzte Strophe wegfallen, wo von Gaunern die Rede ist, und für den Rest werden ihn der Konferencier oder der Ordnungsdienst ja wohl nicht von der Bühne holen. Lächelnd, spricht er die ersten Verse ins Mikrophon:

Wer ist's, die da vorne geht,
Ist das nicht Natascha?
In den Zöpfen Schleifen drin
liebliche Natascha!...

Die Menge wird still und hört ihm zu. Eddy sieht, daß nicht mal in den hintersten Reihen mehr geredet wird. Nicht wie bei dem Boxer. Man hört nur die Straßenbahn vorbeirattern und das rhythmische Klopfen von tausenden von Füßen. Die hören mir alle zu, die Saukerle! denkt Eddy begeistert. Er weiß, daß sie mehr als drei Gedichte nicht aushalten, dann werden sie zappelig, aber Natascha serviert er ihnen erstklassig, bei allgemeiner Stille, wie die Nationalhymne. Laut und klar spricht er weiter:

Der Wind weht frisch, mit Fliederduft
Sich alle Gärten zieren.
Am weißen Tag, im weißen Kleid
Gehst du raus, spazieren...

Er trägt zwölf Strophen vor und wiederholt zum Schluß die erste, mit zwei veränderten Versen:

Wer ist's, die da vorne geht,
Ist das nicht Natascha?
Schreitet voller Majestät,
Russische Natascha!

Der ganze Platz bricht in tosenden Beifall aus und Eddy versteht, daß ihm der erste Preis sicher ist, ganz gleich, was jetzt noch passiert. Also liest er noch zwei Gedichte vor und verläßt dann, die Bravo!- Weiter!- Weiter!- Rufe nicht beachtend, die Bühne.

»Alle Achtung!« sagt der Konferencier und geht aus irgendeinem Grund zum Du über: »Wirklich hervorragend! Ich bin sicher, die Jury gibt dir den ersten Preis. Hast du irgendwann mal an einem Schauspielkurs teilgenommen? Warst wirklich ganz große Klasse! Und deine Gedichte sind schön«, fügt er hinzu, ohne überhaupt zu erwähnen, daß Eddy ihm Natascha vor dem Auftritt nicht gezeigt hat. Sieger verurteilt man nicht. Dabei könnte es doch leicht sein, daß Natascha auch ein Akrostichon ist, und man beim Lesen des ersten oder letzten Buchstabens jeder Zeile irgendeine Schweinerei entdeckt, denkt Eddy grinsend; zum Beispiel: Leckt mich alle am Arsch!

»Mensch Kumpel, gratuliere!« schreit Kadik überglücklich

und haut Eddy auf die Schulter. »Siehste, alles läuft bestens, wenn du auf den alten Kadik hörst! Heute gehören uns die schönsten Mädchen!« jubelt er, »du brauchst nur zuzugreifen... Wenn Swetka nicht kommt, natürlich nur«, korrigiert er sich.

Die Worte seines Freundes holen Eddy auf den Boden der Wirklichkeit zurück und lenken ihn von dem größten Triumph seines 15-jährigen Lebens ab. Seine Intuition sagt ihm, daß irgend etwas nicht stimmt. Wäre diese Unruhe vor dem Auftritt dagewesen, hätte er gedacht, es ist Lampenfieber, aber jetzt fängt er langsam an zu glauben, daß Swetka etwas zugestoßen ist. Womöglich ist der Zug entgleist? denkt er mit Entsetzen, verjagt diesen Gedanken aber sofort wieder: Blödsinn, Züge entgleisen so gut wie nie! Genausogut könnte ihr ein Blumentopf auf den Kopf gefallen sein. Quatsch.

24

In der nächsten halben Stunde drückt Eddy mindestens hundert Hände und bekommt so viele anerkennende Schläge auf die Schulter, daß die ihm wezutun beginnt. Zusammen mit Kadik schlendert er durch das Menschengewimmel auf dem Platz. Sie begrüßen Bekannte, und ab und zu holt einer von denen aus den Tiefen seines Mantels eine Pulle und bietet ihnen einen Schluck vom ewigen Biomizin oder Portwein an. Das Ergebnis des Wettbewerbs wird nach der Pause bekanntgegeben. Die Jury, bestehend aus völlig unbekannten Kulturaktivisten und Funktionären, haben sich zur Beratung ins Innere des Kinos zurückgezogen. Aber alle seine Freunde sind überzeugt, daß Eddy gewinnen wird.

»Der erste Platz ist dir sicher, Mann«, sagt Kadik, »da kannst du ganz beruhigt sein. Ich hab' mir die anderen Dichter alle genau angehört, die haben keinen Biß. Du kannst von Glück sagen, Mann, daß unter denen keine Frau und kein Angehöriger einer nationalen Minderheit war, irgendein Tschuktsche oder Ewake, sonst wäre der erste Preis an die gegangen, auch wenn sie den größten Mist fabriziert hätten. Das ist zur Zeit die Strategie bei allen Volksfesten. Sie geben ihnen Preise, zum Ansporn, damit sie sich entwickeln.«

»Ja«, grinst der skeptische Witja Golowaschow, der gerade bei ihnen steht, »aus was besteht denn der Preis? Sicher irgendein Scheißdreck, ein Buch bestimmt!«

»Wenn sie einem Geld geben würden...«, sagt Eddy, »wenigstens ein bißchen!«

»Ich hab' mal beim Schießen einen Plüschbär gewonnen«, erzählt Kadik, »den hab ich einer Braut geschenkt, und dafür ist sie dann später mit mir ins Bett gegangen.«

Der lügt doch bestimmt, denkt Eddy. Das hat er ihm ja noch nie erzählt. Aber wenn er lügt, dann nicht wegen ihm, sondern wegen Witja; das ist verzeihlich.

Plötzlich hält jemand Eddy von hinten die Augen zu. Er versucht, sich zu befreien, aber die Hände sind stark. Nach einem kleinen Gerangel gelingt es ihm jedoch, seinen Gegner am Bein zu packen und ihn vor sich auf den Asphalt zu legen.

»Leck mich am Arsch!« sagt der Gegner mit leichtem Lispeln. Eddy erkennt Arkascha Jepkin, der sich lächelnd aufrappelt: »Mußt du mich gleich auf das verdammte Bitumen werfen?« fragt er, klingt aber ganz und gar nicht beleidigt. »Man merkt, hier haben sich die Ringer versammelt, lassen ihre Kraft raus!«

Die Ringer, damit sind Eddy und Witja Golowaschow gemeint. Witja ist ein erfahrener Ringkämpfer, das stimmt, er ist im dritten Rang. Eddy gilt dagegen noch als Anfänger.

»Und warum zum Teufel müßt ihr Boxer immer eure Pfoten vorstrecken?« antwortet Witja an Eddys Stelle.

Arkascha geht in Boxer-Position, und Witja nimmt die Ringerhaltung ein. Eine Weile hüpfen die beiden umeinander herum, in einem Ring, der von der Menge begrenzt wird. Das Publikum feuert sie mit Zurufen an: »Los Jungs! Zeigt, was ihr könnt!« Aber Witja und Arkascha haben gar nicht vor, aufeinander loszugehen. Nachdem sie eine Weile umeinander herumgehüpft sind und sich den Hof gemacht haben – so heißt das in Saltow – klatschen sie geräuschvoll die Handflächen gegeneinander und begrüßen sich:

»Grüß dich, Boxer-Null!« ruft Witja.

»Grüß dich, Ringer-Arsch!« erwidert Arkascha.

Die zwei haben Achtung voreinander. Witja gilt als Ringer mit Zukunft und Arkascha ist ein ausgezeichneter Boxer, obwohl er erst vor kurzem mit Boxen angefangen hat.

Es gibt drei Jepkin Brüder. Zwei sind schon Boxer, der dritte ist noch ganz klein, aber schwingt auch schon die Fäuste. Ihre Mutter ist Russin, der Vater ein »Tschutschmek« – wie die Saltower sagen: irgendein Asiate, Usbeke oder Kasache. Jedenfalls haben die Jepkins alle drei platte Asiatengesichter, schmale, listige Mongolenaugen, muskulöse, gelbhäutige Körper und ein ausgesprochenes Boxertemperament. Eddys Haut ist auch gelb, aber nicht so wie die von Arkascha Jepkin; außerdem sind Gesicht und Hände bei Eddy viel weißer als der restliche Körper.

»Bravo Ed! Friß deinen Schwanz!« grölt Arkascha. Als Sportskollege kommt er gelegentlich zur Bank unter den Linden, deshalb kennt er diesen idiotischen Spruch. Eddy nimmt's ihm nicht übel. Arkascha zieht ihn auf, aber wenn Eddy ihn braucht, hält er immer zu ihm, auch bei Schlägereien, obwohl es ihm als Boxer verboten ist, sich auf der Straße zu prügeln. Dafür kann er disqualifiziert werden.

In dem Moment tritt irgendein Glatzkopf ans Mikrophon, den der Konferencier als Schriftsteller Kotljarow vorstellt – wenn Eddy richtig gehört hat.

Kadik schaut verdrießlich. Er mag Jepkin nicht; vielleicht hat er sogar Angst vor ihm, denn er wird in seiner Gegenwart immer nervös. Jetzt fängt er schon wieder an, sich aufzuregen, denkt Eddy, gleich haut er ab. Kadik ist eindeutig eifersüchtig auf Eddys andere Freunde, und außerdem geht er den Bandenleuten aus dem Weg.

Nach einer mehrminütigen Rede, die der »Charkower Schriftsteller« ins Mikrophon nuschelt – sogar Kadik kann, trotz aufmerksamen Zuhörens, nichts verstehen – hört ihn Eddy-Baby seinen Namen sagen.

»Los geh hin!« schubsen ihn seine Freunde. »Du hast den ersten Preis! Na geh schon!«

Begleitet von Witja Golowaschow, Kadik, Jepkin und Ljona Korowin, Witjas unzertrennlichem Flaschenbruder, der sich gerade zu ihnen gesellt hat, drängelt sich Eddy zu den Stufen durch. Sie steigen über die Absperrung und streben zum Mikrophon.

»Nicht alle, nicht alle!« hält sie der aufgeregte Konferencier zurück, »nur Eduard! Eduard, geh bitte zum Genossen Kotljarow, und ihr wartet hier, Jungs.«

Er nähert sich dem »Charkower Schriftsteller«, von dem er noch nie etwas gehört hat, aber wen kümmert's.

»Meinen Glückwunsch!« sagt Kotljarow. »Ich darf Ihnen die Hand schütteln, Dichter Eduard Sawenko, und Ihnen die Siegerurkunde des Dichterwettbewerbs des Hauses der Kultur des Stalinbezirks überreichen.«

Urkunde? Zum Teufel mit eurer Urkunde! denkt Eddy. Und was ist mit dem Preis?

»Und jetzt Applaus für den Sieger des Dichterwettbewerbs, Genossen!« ruft der Konferencier, der herbeigehüpft ist, ins Mikrophon.

Die Menschenmenge klatscht lautstark ihre Hände zusammen, wie im Charkower Zoo die Pinguine ihre Flügelstummel. Vom Territorium der Saltower und Tjuraer Banden kommt eine ganze Weile Gepfeife und Gejohle. Eddy stopft die Urkunde in die Tasche und will gerade von der Bühne verschwinden, da erscheint in der Hand des Schriftstellers plötzlich noch ein kleiner, in rotes Papier gewickelter Gegenstand.

»Zusätzlich zu der Urkunde darf ich Ihnen, Genosse Sawenko, zur Erinnerung dieses Geschenk überreichen«, spricht der rosige Kotljarow.

»Bravo!« schreien Jepkin, Witja, Ljona und Kadik hinter der Absperrung, »so ist es recht!«

Der Schriftsteller übergibt Eddy das Päckchen, und sie schütteln sich von neuem die Hände. Die Menge, die sich für das Schauspiel schon nicht mehr interessiert, applaudiert schlapp. Eddy rennt die Treppe runter zu seinen Freunden. Jepkin nimmt ihm das Päckchen aus der Hand und fängt an, die Verpackung aufzureißen, während der Konferencier die nächste Attraktion ankündigt: Tauziehen.

»Ein Domino!« jault Jepkin enttäuscht. »Elende Päderasten! Könnten die nicht mal was schenken, was ein bißchen mehr Wert hat? Und wenn's nur ein kleines Radio wäre! Ein Domino!« wiederholt er voller Verachtung.

Sie sind einstimmig der Meinung, daß sich das Haus der Kultur knickrig gezeigt hat, und daß die Leitung das Geld, das für die Preise bestimmt war, garantiert in der Kneipe versoffen hat. Alle Teilnehmer haben ein Geschenk bekommen, bestimmt alle den gleichen Mist.

Jepkin pfeift, Ljona ebenfalls; Kadik und Witja pfeifen nicht, und Eddy schiebt das Dominokästchen gleichmütig in seine Tasche.

»Ich geb's Onkel Sascha, soll er mit seinen Kumpels Domino klopfen. Die alten Dominosteine sind schon vollständig demoliert. Sie knallen sie immer mit aller Kraft auf den Tisch. Manchmal geht's bei diesen Vertretern der Hammelherde ganz schön leidenschaftlich zu...«

Die Jungs drängeln sich durch die Menge.

»Wir müssen einen heben, den Sieg feiern«, schlägt Witja Golowaschow vor.

»Genau, das müssen wir begießen«, unterstützt ihn sein Busenfreund Ljona, »du mußt einen ausgeben, Ed!«

»Ich lauf' gleich mal ins Gastronom«, bietet sich Jepkin beflissen an. Damit versucht er seine ewige Geldlosigkeit wettzumachen. Seine Familie ist zahlreich und arm.

Eddy faßt in seine Jackentasche und zieht zuerst die zerknüllte Urkunde heraus, die Kadik gleich an sich nimmt und studiert, und dann Geld.

»Alles klar, ich lad' euch ein«, sagt Eddy und schüttet Jepkin das ganze Kleingeld, das er letzte Nacht aus der Kantine mitgenommen hat, in die Hand, zusammen mit den Einrubelscheinen.

»Das sind an die fünfzig Rubel, Jepkin. Kauf Biomizin davon!«

»Vier Flaschen?« fragt Jepkin.

»Wenn's dafür vier Flaschen gibt, dann nimm vier«, antwortet Eddy. Er ist zu dem Schluß gekommen, daß es sowieso schon auf zehn zugeht und Swetka mit ihrer Mutter bestimmt in Dnjepropetrowsk hängengeblieben ist. Dieser halbe Hunderter kann ihn auch nicht mehr retten.

Jepkin zählt das Geld nach. Witja legt noch was drauf, er ist immer bei Kasse.

»Heb das auf!« Kadik gibt Eddy die Urkunde zurück. »Die zeigst du Swetka, wenn sie wieder zurück ist, damit sie mal sieht, daß ihr Kerl ein anerkanntes Talent ist.«

»Woher zurück?« fragt Jepkin, »ist sie weggefahren? Ich hab' sie gestern doch gesehen.«

»Wie denn, gestern?« Eddy horcht auf. »Sie ist doch schon vorgestern morgen mit ihrer Mutter nach Dnjepropetrowsk gefahren, zu Verwandten.«

Eddy spürt plötzlich, wie die Angst wieder in ihm hochkommt, und obwohl er Jepkins Antwort schon im Voraus kennt, fragt er voller Hoffnung: »Du hast dich vielleicht geirrt? Hast sie nicht gestern gesehen, sondern vor ein paar Tagen...«

»Seh' ich aus wie ein Schlafwandler?« fragt Jepkin und schiebt seinen kurzgeschorenen Mongolenkopf nach vorn. »Ich hab' sie gestern abend mit einem anderen Mädchen und Schurik Iwantschenko aus dem Haus kommen sehen. Sie haben Einkaufstaschen geschleppt.«

Nachdem er das alles herausgeplappert hat, wird ihm klar, daß er einen Fehler gemacht hat, denn die anderen schweigen und sehen Eddy an.

Sie hat mich also betrogen, denkt Eddy, glatt und einfach betrogen. Nirgends ist sie hingefahren, mit Schurik hat sie die Feiertage verbracht. Eddy-Baby sieht Schuriks dünnen, blonden Schnurrbart vor sich. Er ist siebzehn. Eddy kommt es vor, als sähe er, wie Schurik Swetka küßt und dabei mit seinem Schnurrbart ihre Wange berührt. Für Eddy ist Schurik ein Sklave und Vollidiot, der sein ganzes Leben mit Schuheverkaufen verbringen wird, während Eddy große Dinge bevorstehen. Aber Swetka sieht ihn offensichtlich mit anderen Augen. Eddy sieht ihn so wie er ist: ein Schwachkopf und Zuhältertyp. Von denen heißt es in den Gaunerliedern:

»Möglich, daß in seidener Krawatte
Euch ein Freier grad die Lippen küßt...«

Stimmt genau, Schurik schniegelt sich und sogar eine Krawatte trägt er!

Verdammte Hure! Eddys Blut fängt an zu schäumen. Was soll ich jetzt machen? fragt er sich und bemerkt die Blicke, die auf ihn gerichtet sind.

»Geht ihr etwa noch zusammen?« fragt Jepkin schuldbewußt. »Ich dachte, das ist längst vorbei...«

»Also gehst du jetzt ins Gastronom oder nicht?« fragt Kadik böse, »wenn ja, dann los!«

»Ich geh'«, knurrt Jepkin zurück, »und du schnauz mich nicht an, sonst...«

»Wenn du nicht gehen willst, geh' ich«, sagt Kadik in versöhnlicherem Tonfall.

Jepkin geht und Kadik versucht, Eddy zu beruhigen.

»Soll sie doch zum Teufel gehn, Eddy! Du brauchst eine richtige Frau, nicht so eine Rotznase. Sie hat noch nicht mal vernünftige Beine. Streichhölzer sind das.«

Idiot! denkt Eddy traurig. Swetka hat die schönsten Beine der Welt: lang und schlank und überhaupt nicht wie Streichhölzer! Eddy kennt sie genau und wenn noch nicht so viel Fleisch dran ist, dann deshalb, weil sie erst vierzehn ist. Das kommt schon noch. Swetka ist schön, wie ein Traum. Was soll ich bloß machen? denkt er fiebrig, Schurik umbringen? Eddy sieht sich mit seinem gefährlichen Rasiermesser die verhaßte Fresse, den Schnauzbart, den Schlips in Stücke schneiden. Wssiii – wssiii – wssiii pfeift das Rasiermesser. Dunkles Blut quillt aus klaffenden Einschnitten auf Schuriks Wangen, Nase, Mund: »Du Dreckskerl, Schwein, Scheißkerl! Rühr meine Swetka nicht an!«

»Eddy! Eddy!« hört er aus weiter Ferne Kadiks Stimme, als käme sie aus Slawas Wladiwostok. »Eddy!«

25

Es ist nicht gerade leicht, unter Freunden zu sein und sich normal benehmen zu müssen, wenn einem zum Sterben elend ist. Eddy-Baby möchte sich auf der Stelle in die nächste Straßenbahn setzen, zu Swetka nach Hause jagen, Schurik umbringen, ins Gefängnis kommen und in einer Zelle allein sein, nur damit es nicht mehr so unerträglich ist. Stattdessen muß er sich benehmen wie ein Mann, damit die Jungs hinterher nicht erzählen, er hätte die Fassung verloren, als von Swetkas Verrat erfahren hat. Daß sie ihn betrogen hat, daran hat er keinen Zweifel mehr. Er hat es sowieso schon lange vermutet. Jetzt geht's nur noch darum, zu entscheiden, was zu tun ist.

Wieder vom Gastronom zurück, legt Jepkin Eddy die Hand auf die Schulter und lispelt schuldbewußt: »Wenn du willst, Ed, schlag' ich diesem Zuhälter die Fresse ein. Soll ich?«

»Laß nur«, sagt Eddy lässig, »ich komm' schon allein zurecht. Ist meine Sache.«

Das ist tatsächlich seine Sache, überlegt er, während er von dem Biomizin trinkt, den Jepkin gebracht hat. Sie sind in den Park gegangen. Die Bäume sind zwar herbstkahl, schützen sie aber doch vor einem möglichen Überfall der Miliz. An nationalen Feiertagen ist Trinken auf dem Platz verboten. Es ist seine Sache, wie er mit diesem hinterhältigen Dreckskerl, der sich als Swetkas Kumpel ausgibt, abrechnet: Und sie, sie ist eine Hure! denkt Eddy gekränkt. Mir hat sie Schurik vorgezogen! Mir!

Eddy-Baby hält beim Trinken die Flasche hoch gen Himmel, aber statt des dunklen Himmels und der nackten Baumwipfel, die eher Stacheldrahtknäueln ähneln, sieht er Swetka in ihrem lila Pettycoat-Kleid, in dem sie mit Rita zum Schulfest gekommen ist. Da haben sie sich kennengelernt. Und sie lachte ihr zärtliches Puppenlachen, als er sie in einem leeren Klassenzimmer küßte, und der Mond durchs Fenster auf Tafel und Kreide fiel. Seine Swetka. Wie hat sie das tun können?

Eddy fühlt einen ungewohnten Schmerz. Anders als der vor vier Jahren, nachdem ihn der sibirische Stier Jura Obejuk zusammengeschlagen hatte. Was ihn jetzt peinigt, geht tiefer. Als wäre ich innerlich mit einem Rasiermesser zerschnitten worden, denkt er verwundert. Kein Blut, von außen ist nichts zu sehen, aber das ganze Herz ist zerschnitten. Zum ersten Mal fühlt er diesen Schmerz, und er versteht überhaupt nichts, außer, daß er das Opfer einer Ungerechtigkeit geworden ist. Wozu? fragt er sich verständnislos. Warum?

Das einzige, was ihn davon abhält, zu schreien wie ein Tier, ist Punkt eins des simplen Ehrenkodexes der Saltower Halbstarken: Sich immer und überall wie ein Mann benehmen. Nur Mädchen weinen in der Öffentlichkeit, sagt sich Eddy, nur die geben zu, daß es ihnen schlecht geht. Ein Mann leidet und schweigt. Hätte Eddy die Lehre des japanischen Bushido gekannt oder die Philosophie der Stoiker, hätte er Marc Aurel oder

Yukio Mishima gelesen, dann hätte er gewußt, daß der Saltower Ehrenkodex von diesen nicht weit entfernt war; er hätte etwas gehabt, um seine Gedanken zu beschäftigen und sich durch die Betrachtung von Ähnlichkeiten und Unterschieden von seinem Schmerz abzulenken. Aber er hat von Bushido, Hagakure und den Stoikern noch nichts gehört, er empfindet nur Schmerz, einen primitiven Schmerz in seinem Innern, und vor Augen hat er Swetkas Puppengesicht und ihre kleinen, wunderbar weißen Brüste, die er manchmal berühren darf...

Als sie die Flaschen ausgetrunken haben, kehren sie auf den Platz zurück und mischen sich von neuem unter die Menge, die dröhnt, wie der Kessel eines riesigen Dampfschiffs. Kadik redet unaufhörlich auf Eddy ein: »Vergiß es Eddy! Mach dir nichts drauß! Komm, wir drehen eine Runde und schleppen ein paar Weiber ab, hm? Heute haben wir leichtes Spiel, die haben ja alle deinen Auftritt gesehen. Oder weißt du was?« Kadik legt sich noch mehr ins Zeug, »wir gehen auf die Sumskaja und machen einen drauf! Ich stell dir ein paar dufte Kumpels vor. Hm, Eddy?«

»Laß mich in Frieden, verdammt noch mal!« sagt Eddy plötzlich wie zu einem Fremden. Mit seinem Gequassel hindert Kadik ihn daran, an Swetka zu denken.

»Wie du meinst.« Kadik ist beleidigt. »Ich hab' dich ja nur eingeladen, damit du auf andere Gedanken kommst und nicht mehr an dieses spillerige Gör denkst, und du blökst mich an...«

Sie kommen nicht dazu, sich zu streiten, weil ein Junge aus Tjura auf Eddy zugerannt kommt. Alle Welt nennt ihn Dimok, aber eigentlich heißt er Dima und ist zwölf oder dreizehn Jahre alt; Eddy hat er mal als »alt« bezeichnet. Ganz außer Atem schreit er: »Wo zum Henker treibst du dich denn rum, Poet?! Tusik sucht dich schon lange. Er will mit dir reden. Los, komm«, und er zieht Eddy am Jackenärmel. »Tusik hat gesagt, ich soll dich ranschaffen.«

Als er den Namen Tusik hört, wird Kadik blaß, denn Tusik ist der oberste Bandenchef von Tjura. Er ist zwanzig; aber er drückt sich vor der Armee und lebt wer weiß wo; jedenfalls geht er nicht ohne sein riesiges deutsches Bajonett und ein Dutzend Leibwächter auf die Straße. In seinem Versteck wird er – wenn man den Gerüchten Glauben schenken darf – von seinen Leuten mit Schnellfeuergewehren bewacht. Wie dem auch sei, er ist ein rätselhafter und angsteinflößender Mensch. Warum ruft er Eddy? Wozu braucht er ihn?

»Und was ›Er‹ will, hat er nicht gesagt?« fragt Kadik umsichtig.

»Verpiß dich, du Lackaffe!« fährt Dima ihn an, »dich hat er nicht gerufen. Hau ab, zieh Leine!« fügt er verachtungsvoll hinzu.

Dimok ist eine berühmte Persönlichkeit. Er ist der Liebling von ganz Tjura und deshalb mit seinen zwölf Jahren schon ein furchtbar verdorbener Balg. Wenn die Tjuraer Rowdys sich mit jemandem anlegen wollen, schicken sie immer Dima vor. Der geht zu einem ausgewachsenen Kerl hin, mustert ihn von oben bis unten und rotzt ihm irgendeine Frechheit hin, zum Beispiel: »Los, du Sack, gib mir Feuer!« Da können es sich dann wenige verkneifen, ihm eins aufs Ohr zu geben. Und genau darauf wartet die Bande. Wie aus dem Boden gewachsen, ist sofort ein Dutzend Tjuraer Schläger zur Stelle und grölt: »Was, du Schwein, mißhandelst Kinder?!« Dann schlagen sie los. Und sie schlagen mit allem Verfügbaren – in der Beziehung sind sie nicht pingelig: mit Eisenstangen, Schlagringen, Ketten… Und wenn sich der Angegriffene als harte Nuß erweist, setzen sie auch ihre Messer ein. Wie stark einer auch sein mag, was kann er schon gegen eine Horde wildgewordener Halbstarker ausrichten? Selbst wenn er Weltmeister im Ringen, Boxen oder gar Jiu-jitsu wäre, was kann er gegen Schakale machen, die sich in immer neuen Wellen auf ihn stürzen? »Gegen Steinigung gibt's keine Verteidigung«, sagt ein Tjuraer Sprichwort.

Und Dimok, die Ratte, hüpft bei solchen Gelegenheiten

immer um das Opfer herum und versucht, ihn mit dem Absatz ins Gesicht zu treten oder es wenigstens ein bißchen zu zerschneiden. Dafür hat er eine spezielle, an einem Holzschaft befestigte Klinge. Die bringt keinen um, aber die Visage kann man einem damit für den Rest des Lebens verunstalten.

»Bleibt hier, Leute, ich geh' alleine«, sagt Eddy zu Kadik, Witja und Ljona. Jepkin ist schon lang gegangen, er hatte ein Rendezvous.

»Obacht!« ruft Kadik ihm nach, mehr kann er in Dimoks Gegenwart nicht sagen.

Eddy-Baby hat keine Angst um sich. Tusik rührt ihn nicht an. Er hat Respekt vor dem Roten Sanja und wird sich seine guten Beziehungen zu dem nicht verderben, indem er seinen besten Freund vermöbelt. Das wäre absurd. Aber was will er von ihm?

Eddy und Kostja verachten Tusik insgeheim. Sie verstehen nicht, wieso er, mit den mehr als hundert Leuten, die er befehligt, keine kapitaleren Dinger dreht, sondern sich damit begnügt, Randale zu machen und auf dem Woroschilow Prospekt wehrlose Passanten zusammenzuschlagen und auszurauben. »Er ist ein mieser, kleiner Bandit«, hat Kostja mal über ihn gesagt, aber seine Armee würde er gerne übernehmen. Tusik herrscht nämlich über ein ganzes Heer von Schlägern, und sein Name versetzt alle Mädchen in Eddys Schule in Schrecken. Obwohl, Sascha Tischtschenko hat Eddy mal erzählt, Tusik wäre verheiratet.

26

Dimok und Eddy tauchen aus der Menschenmenge auf, und Dimok hüpft auf die haushohe eiserne Umzäunung zu, die den Hof des Pobjeda vom eigentlichen Platz trennt. Eddy folgt ihm. Der Zaun besteht aus dicken, fünf bis sechs Meter hohen Eisenstangen, die schwarz angestrichen sind und oben in lanzenförmigen Spitzen auslaufen. In alten Zeiten haben die Heiden die Christen auf solche Lanzen gespießt. Die Türken müssen das gewesen sein. Schurik, das Schwein, gehört auch da aufgespießt, denkt Eddy haßerfüllt.

Die Tore sind mit einer Kette verschlossen, mit der man einen Elefanten anketten könnte. Trotzdem geht Dimok unbeirrt auf die Umzäunung zu. Erst als er näher dran ist, sieht Eddy, daß eine Eisenstange fehlt und man durch die Lücke problemlos in den Hof kriechen kann. Das tun sie: zuerst Dimok und nach ihm Eddy.

Eddy sieht Tusik und seine Bande sofort. Die Jungs sitzen auf den Stufen einer Treppe, die genauso aussieht, wie die auf der Vorderseite des Pobjeda. Sie haben sich malerisch um ein eindeutiges Zentrum gruppiert: ihren Anführer. Nach dem hellerleuchteten Platz kann Eddy sich zuerst schwer an den dunklen Kinohinterhof gewöhnen, wo die Bande bestimmt absichtlich alle Laternen liquidiert hat. Dem konstruktivistischen Konzept folgend, sind auf dieser Seite keine Fenster angebracht worden.

Der Wind pfeift in den Bäumen und in dem kahlen Gebüsch entlang des Zauns. Es ist seltsam still. Nur ab und zu weht der Wind das Dröhnen des Menschenmeeres auf dem Platz herüber. Es rollt heran und fließt wieder zurück...

Zwanzig oder vielleicht dreißig Leute sitzen auf den Stufen. Tusik, ein pausbäckiger Junge in schwarzem Lederjackett und weißem Hemd, von dem sich seine rötliche Gesichtsfarbe scharf abhebt, hat ein Mädchen mit weißblonden Haaren und knallig roten Lippen im Arm, das Eddy nicht kennt.

»Blinzel nicht so, Poet! Komm her!« spricht Tusik ihn an.

Der hat's gemerkt, der Hund, denkt Eddy. Sieht man etwa, daß ich kurzsichtig bin? Witja Golowaschow sieht zwar wesentlich besser, blinzelt aber viel mehr als Eddy. Der versucht, es zu vermeiden.

Tusik befreit sich aus der Umarmung des Mädchens, steht auf und gibt Eddy die Hand.

»Grüß dich, Poet!« Seine Hand ist breit und kräftig. Es heißt, er ist stark wie eine Maschine. Wie es sich für einen Anführer gehört, denkt Eddy voller Hochachtung. Obwohl er säuft wie ein Pferd und keinen Sport macht.

Eddy-Baby sieht Tusik zum ersten Mal aus der Nähe. Äußerlich hat er nichts Besonderes. Vielleicht sieht er einem gut genährten Matrosen aus dem Film »Optimistische Tragödie« ähnlich. Er ist nicht sonderlich groß, aber ebenso massig wie ein Gorilla aus dem Zoo. Er sieht auch nicht böse aus, obwohl, seinem Ruf und seinen Taten nach muß er bösartig sein. Ehrlich gesagt, Eddy hatte ein von Narben verunstaltetes Gesicht mit einer schwarzen Augenklappe erwartet, wie bei Stevensons Piraten.

»Das ist Kocha«, stellt Tusik das weißblonde Mädchen vor. Sie reicht Eddy eine kleine, heiße Hand.

»Ich heiße eigentlich Galja. Kocha ist mein Spitzname.«

»Hier, schluck das, Poet«, Tusik hält ihm eine Flasche hin und sagt, auf das Mädchen deutend: »Dein Gedicht über Natascha hat ihr gefallen. Kannst du genauso eins über Galja schreiben?«

Eddy fällt der Stein der Ungewißheit vom Herzen. Jetzt ist alles klar: Tusiks Mädchen hätte gern, daß man ihr zu Ehren ein Gedicht schreibt. Swetka hat ihn auch schon mehr als einmal darum gebeten. Eddy weiß, die Frauen sind eitel, dagegen ist nichts zu machen. Nachdem er einen Schluck Wodka genommen hat, antwortet er schulterzuckend:

»Klar, kann ich. Warum nicht?«

»Was für einen Preis haben sie dir denn gegeben?« interessiert sich Tusik. Er nimmt Eddy die Flasche aus der Hand und setzt sie selbst an.

»Ach Mist«, sagt Eddy zögernd, »...Dominos.«

»Ganz schön mies, da hast du recht«, grinst Tusik. »Als generös kann man die nicht gerade bezeichnen. Ich zahl' in klingender Münze, du mußt nur schreiben! Sie hat wahnsinnig Lust auf ein Gedicht über Galja.«

Eddy hat den Eindruck, daß es ihm ein bißchen peinlich ist.

»Aber so schnell kann ich das nicht«, sagt Eddy sicherheitshalber, »ich brauch' Zeit.«

»Aber sicher doch«, stimmt Tusik zu. »Mußt auf die Inspiration warten. Bis wann kannst du's machen?«

»Eine Woche brauch' ich oder vielleicht zwei«, entscheidet Eddy.

»Gut«, sagt Tusik. »Denk daran, daß ich dich bezahle, du machst es nicht umsonst! Setz dich!« fährt er fort, aber jetzt mit ganz anderer Stimme, als hätte er damit den offiziellen Teil beendet und würde nun zu den Zerstreuungen übergehen. »Warum stehst du noch?« Er wirft die schon leere Wodkaflasche auf die Seite, und sie zerschellt irgendwo im Dunkeln auf dem Asphalt. »Setz dich, jetzt rauchen wir einen Joint. Timur!« ruft er.

Ein schlacksiger, braunhäutiger Kerl, mit finsterer Miene und Soldatenmantel ohne Knöpfe, der ein bißchen weiter oben sitzt als sie, beugt sich zu Tusik herunter und hält ihm eine Papirossyschachtel hin.

»Das war die Lieblingsmarke von Josef Wissarionowitsch«, witzelt Tusik.

Tatsächlich steht auf der Schachtel in Goldbuchstaben zu lesen: »Herzegowina Flor«. Das ganze Land weiß, welche Papirossy der Vater des Volkes geraucht hat, sogar noch fünf Jahre nach seinem Tod.

»Aber da drin«, redet Tusik weiter, »ist was ganz anderes.« Er öffnet die Schachtel und nimmt eine Kippe raus. Dimok, der zu seinen Füßen sitzt, hält ihm augenblicklich ein schon brennendes Feuerzeug hin. Wie ein Taschenspieler.

»Die sind mit Hasch gestopft«, klärt Tusik Eddy auf. »Timur ist in Tadschikistan geboren. Dort kriegt man Haschisch und Opium anstelle von Tee zum Frühstück. Da!« Tusik hält Eddy eine Zigarette hin. »Weißt du, wie das geraucht wird?«

Da Eddy schweigt – er will nicht zugeben, daß er noch nie in seinem Leben Haschisch geraucht hat – hält Tusik es für nötig, ihm eine kurze Einführung zu geben: »Du mußt's ganz tief reinziehen, so tief du kannst und dann halt den Rauch an, so lange wie möglich, anders wirkt's nicht.«

Eddy hat viel über Haschisch gehört, aber das ist das erste Mal, daß er welches sieht. Er nimmt den Joint aus Tusiks Händen. Äußerlich ist es eine ganz normale Zigarette, nur der Geruch ist ungewöhnlich schwül. Er nimmt einen Zug, wie Tusik es ihm erklärt hat, aber mit Vorsicht.

»Na, wie steht's?« fragt Tusik gut gelaunt, »wirkt es? Fühlst du irgendwas, Poet?«

»Nein, nichts«, antwortet Eddy enttäuscht., »Ich merk' nichts.«

Tusik saugt den Rauch mit solcher Kraft in sich rein, daß man zusehen kann, wie die Zigarette kürzer wird. Kein Wunder, bei dem Brustkasten, denkt Eddy voller Bewunderung.

»Da, nimm noch einen Zug«, sagt der Anführer und gibt Eddy die Zigarette. »Mir ist schon ziemlich wohl geworden«, meldet er mit völlig veränderter Stimme.

Eddy zieht nochmal und spürt wieder nichts, außer dem Kippengestank und einer unangenehmen Bitterkeit in der Kehle.

»Na gut«, entscheidet Tusik, »wenn's nicht wirkt, brauchen wir den Stoff nicht zu verschwenden. Hol dir von den Kumpels Wodka!« und er nickt mit dem Kopf zu den Jungs hin, die weiter oben sitzen.

Eddy steigt ein paar Stufen hoch, und ein Junge im kurzen Schafspelz, ohne Ärmel und Kragen, hält ihm eine Flasche hin.

Eddy trinkt und schaut sich die Gesichter an. Er kennt niemanden. Diese Leute gehören bestimmt zum Kern der Bande. Eddy kennt hauptsächlich die weniger gefährlichen Jungs, die beim Teich, im Viertel von Witja Nemtschenko, wohnen und in die Saltower Schule gehen. Tusiks Leute sind alle älter und wohnen außerdem sicher am anderen Ende von

Tjura, an der Grenze zu Schurawljow, sonst würde er sie kennen.

»Und wie geht's mit der ›Ware‹? Kommen die Gedichte da gut an?« fragt der Junge im Pelz und reicht Eddy ein Stück Schmelzkäse. »Da, iß was! Ich hab' gehört, Jessenin war ein enormer Ficker, und er hatte immer einen Haufen Nutten um sich rum.«

»Die Ware«, das sind im Charkower Slang die Mädchen. Eddy denkt verbittert, daß seine »Ware«, Swetka, seine Gedichte liebt, oder besser geliebt hat, aber nicht viel davon begriffen hat. Ihre Mutter versteht sie wesentlich besser, obwohl behauptet wird, daß die eine Prostituierte ist. Sie mag Eddy.

Laut sagt Eddy etwas ganz anderes:

»Die ›Ware‹ beißt am liebsten an, wenn sie Moos sieht. Und sie hat gern ein angenehmes Leben. Einen besseren Köder gibt's nicht.«

Für Eddy klingen seine Worte sehr traurig, aber die Jungs lachen. Ihm wird wieder die Flasche hingehalten und dieses Mal nimmt er einen gewaltigen Schluck, damit er weder an Swetka denkt, noch an seine Mutter, noch an sonst irgendwas. Zum Teufel mit denen! Hier und jetzt fühlt er sich wohl.

»He Poet«, ruft Tusik, »komm her!«

Eddy steigt zum Anführer hinunter.

»Halt sie mal warm, solang ich mein Wasser abschlage!« sagt Tusik lachend und löst sich von seiner Freundin. »Setz dich!«

Ein bißchen verblüfft über die seltsame Einladung, bleibt Eddy zögernd stehen und weiß nicht, was er machen soll. Die Situation fängt an, ihm zu mißfallen. Tusiks Stimme klingt schon besoffen, nicht mehr besonders deutlich. Eddy-Baby denkt an den durchgedrehten Sergeanten und seine Schwarzarsch-Soldaten.

»Setz dich, setz dich!« sagt Tusik und zieht ihn auf die Stufen runter. »Sie will's so. Setz dich hin, du gefällst ihr!«

Der Anführer geht schwankenden Schritts die Treppe runter

zum Zaun, um zu pinkeln. Seine Biene Galja-Kocha lacht im Dunkeln.

»Hast du Angst?« fragt sie Eddy-Baby.

»Nein«, lügt Eddy, »weshalb sollte ich?«

»Vor ihm haben alle Angst«, sagt Galja und lacht wieder, »außer mir. Umarm mich doch, wenn du keine Angst hast. Mir ist kalt!« ruft sie in geheucheltem Jammerton.

Eddy-Baby legt einen Arm um Galjas Schultern und umschlingt die Frau des Anführers. Sie ist glühend heiß, stellt er fest. Sie könnte eher jemanden warmhalten.

Galja wendet ihm ihr Gesicht zu, und Eddy sieht sie das erste Mal aus der Nähe. Sie ist nicht so jung, wie er zuerst geglaubt hat. Sie ist alt! Garantiert über zwanzig! Vielleicht sogar fünfundzwanzig. Die meisten Mädchen in Tjura haben sich auf blond gefärbt, aber die Frau des Anführers ist echt, das sieht man an ihren hellgrauen Augen; oder vielleicht sind sie auch hellblau, Eddy-Baby ist sich nicht sicher, weil es dunkel ist.

»Was guckst du mich so an?« fragt Galja.

»Ich studier' dich«, antwortet Eddy schlagfertig. »Ich soll ja ein Gedicht über dich schreiben.«

Galja lacht.

Mit leerer Blase kommt Tusik zurück.

»Jetzt hast du sie eine Weile gehabt. Das reicht«, sagt er gönnerhaft und tätschelt Eddy den Nacken. »Sie muß jetzt sowieso nach Hause. Willst du sie begleiten?«

Eddy-Baby hat Angst vor der Freundin des Anführers, er möchte sie nicht nach Hause bringen. Außerdem muß er unbedingt heute noch Swetka sehen und sich mit ihr aussprechen, sonst denkt er, sobald er alleine ist, nur noch an sie, und sein gebrochenes Herz tut ihm wieder weh – oder was es sonst ist, was ihn so schmerzt. Die Seele? Die Medizin behauptet, daß die menschliche Seele nicht existiert; also was tut ihm dann weh?

»Ich kann nicht. Ich hab' eine Verabredung«, quetscht er heraus und präzisiert dann: »eine geschäftliche.«

»Du bist ein beschäftigter Mann, Poet«, sagt Tusik mit einer Stimme, in der auch Drohung mitschwingt. Eddy beginnt zu begreifen, daß Tusik nicht so simpel ist, wie er zu Anfang geglaubt hat. Jedenfalls weiß er genau, wie man mit Untergebenen umspringt. Alles was er sagt, scheint einen doppelten Sinn zu haben; es ist gleichzeitig Drohung und Ermutigung und macht einen nervös und ratlos.

»Schorka, Wladimir Iljitsch!« schreit er, »bringt sie heim!«

Von Wladimir Iljitsch hat Eddy gehört. Dieser Junge aus Tjura ist schon seit dem Alter von fünfzehn, oder so, glatzköpfig, und die Leute sagen, er sieht dem jungen Lenin ähnlich, daher also der Spitzname. Jetzt, im Dunkel, kann Eddy ihn nicht genau betrachten, außerdem trägt Wladimir Iljitsch eine weiße Mütze, die er tief ins Gesicht gezogen hat.

»Bis bald, Poet!« verabschiedet sich Galja und küßt Eddy auf die Lippen. Er hat gar keine Zeit, zu kapieren, was vorgeht, da ist das Mädchen des Anführers, in Begleitung der zwei Kerle, schon verschwunden.

»Ich hab' doch gesagt, du gefällst ihr«, grinst Tusik. »Und jetzt wird getrunken!« schreit er, »Sascha! Spiel uns das Lied von Ljolja!« Zu seiner Überraschung entdeckt Eddy plötzlich, daß ein bißchen näher am Zaun, dort wo es dunkler ist, ein Klassenkamerad von ihm sitzt: Sascha Tischtschenko, mit einer Gitarre.

Mit rauher Stimme, ganz anders als in der Schule, fängt Sascha an zu singen:

Ljolja Komsomolzin war. Jaja!
(und die Jungs wiederholen im Chor: Jaja!)
Verehrt von einer ganzen Gauner-Schar. Jaja!
Kaum geht die Sonne unter,
Geht sie in die Stadt hinunter,
Und die Bande Gauner hinterher. Jaja!

Eddy-Baby kennt das Lied; es bringt ihn immer durcheinander. Die Bande treibt's mit Ljolja »im Chor«, bloß wird nicht klar, ob Ljolja einverstanden ist, oder ob sie jedesmal vergewaltigt wird. Das Lied klingt eher so, als würde sie vergewaltigt, aber warum heißt es dann: »verehrt von einer ganzen Gauner-Schar?«

»Ihr Rock ein Fetzen, nirgends ganz,
In ihrer Möse steckt ein Schwanz
Und Grischa, der Anführer, feixt!«

Hier macht Sascha eine Pause und Tusik bricht plötzlich in ein besoffenes Lachen aus... Sascha singt weiter: Ljolja wird im Chor gevögelt, wie Muschka... Da kommt ein »alter Rettich« und will auch mal ran. Die Bande sagt zu ihm:

»Alter Rettich, was treibt dich her?
Klappt's zu Hause denn nicht mehr?
Setzt die Alte sich zur Wehr?«

Darauf antwortet der »alte Rettich« draufgängerisch (Sascha trägt die Arie des Alten mit näselnder Stimme vor):

»Bürger, zerbrecht euch den Kopf nicht darüber,
Vielleicht ist mir meine Alte ja über?
Dann hat er ein Kreuz gemacht,
Und sich über Ljolja hergemacht.«

»Jaja...!« wiederholen die Rowdys drohend und fuchteln mit den Flaschen...

27

Eine Stunde später wälzt sich die Bande, die sich noch vergrößert hat, den Woroschilow Prospekt hinunter. Die Tjuraer gehen zurück nach Hause. Tusik ist inzwischen grauenhaft besoffen. Er stützt sich schwer auf Dimok und Eddy-Baby, und ab und zu brüllt er: »Bring' ich denn heute wirklich niemanden um?« Sein berühmtes Bajonett hat er unter Jacke und Hemd in seinem Hosenbund stecken. Wie macht er's, daß er sich damit nicht in den Bauch spießt? wundert sich Eddy. Ist bestimmt Gewohnheit.

Eddy ist auch betrunken, freilich aber keinesfalls so wie Tusik. Er hätte sich schon längst von der Bande verabschieden können, aber er geht – er weiß nicht warum, aus Eitelkeit wahrscheinlich – an der Spitze der Tjuraer Rowdys, ihren Anführer stützend, auf dem Woroschilow Prospekt an den Straßenbahngeleisen entlang, vorbei an gründlich hinter Hecken versteckten ein und zweigeschossigen Privathäusern. Die Leute vom Woroschilow Prospekt leben abgesichert: überall hört man Wachhunde knurren und bellen.

»Leg' ich denn heute wirklich keinen um!« brüllt Tusik wieder und packt seine Begleiter am Hals. Sein Hemd ist aus der Hose gerutscht und hängt unter der Jacke hervor. Sein Gesichtsausdruck ist angsteinflößend, Eddy möchte ihn nicht zum Feind haben.

Die wenigen Passanten, die die Bande von fern hören (– ein paar Jungs, die vor jugendlicher Kraft strotzen, reißen aus den Zäunen Pfähle heraus und werfen Pflastersteine auf die Wachhunde oder in die Fenster, deren Läden leichtsinnigerweise nicht geschlossen worden sind), machen anscheinend schleunigst einen Umweg durch die kleineren Nebenstraßen, oder verstecken sich. Bisher haben sie jedenfalls noch niemanden getroffen.

Da kommt der Zigeuner Kolja zu Tusik gerannt.

»He, Tus, da ist ein Macker mit zwei Weibern. Wozu braucht der zwei auf einmal? Eine soll er gefälligst uns abgeben. Was, Tus?«

»Jawohl, soll er«, stimmt Tusik mit besoffener Stimme zu. »Dimok!« schreit er, obwohl er sich doch auf ihn stützt, »Dimok, frag den Kerl höflich, ob er uns ein Weib überläßt!«

Dimok schlängelt sich unter dem Arm des Ataman hervor und läuft mit Kolja dem Zigeuner los.

Letzterer war lange ein Feind von Eddy-Baby. Vor ein paar Jahren im Sommer, als Eddy im Tjuraer Teich beim Baden war, hat ihm der Zigeuner sein neues, blaues Turnhemd weggenommen, angezogen und nicht mehr zurückgegeben. Damals hatte Eddy, obwohl er schon kein Musterknabe mehr war, Angst gehabt, es zurückzufordern. Jetzt benimmt sich Kolja, als wäre er Eddys bester Freund. Der Chef vertraut sich nämlich nicht jedem an und geht nicht mit jedem Arm in Arm. Und obwohl seine Intuition ihn warnt, gesteht Eddy sich ein, daß es ihm gefällt, als Kumpel des Anführers aufzutreten und mit ihm an der Spitze einer Hundertschaft von Halsabschneidern zu marschieren, von denen mindestens die Hälfte bereit wäre, für den Boss durchs Feuer zu gehen. Eddy sieht sich um: bewaffnet mit allem, was ihnen unter die Finger gekommen ist, wälzt sich die Bande vorwärts. Was für eine Kraft! denkt er begeistert.

In dem Moment stolpert Tusik und beinahe schlägt er, mit Eddy zusammen, der Länge nach hin...

Weiter vorne, bei einem Hauseingang, sprechen Dimok und Kolja der Zigeuner mit einem Mann und zwei Mädchen – ohne zu schreien. Ganz ruhig.

»Bring ich denn heute keinen um?!« jammert Tusik extra laut und geht mit Eddy auf die Gruppe zu.

»Er will uns keine überlassen, Tus. Er sagt, er braucht beide. Eine ist seine Schwester, meint er«, berichtet Kolja sanft und kommentiert dann gleichgültig: »Er lügt natürlich.«

Tusik befreit sich aus Eddys Hilfestellung und wirkt auf einmal nüchterner: »Du willst nicht?« fragt er den Mann.

Der schweigt. Tusik folgend gesellt sich Eddy ebenfalls zu der Gruppe und kann jetzt die beiden Mädchen und den Mann aus der Nähe begutachten. Der Mann ist ein echter Schrank, deshalb hat er sich auch nicht versteckt wie die anderen Passanten, er hat sich auf seine Kraft verlassen. Er ist stark, etwa dreißig Jahre alt und seiner Kleidung nach zu urteilen, kommt er gerade aus dem Stadtzentrum. Er trägt einen kurzen, beigefarbenen Tuchmantel, keinen Hut, hat dunkle Haare. Mit schreckgeweiteten Augen steht er da, während die drei von immer mehr Rowdys umzingelt werden.

Die Mädchen drücken sich verängstigt an den Gartenzaun. Sie sind ebenfalls erwachsen. Bestimmt wohnen sie in Saltow in einem Wohnheim. Und wie immer in solchen Fällen: die eine ist potthäßlich und dick, die andere dafür ausgesprochen hübsch: groß, mit kupferblonden, im Nacken zusammengeschlungenen Haaren; ihr lila Lippenstift ist halb verwischt. Der Mann hat die beiden Freundinnen sicher im Pobjeda kennengelernt. Er hätte sich in einer Seitenstraße verstecken und warten können, bis die Bande vorbei ist. Aber nein, er muß vor den Weibern den Helden spielen. Jetzt muß er dafür bezahlen, der Schwachkopf!

Plötzlich lächelt Tusik liebevoll und fragt: »Hast du Angst?«

»Nein, ich hab' keine Angst vor euch Schakalen!« knurrt der Mann, »ich hab' keine Angst!«

»Was ist denn mit dir?« spielt Tusik den Verwunderten. »Was hast du, mein Lieber?« fügt er noch freundlicher hinzu und legt dem Typ einen Arm um die Schulter.

Eddy-Baby kennt diesen hinterhältigen, asiatischen Trick der Tjuraer, erst ein Opfer anzuquatschen, ihm vorzumachen, man sei ein freundlicher Mensch und wenn das Opfer dann Vertrauen gefaßt hat, es plötzlich und unerwartet mit dem Messer zu stechen, oder mit einer Eisenstange oder Kette auf den Kopf zu schlagen. Kolja der Zigeuner trägt anstelle eines

Hosengürtels eine Kette. Der Mann versucht, sich freizumachen, aber Tusik ist stark, obwohl er betrunken ist. Er drückt den Mann an sich und flüstert auf ihn ein, während er ihn ein bißchen von den Mädchen wegführt:

»Kumpel! Laß uns Freunde sein! Weshalb sollten wir uns streiten, hm...?«

Der Mann traut Tusik nicht, aber er steht allein in einem Haufen betrunkener Strolche und seine Chancen sind gleich null, es sei denn, die Miliz käme augenblicklich mit mindestens fünf Wagen daher. Das ist aber so gut wie ausgeschlossen. Deshalb geht er mit Tusik, der ihn immer noch umarmt und ihm freundlich zuflüstert. Was, kann Eddy nicht hören, sie sind jetzt etwa zehn Meter entfernt...

»Jungs, laßt die Mädchen in Ruhe!« ertönt Tusiks ruhige Stimme.

Das ist das Signal. Dimok pfeift schrill und wirft sich zwischen die Beine des blonden Mädchens.

»Nicht«, schreit die, »nicht Jungs, macht das nicht!«

Kolja der Zigeuner öffnet ihr den Mantel und stürzt sich auf ihre Brust, reißt ihre Bluse auf, daß die Knöpfe abspringen und zerfetzt mit einem Griff den Büstenhalter...

»Uaah«, heult die Horde beim Anblick der nackten Brüste begeistert auf. Von unten wühlt sich Dimok unter den Rock des Mädchens, man hört, wie Stoff zerreißt und dann fällt die Blonde, »Kinder, bitte macht das nicht! Oh!« jammernd über Dimok. Der packt die Mädchen immer so an der Möse, daß sie keinen Widerstand mehr leisten können. Kolja der Zigeuner und Dimok sind Profis.

Über das zweite Mädchen haben sie sich auch schon hergemacht, und als erstes reißt ihr einer die Uhr runter. »Die ist aus Gold!« sagt eine zufriedene Stimme. Dutzende von Händen greifen nach den Mädchen und zerreißen ihre Kleider. Einen Moment später hängen an der Dicken schon mehrere minderjährige Strolche. Den Mantel haben sie ihr schon lange ausgezogen, die Ärmel und der ganze vordere Teil ihrer Bluse ist zerfetzt und ihre großen Brüste mit den dunkelbraunen Brustwarzen baumeln hilflos von einer Seite auf die andere. Mit den Händen schützt sie das Wichtigste: ihre Scham, die Brüste hat sie vergessen. Was sich abspielt, ähnelt stark der gewöhnlichen Fummelei, die Eddy und seine Freunde früher in der Schule praktiziert haben, (inzwischen ist er über dieses Alter hinaus, und die Jungs in seiner Klasse genieren sich sogar vor den Mädchen), nur ist das hier viel ernster und brutaler.

Von der einen Seite, von der Straßenbahnlinie her, kommt Stöhnen und Geschrei; dort prügeln Tusik und seine Vasallen offensichtlich auf den Mann ein.

Plötzlich, ein durchdringender Schmerzschrei:

»Aaah!«

Dann wieder Schläge und Fluchen:

»Da, du Vieh! Willst du noch mehr? Da hast du's! Und noch eins! Da!«

Geben sie's ihm mit dem Messer, oder wie? Eddy versteht nicht, was vorgeht. Die älteren Jungs sind alle verschwunden. Um ihn herum sind nur noch die Kinder. Wo sind die Großen? fragt er sich.

Einer der kleinen Jungs schlägt dem dicken Mädchen plötzlich mit voller Kraft ins Gesicht.

»Du Biest!« schreit er. »Die hat mich gebissen!«

Aus den aufgeplatzten Lippen und der Nase der Dicken rinnt Blut. Langsam tropft es herunter auf ihre riesigen, unförmigen Brüste.

Die Kinder haben sie schon ganz ausgezogen, nur um den Gürtel herum hängen noch ein paar Kleiderfetzen. Als Eddy ihren dicken Leib sieht, den sie immer noch mit den Händen schützt, hat er plötzlich große Lust, ihn anzufassen. So einen Bauch, weich und ballonartig, hat er so oft in seinen Träumen gesehen. Jetzt hat er die Gelegenheit, zu sehen, wie sowas sich in Wirklichkeit anfühlt. Jetzt oder nie. Das erfährt sowieso nie jemand. Hier sind so viele Halbstarke, daß es unmöglich ist, alle zu verhaften, denkt er, noch zögernd. Davon erfährt keiner was, wiederholt er ängstlich und dann, endlich entschlossen, ist er mit einem Satz bei dem Mädchen.

Ihr Bauch ist heiß. Sie wehrt sich nicht mehr. Sie hat die Augen zugemacht und gleitet langsam zu Boden. Wenn Timur sie nicht von hinten halten würde, würde sie auf dem kalten Novemberasphalt liegen. Die anderen Pimpfe grabschen ihr an die Schenkel, kneifen und zerren unter Gelächter an ihrem Fleisch und schieben der Reihe nach die Hände in ihre Scheide. Schwer atmend läßt sich Eddy ebenfalls auf die Knie fallen und fährt, die eine Hand immer noch auf dem Bauch des Mädchens, mit der anderen abwärts zu ihrem Schamhaar, das steif und rauh ist, wie Stahlwolle und als einer von den Stöpseln seine Faust aus ihrer Scheide zieht, wobei er sie zum Abschied mit aller Kraft zwickt, so daß sie aufheult, steckt Eddy seine Hand in das mit Haaren umwachsene Loch. Darin ist es kalt und feucht, dabei müßte es doch warm sein. Eddy nimmt seine Hand schnell wieder raus und betrachtet sie: sie ist voller Blut und Schleim.

Das Blut aus der Scheide des Mädchens läßt ihn zu sich kommen, und er hört wieder, was um ihn herum vorgeht. Irgendwo, nicht weit weg, hört er es seufzen: »Oh, ah, oh!« Es ist das andere Mädchen, das rhythmisch stöhnt.

Während er das dicke Mädchen betastete, war Eddy wie taub geworden; jetzt haben sich alle Geräusche wieder eingestellt. Johlend wälzen die kleinen Jungen die dicke unter eine Hecke. Eddy setzt sich ab und geht in Richtung Stöhnen...

Sie haben die Blonde in einer Seitenstraße auf ihren Mantel gelegt und sind dabei, sie zu rammeln. Hier sind die älteren Jungs also! Sie warten, bis sie an der Reihe sind, lachen und trinken Wein aus der Flasche; einer hatte wohl noch eine volle dabei.

Die Beine des Mädchens hängen gespreizt in der Luft und

einer liegt mit nacktem Hintern und bis zu den Knöcheln heruntergelassenen Hosen auf ihr, stützt sich mit den Händen ab und schiebt sich an sie ran und wieder von ihr weg. Immer abwechselnd. Das Mädchen wehrt sich nicht, sicher schon seit einer Weile; ihr Stöhnen klingt entspannt. Oh, ah, oh, stöhnt sie leise und dann noch mal: Oh, ah, oh!

Mit ihren Armen, die in der dunklen Gasse ganz weiß erscheinen, hat sie den Kerl um den Rücken gefaßt. Die Bewegungen der beiden werden von schmatzenden Geräuschen begleitet, wie wenn jemand unanständig ißt. Sein Vater mag es nicht, wenn man beim Essen schmatzt, denkt Eddy. Plötzlich bewegt sich der Junge immer schneller, krampft sich schließlich stöhnend zusammen »Aaah!« und läßt von dem Mädchen ab. Er ist fertig.

Ganz weiß in der Dunkelheit, fast nackt – sie hat nur noch ihre Strümpfe an, die bis zu den Knöcheln heruntergerutscht sind und dort plumpe Wülste bilden – liegt das Mädchen da in der Novemberluft und fuchtelt mit den Beinen; sicher ein hysterischer Anfall.

»Na?« fragt sie heißer. »Na, was ist?«

»Da, siehste, der gefällt's«, sagt einer von den Kerlen, »und die hat die Jungfrau gespielt!«

»Na, du Schlampe, gefällt dir die neue Rute?« fragt der nächste Kerl hämisch, während er auf die Knie geht und dem Mädchen seinen Schwanz reinstößt.

»Mmmmh!« heult sie auf, wie aus Schmerz.

»So ein großer Schwanz gefällt dir, was du Hure?« fragt der Kerl wieder, und dabei packt er sie brutal bei den Hüften und zieht sie zu sich heran.

»Mmm«, stöhnt das Mädchen.

»Der walkt sie jetzt durch mit seinem Prügel«, feixen die besoffenen Rowdys. »Kehrt ihr den Kamin. Mischa hat einen Schwanz wie ein Elefant.«

An den Zaun gelehnt denkt Eddy: Das ist also Ficken. Und so

machen's die Männer und Frauen in Saltow, in Charkow und in der ganzen Welt. Und genauso macht's natürlich Swetka mit Schurik.

Unter dem neuen Kerl liegend, atmet das Mädchen immer heftiger und geräuschvoller. »Uuuuuuh«, heult sie auf, »uuu-uuh!«, macht sie noch mal, und dann plötzlich läßt sie einen fahren. Die Kerle lachen bösartig...

Ob's Swetka wirklich genauso macht? fragt sich Eddy voller Abscheu. Mit Schurik? Sie soll's aber doch mit mir machen! Plötzlich kriegt er Angst. Er versteht jetzt, warum Schurik Swetka gefällt. Er denkt an den Schnurrbart, die derbe, gebräunte Haut auf seinen Wangen und die groben, ungeschickten Hände. Wie diesem und allen Mädchen gefällt es sicher auch Swetka, wenn solche groben, rauhen Hände ihren Körper und ihren warmen, weichen Bauch anfassen. Wegen dem Kontrast, denkt Eddy, Muschka gefällt das auch...

Das erste Mal in seinem Leben sieht er ganz klar, daß seine Chancen schlechtstehen im Konkurrenzkampf der Tiere männlichen Geschlechts. Seine Finger sind zu lang, die Gesichtshaut ist zu zart und Dank seiner halbmongolischen Mutter hat er einen nur spärlichen Bartwuchs. Wie könnte Swetka so jemanden wie ihn lieben, wo sie selbst so zart ist und so schutzlos auf ihren dünnen Beinen? Schurik setzt sie auf seine klobigen Knie, umfaßt sie mit seinen Pranken und reibt sein kratziges Kinn an Swetkas zarter Wange, und sie fühlt sich dann bestimmt sicher und geborgen.

Vorsichtig, damit ihn keiner aufhält, macht sich Eddy in Richtung Saltow auf den Weg – zum Ursprung seines Schmerzes. Er mogelt sich zwischen den betrunkenen, lachenden und fluchenden Rowdys hindurch und geht zu Swetka, ohne eigentlich zu wissen, wozu.

An den Straßenbahngeleisen stehen ein paar Jungs und betrachten etwas. Im Lichtkegel einer Taschenlampe (– alle Tjuraer Jungs haben eine Taschenlampe bei sich, damit sie nachts beim Nachhausekommen kein Licht anzumachen brauchen –) liegt der Mann, den sie zusammengeschlagen haben. Er bleibt einen Moment stehen, um zu schauen. Der Mann liegt auf dem Bauch, ein Arm ist unnatürlich abgewinkelt, den anderen sieht man überhaupt nicht. Sein beigefarbener Mantel ist jetzt ganz dunkel: blutdurchtränkt anscheinend. Sein Gesicht kann man nicht unterscheiden, aber anstelle der Ohren und Wangen ist blutiger Matsch. Er bewegt sich nicht.

»Meiner Meinung nach«, flüstert Sascha Tischtschenko Eddy zu und schaut sich dabei vorsichtig um – mit seiner Gitarre auf dem Rücken sieht er in dieser Situation reichlich absurd aus – »meiner Meinung nach hat Tusik ihm das Bajonett in den Bauch gerammt. Er hat ihn sicher erstochen...«

Nach kurzem Schweigen fährt er fort:

»Sie haben ihn schrecklich geprügelt, wegen dem Messer. Er hat ein Messer gehabt. Er hat Walka an der Hand verletzt, da sind die Jungs wild geworden. Mit Ketten und Stangen haben sie ihn geschlagen, jeder ist mal drangekommen. Das hat gereicht...«

Nach neuerlicher Pause seufzt Sascha und sagt, ohne sich an jemand Bestimmten zu wenden, vielleicht zu sich selbst:

»Wohl besser, wenn wir jetzt abhauen... Solange die Bullen noch nicht da sind. Der bewegt sich nicht mehr; ist bestimmt hin!« kombiniert er und schaltet seine Taschenlampe aus. »Hat kein Glück gehabt, der Typ.«

28

Als er bei Swetkas Haus ankommt, ist es schon lange dunkel, und erst im Hof wird ihm klar, daß er nicht weiß, was weiter tun. Er hat keinen bestimmten Plan. Bis hierher ist er seinem Instinkt gefolgt, aber der hat ihn jetzt verlassen.

Die Fenster von Swetkas Wohnung gehen nicht auf den Hof

hinaus, sondern auf eine andere Straße. Vorsichtig wie ein Dieb, obwohl er nichts zu fürchten hat, geht er ums Haus und schaut nach ihren Fenstern im ersten Stock. Sie sind dunkel. Entweder ist niemand zu Hause oder die, die da sind, schlafen.

Er erinnert sich, daß noch zwei Fenster, nämlich genau die von Swetkas Zimmer, auf der anderen Seite liegen, also biegt er ums Hauseck und schaut nach diesen beiden Fenstern. Die Vorhänge sind zugezogen, aber wenn Licht dagewesen wäre, hätte man's trotzdem gesehen.

Gerüchten zufolge ist Swetkas Mutter eine Prostituierte. Mit ihrer Tochter zusammen bewohnt sie eine Zweizimmerwohnung. Nur Wenjamin Iwanowitsch hat den Nerv, als Bulle keine Wohnung für sich allein zu haben, denkt Eddy wütend. Heute Nacht ist er mit allen böse.

Soll ich hochgehen und klingeln? überlegt er. Aber wenn Swetkas Mutter zu Hause ist, ärgert sie sich furchtbar. Es muß schon nach zwei Uhr sein. Wenn aber ihre Mutter nicht zu Hause und Swetka mit Schurik zusammen ist? denkt er. Was dann? Als er sein Gedichtheft fürs Pobjeda eingesteckt hat, hat er vergessen, sein Rasiermesser mitzunehmen. Alles wegen diesem Lackaffen von Kadik, zum Teufel mit ihm! denkt Eddy wütend. Was kann er Schurik denn anhaben, ohne Rasiermesser? Ihm die Fresse polieren?... Eddy weiß es nicht, er ist noch halb betrunken und kriegt seine Gedanken nicht zusammen. Er steht da und glotzt die Fenster an.

Am Ende des zweiten Oktobertages sind die meisten Saltower müde vom Feiern: Viele Fenster sind dunkel. Aber ein paar Unermüdliche feiern immer noch weiter. Aus ihren Fenstern kommt Musik. Eddy schnappt mit halbem Ohr den Schlager auf, der immer noch in Mode ist: »Mein Schwarzmeer, mein Schwarzmeer...«

Wieder im Hof, setzt er sich an den Dominotisch und bleibt da eine Weile, Ellbogen aufgestützt, Gesicht in den Händen, sitzen. Der kahle Ast eines großen Baums wiegt sich vor einer

Laterne im Wind, und sein Schatten bewegt sich, ungeheuer vergrößert, ununterbrochen über die Tischplatte und Eddy; es sieht so aus, als wären es Eddy und der Tisch, die sich bewegen.

Auf einmal erinnert er sich, daß er seinen »ersten Preis« in der Tasche hat. Er holt das Dominokästchen heraus und stellt mechanisch die Steine auf. Soll ich Swetka umbringen? denkt er, oder Schurik? Oder alle beide? Oder keinen? Er hat keine Angst, jemanden umzubringen, aber ein kleines, technisches Detail hält ihn zurück: die Abwesenheit seines Rasiermessers. Während er weiter Dominosteine aufbaut, wird ihm klar, daß er heute niemanden umbringen wird. Mangels Mordwaffe. Und morgen, denkt er, hat er schon nicht mehr den Mut dazu. Denn morgen ist es Tag und vorher schläft er, und während er schläft, verläßt ihn der entscheidende Teil seines Schmerzes und übrig bleibt nur der, mit dem er leben muß.

Bescheuert, denkt Eddy, total bescheuert, daß er das Rasiermesser nicht mitgenommen hat! Weil er das Gedichtheft eingesteckt hat, hat er das Rasiermesser nicht mitgenommen und zu Hause in der Jacke gelassen. Idiot! denkt er verbittert. Denn er möchte gerne so handeln, wie es das Gesetz von Tjura und Saltow von ihm fordert. Er möchte töten. Seine Freunde, die Rowdys, würden diesem Mord zustimmen; bei ihnen wäre er für lange Zeit ein Held, weil er gehandelt hat, wie er mußte. Erschießen würden sie ihn dafür nicht, er ist ja noch minderjährig, aber er bekäme das Höchstmaß: fünfzehn Jahre. Schwachkopf! Du bist und bleibst ein Schwachkopf! sagt er zu sich selbst.

Irgendwas ist nicht ganz richtig bei ihm, denkt Eddy. Er ist sicher doch anders als die anderen. So was ist schwer festzustellen, man kann ja nicht in eine andere Haut schlüpfen. Natürlich schreiben seine Kumpel keine Gedichte, können sie nicht, aber die Tatsache, daß er es kann, beweist noch lange nicht, daß er nicht so ist wie die anderen. Aber wenn er so wäre wie alle, würde er mit Swetka schlafen – und das tut er nicht…

Aus einem der Treppenhäuser, dem in der Mitte, hört man Schritte. Jemand geht pfeifend die Treppe runter. Als er zur Tür herauskommt, erkennt ihn Eddy: es ist Garik. Daß man den um drei Uhr nachts hier antrifft, ist nicht verwunderlich, seine Freundin Rita wohnt mit Swetka im gleichen Haus.

»Sei gegrüßt, Poet«, grüßt Garik Eddy pathetisch. Und als er die Dominosteine sieht, tippt er sich mit dem Zeigefinger an die Schläfe: »Bist wohl verrückt geworden? Total? Spielst mit dir selbst mitten in der Nacht Domino?«

»Ich warte auf Swetka«, sagt Eddy.

»Ist die denn nicht zu Hause?« wundert sich Garik. »Als ich mit Rita gekommen bin, hab' ich sie im Hof getroffen, sie kam gerade zurück.«

»War sie allein?« fragt Eddy und sein Herz steht still. Er möchte so gerne, daß Gariks Antwort ja ist.

»Nein«, sagt Garik widerstrebend, »nicht allein. Sie war mit diesem Freund von euch... wie heißt er noch... Iwan irgendwas – Iwankowskij?« fragt er zögernd.

»Iwantschenko«, korrigiert Eddy ihn düster. »Ist nicht mein Freund, sondern einer von Swetka. Ist es lange her, daß du sie gesehen hast?«

»Ich weiß nicht... vielleicht vor 'ner halben Stunde oder einer?« zuckt Garik mit den Schultern. »Was ist los? Habt ihr euch gestritten? Seid ja auch nicht zu Plotnikow gekommen, alle haben euch vermißt.«

»Wie war's?« fragt Eddy der Höflichkeit halber. Eigentlich ist es ihm wurscht, wie's war, er wartet darauf, daß Garik so schnell wie möglich geht, damit er zu Swetka hoch kann. Und dann... Was dann, weiß er nicht. In die Wohnung stürmen, Swetka zur Seite stoßen und vielleicht diesen Schurik erwürgen, damit er vom Erdboden verschwindet.

Aber so leicht wird man Garik nicht los. Als Morphinist treibt er sich nachts gerne rum und gegen ein Schwätzchen hat er auch nichts einzuwenden.

»Es war dufte«, sagt Garik, »deine Freundin Assja war auch da. Sie hat nicht gut ausgesehen«, konstatiert er.

Er liebt es, wenn alle außer Rita und ihm schlecht aussehen. Garik ist eine miese Null, macht aber auf Aristokrat, obwohl seine Mutter alles in allem lediglich Krankenschwester ist, nicht mal Ärztin. Deswegen ist Garik süchtig. Seine Mutter geht zu den Schwerkranken nach Hause und gibt ihnen Morphiumspritzen, um ihnen den Schmerz zu nehmen. Bei ihnen zu Hause geht das Morphium nie aus... Erst vor kurzem hat sie entdeckt, daß ihr Sohn Ampullen stiehlt und sich schon seit mehreren Jahren spritzt.

Warum sie das nicht früher gemerkt hat, ist Eddy klar, schließlich kennt er sie. Sie ist hysterisch, und sie braucht selber ihren täglichen Schuß, um sich zu beruhigen. Den Überblick über ihre Ampullen hat sie längst verloren... Jetzt muß sich Garik seinen Stoff auf anderen Wegen beschaffen. Er muß ihn kaufen, also braucht er dauernd dringend Geld. Einmal ist er sogar mit ihnen – Kostja, Eddy und Ljona Tarasjuk – in ein Geschäft eingebrochen. Viel genutzt hat er ihnen dabei nicht.

Zu Eddys größtem Unbehagen setzt Garik sich neben ihn auf die Bank und fordert plötzlich im Verschwörerton: »Zeig mit deine linke Hand!«

»Wozu?« fragt Eddy unwillig.

»Ich hab' gelernt, wie man aus der Hand liest«, sagt Garik, und ohne weiter zu fragen, schnappt er sich Eddys linke Hand.

»Du hast ja eine komische Hand. Wie von einem Affen«, bemerkt er. »Ganz alt. Deine Handfläche ist unheimlich alt.«

»Liest du mir nun aus der Hand oder willst du mich kritisieren?« fragt Eddy.

Seine Zukunft interessiert ihn brennend, schon immer. Die Zigeuner aus Tjura wollten ihm schon oft aus der Hand lesen, aber er hat immer abgelehnt. Seinem Vater hat mal eine Zigeunerin vorhergesagt, daß seine Frau Raja heißen wird. Jetzt ist er schon sechzehn Jahre mit einer Raja verheiratet. Eddy-Baby möchte nicht so eine Frau.

So weit über Eddys Hand gebeugt, daß seine Haare – Garik hat eine schulterlange Matte – nach vorne fallen, studiert der Morphinist Eddys Handteller...

»Hmhm«, macht er, »du stirbst mit etwas über dreißig.«

»Vielen Dank«, Eddy zieht seine Hand verärgert zurück. »Nette Vorhersage!«

»Was regst du dich auf?« fragt Garik gelassen. »Wir müssen alle sterben, der eine früher, der andere später. Bei dreißig und noch was hört deine Lebenslinie auf. Genauer gesagt, es gibt eine Andeutung, daß du an der Schwelle des Todes stehst, aber vielleicht bleibst du doch am Leben... Und in dem Fall lebst du ganz, ganz lang...«

»Aber genau kannst du nicht sagen, wann das passiert – damit ich mich wenigstens darauf vorbereite«, fragt Eddy halb ernst und halb im Scherz. »Damit ich mein Testament mache.« Gariks Urteilsspruch beunruhigt ihn.

»Glaubst du, das hier ist Algebra?« fragt Garik wichtigtuerisch. »Die Chiromantie ist nicht in der Lage, genaue Daten zu liefern. Wir können nur voraussagen, WAS passieren wird. Laß mal sehen, was dich in Sachen Liebe erwartet...«

Garik knetet Eddys Handfläche, betrachtet sie und kratzt sogar mit seinem Fingernagel daran.

»Hmm, nicht schlecht«, meldet er. »Ich beneide dich sogar. Mit der Liebe ist bei dir alles in Ordnung.«

Na, was denn sonst! denkt Eddy traurig. Alles in bester Ordnung. Da hat Garik einen gefunden, den er beneiden kann... Der schläft jedenfalls mit seiner Rita, das ist ganz sicher.

»Sagenhaft«, ruft Garik aufrichtig begeistert, »du hast einen doppelten Venusbogen, mein Alter. Das bedeutet in allen Büchern ungewöhnliche geschlechtliche Aktivitäten. Du bist ein gigantischer Vögler! Schon ein einzelner Bogen ist eine Seltenheit. Ein doppelter ist ein überaus seltenes Geschenk des Schicksals. Aber bei dir ist er an einigen Stellen zerrissen. Ein Zeichen von Neurose«, erklärt Garik abgebrüht.

Garik hat nichts zu tun, deshalb lernt er aus alten Büchern, wie man aus der Hand liest. Er hat die Schule hingeschmissen und verbringt ganze Tage damit, auf der Bank vor seinem Haus seine Gitarre zu zupfen. Er zieht sich nicht mal an; sitzt oft in Hausmantel und Pantoffeln da. In ganz Saltow hat niemand einen Hausmantel, nicht mal Plotnikow, nur Garik. So sitzt er da, reibt einen Fuß am anderen und singt leise irgendwelche Lieder vor sich hin, die in Saltow außer ihm keiner kennt. Sein Lieblingslied handelt von Kokain:

Meine Flügel beschnitten, zerschlagen
Mein Schicksal lächelt böse und taub.
Ringsumher, hauchdünn auf den Straßen
Liegt Kokain wie Silberstaub.

Garik versichert, daß er schon Kokain probiert hat. Vielleicht stimmt's, vielleicht auch nicht, denkt Eddy-Baby. Er hat in einem Buch gelesen, daß die lasterhaften Weißen Offiziere während des Bürgerkrieges Kokain geschnüffelt haben, genauso wie das berühmte Frauenbataillon. Seitdem hat niemand mehr was von Kokain gehört. Vielleicht ist es verschwunden? Morphium, das gibt's. Garik hat Eddy mal überredet, einen Schuß zu probieren und hat ihm eigenhändig die Nadel in die Vene gestochen. Es hat Eddy überhaupt nicht gefallen, er hat sich schwach, zerstreut und zum Kotzen gefühlt. Garik war der Meinung gewesen, daß Eddy nicht die Bohne vom Kif verstehe und er sein Morphium an ihn verschwendet habe.

Garik murmelt noch irgendwas über die Herzlinie, aber seine Worte scheinen von weit her zu kommen. Eddy denkt, daß die Handleserei nichts als Betrug und mittelalterlicher Aberglaube ist. Die Wahrheit sieht nicht so aus: ungeachtet der zwei Venusbögen hat Swetka ihn offenbar fallenlassen und Schurik erwählt. Hätte sie geheimhalten wollen, daß sie nicht nach Dnjepropetrowsk gefahren, sondern in Saltow geblieben ist, hätte sie sich nicht auf der Straße gezeigt, noch dazu mit Schurik.

»Ich geh'«, kündigt Eddy an und steht auf.

»Und das Domino?« fragt Garik, »das hast du vergessen...«

»Das kannst du haben«, erwidert Eddy, ohne sich umzudrehen.

Er geht auf Swetkas Eingang zu. Eben erst wird ihm bewußt, daß er seit einer halben Stunde Angst hat, hochzugehen und mit Swetka zu reden. Er hat Schiß und zögert es hinaus.

29

Swetka lebt in der Wohnung Nr. 14. Und das ist auch genau ihr Alter: vierzehn Jahre. Eddy geht zur Tür und hebt seine Hand, um zu klopfen. Aber, nachdem er einen Augenblick mit erhobener Hand dagestanden ist, legt er sein Ohr an die Tür und lauscht... Es kommt ihm vor, als hörte er leise Musik. Aber vielleicht bildet er sich das nur ein, wenn die Tür zu Swetkas Zimmer geschlossen ist, kann man, durch zwei Türen hindurch, nichts hören. Umso weniger, wenn die Musik leise ist.

Er klopft doch. Und wartet.

Keine Antwort. Einerseits ist Eddy froh darüber: möglicherweise ist sie nicht zu Hause. Aber weggehen, nachdem er nur einmal geklopft hat, und nicht einmal besonders laut, kann er nicht. Es ist Nacht, nach dem Feiern schlafen alle fest und um Swetka zu wecken, muß er lauter klopfen. Er klopft also noch mal, jetzt laut, lang und hartnäckig. Dann legt er wieder sein Ohr an die Tür.

Dieses Mal hört er deutlich Schritte, ein Geräusch, das von einer Tür herrühren könnte und sogar, scheint ihm, unterdrücktes Flüstern. Da hämmert er, wie ein aufgeregtes Tier, das heraufziehendes Unheil wittert, mit seinen Fäusten gegen die Tür, läßt einen Hagel von Schlägen auf sie niedergehen.

»Wer ist da?« hört man schließlich Swetkas erschrockene Stimme hinter der Tür.

»Mach auf, ich bin's, Eddy!« bringt er mit Mühe heraus und schlägt wieder gegen die Tür.

»Spiel nicht verrückt!« sagt Swetka hinter der Tür ärgerlich, »ich mach' gleich auf, zieh' mir nur noch was an!« und sie geht in den hinteren Teil der Wohnung zurück, offenbar ist sie barfuß.

Eddy lehnt sich mit der Stirn gegen die Tür und merkt auf einmal, daß er fast am Weinen ist. Dieses Miststück von Swetka! denkt er, diese Schlampe! Was hat Schurik hier zu suchen, sie ist an allem Schuld! Sie hat's so gewollt, ihr boshafter Wille ist es, der Eddy zwingt, hier vor der Tür zu stehen, krank und von Sinnen. Er fühlt sich genauso, wie nach Gariks Morphium: schwach, hilflos und elend…

Die Tür geht auf. Auf der Schwelle steht, wütend, Swetka. Im Morgenrock ihrer Mutter.

»Schämst du dich nicht!« zischt sie. »Hättest du dir keine andere Zeit aussuchen können… es ist vier Uhr früh!«

Ohne auf sie zu hören, stößt er sie hart beiseite, geht durch die Wohnung und wirft einen Blick in ihr Schlafzimmer. Da ist ihre Schlafcouch, aufgeklappt und mit rosa Bettwäsche bezogen – die ist von ihrer Mutter, weiß Eddy.

Swetka läuft Eddy hinterher:

»Was machst du? Das hier ist nicht deine Wohnung! Ich verbiete dir, in Mamas Schlafzimmer zu gehen!« kreischt sie, als sie sieht, daß Eddy dorthin unterwegs ist. »Sie schläft!« schreit sie und packt Eddy am Arm.

»Ach, du!« stößt er verachtungsvoll hervor. »Duu!« er reißt seinen Arm los und stößt heftig die Tür von Tante Klawas Schlafzimmer auf. Ihm ist jetzt alles egal, er ist sicher, daß er dort Schurik findet.

Weder Schurik ist da, noch die Mutter. Eddy untersucht mißtrauisch alle Ecken und geht zum Schrank. Da können sich mühelos drei Schuriks verstecken, so groß sind die Saltower Schränke. Er reißt ihn auf und wühlt in den parfumdurchtränkten Kleidern von Swetkas Mutter...

»Du bist verrückt!« schreit Swetka hinter ihm, »ich hab' Mama schon immer gesagt, daß du verrückt bist. Sie hat mich dauernd dazu gebracht, mich mit dir zu treffen, sie hat gesagt, du wärst in Ordnung. Mir hast du nie gefallen! Hau ab! Hau sofort ab!« schreit Swetka. »Raus! Raus aus meiner Wohnung! Oder ich ruf' die Miliz!« kreischt sie.

Zu Eddys eigenem Erstaunen macht ihn ihr Gezeter rasend. Was quiekt sie wie ein Schwein auf der Schlachtbank? denkt er. Er packt sie an den Schultern und schüttelt sie mit aller Kraft, so daß Swetkas Puppenköpfchen hin und her wackelt.

»Nutte!« sagt er, »so fährst du also nach Dnjepropetrowsk, hm? Ganz Saltow hat dich gestern mit Schurik gesehen, alle haben's gesehen!« schreit er und schüttelt sie wieder so fest er kann.

Swetkas Morgenrock geht auf, darunter hat sie nur ein rosa Seidenhöschen an. Es ist ihr zu groß und gehört eindeutig, wie der Morgenrock, ihrer Mutter.

»Hure!« schreit Eddy, »ganz wie deine Mutter!« und er packt Swetka, die zu schluchzen angefangen hat, um den Bauch, an dem schlüpfrigen Seidenhöschen ihrer Mutter: »Zieh diesen Nuttenfummel aus!« schreit er, »willst wohl Nutte werden wie deine Mutter? Machst gerade deine Lehre? Bringst dich in Form?« in diesem Moment haßt er Swetka von ganzer Seele. Sie weint und wehrt sich.

Ineinander verklammert, wie verbissene Gegner, fallen sie zu Boden. Eddy hat Swetka irgendwie das Höschen ihrer Mutter runtergezogen und jetzt liegt sie ganz nackt unter ihm und bedeckt ihre Möse mit den Händen. Sie hat den Kopf weggedreht und weint nicht mehr, sondern atmet nur heftig, mit geschlossenen Augen... Eddy ist so entsetzlich wütend auf Swetka, daß er Lust hat, ihr wehzutun. Er packt mit einer Hand ihre Brust und zwickt sie in die kleine, rosige Brustwarze.

»Oi!« stöhnt Swetka.

Jetzt knetet er mit beiden Händen Swetkas kleine Brüste, die weißesten Brüste der Welt, und sagt plötzlich, für sich selbst unerwartet:

»Hat Schurik dich so angepackt, hm? So?«

Er versteht nicht wieso, aber Swetka versucht überhaupt nicht, sich von seinen Händen zu befreien, sie liegt nur da und atmet heftig. Und, obwohl er es kaum glauben kann, begreift Eddy: Swetka wartet darauf, daß er sie vögelt. Diese Entdeckung verschlägt ihm die Sprache: er sieht genau, das ist keine Puppe mehr, sondern die lebendige Swetka, ganz rosig nach ihrem Kampf, die da still und geheimnisvoll atmend darauf wartet, daß er sein Glied in sie einführt.

»Er hat mit dir geschlafen, stimmt's?« sagt er mit böser Stimme und fühlt, wie sich dabei sein Glied aufstellt und mit lebendigem Blut füllt, weil er dieses Wort das erste Mal zu Swetka sagt. »Er hat dich gefickt, ich weiß es genau«, wiederholt er fiebrig, während er seine Hose aufknöpft und seinen Penis herausnimmt...

Swetka erschauert, als Eddy mit seinem Glied ihren hellhaarigen Schamhügel berührt. Sie zittert wieder, als er gegen einen Knochen stößt. Beim dritten Anlauf stößt er nirgends mehr an, er rutscht ganz leicht in Swetka hinein. Ganz leicht, weil es in ihr feucht und glitschig ist. »Ach!« stöhnt Swetka.

»Hat er's so mit dir gemacht?« fragt er hämisch, während er sein Glied in ihr bewegt. »So? Ja?« Eddy sieht, wie sich Swetka die Lippen leckt, aber sie schweigt, als ob sie nicht auf seine Worte, sondern auf irgendwas anderes hören würde. Sie lauscht meinem Schwanz..., denkt Eddy entsetzt, wer hat ihr das beigebracht? Oder ist sie so geboren? Er schweigt jetzt gleichfalls und stößt auf Swetka ein, schiebt sein Geschlecht in sie hinein und zieht es wieder zurück. Jedesmal, wenn er in sie eindringt, kommt sie ihm ein bißchen entgegen, und wenn er sich zurückzieht, ist es, als ob sie ihm folgt.

Plötzlich fällt ihm auf, daß sein Schwanz und ihre Möse schmatzen, genau wie bei dem blonden Mädchen, das die Tjuraer im Chor gevögelt haben. Die Erinnerung an dieses Mädchen und die Tatsache, daß er sie mit Swetka vergleicht, haben zur Folge, daß er die beiden in Gedanken vertauscht. Er bewegt sich ein paarmal schneller und immer schneller in Swetka und unversehens ejakuliert er. Dabei fühlt er sich überhaupt nicht gut, er schämt sich geradezu. So ist das etwas ganz anderes, als wenn er beim Onanieren kommt, und er schämt sich, als hätte er eine schreckliche, eines Mannes unwürdige Schwäche gezeigt...

Eine Weile liegt er schweigend auf Swetka und küßt ihr, ohne es zu merken, den Hals. Als er endlich den Kopf hebt, sieht er, daß Swetka ihn gleichzeitig spöttisch und nachdenklich betrachtet. Sogar ein bißchen verächtlich schaut sie ihn hinter ihren getrockneten Tränen an.

»Na, was ist?« fragt sie leise, »du siehst ja, du bist zu spät gekommen.«

Zuerst versteht Eddy nicht einmal, was Swetka mit »zu spät gekommen« meint. Er schaut sie verständnislos an.

»Wie du siehst«, sagt sie, »ich bin keine Jungfrau mehr.« Sie sagt das auf eine ruhige, zynische Art, wie eine völlig veränderte Frau, nicht die Swetka, die er bisher gekannt hat. Dieses Wort »Jungfrau« klingt aus ihrem Mund abstoßend, als hätte es Wowa Solotarjew oder der Zigeuner-Slawa gesagt. Irgendwie schmutzig. Das ist also Swetka, wie sie wirklich ist! denkt Eddy-Baby.

»War's Schurik?« fragt er.

»Was für ein Schurik? Swetka lächelt verächtlich. »Schon vor zwei Jahren hat mich ein Freund von meinem Vater aufs Kreuz gelegt, im Suff. Mein Vater war schon gestorben, hatte sich totgesoffen, aber seine Freunde kamen nach wie vor zu uns; haben sich um die Witwe gekümmert, die mit einem Kind zurückgeblieben war«, äfft Swetka irgend jemanden nach.

»Und Schurik?« fragt Eddy.

»Der hat dir's aber angetan!« sagt Swetka, schon fast freundschaftlich. »Naja, der auch«, sagt sie leichthin und lacht. »Nimm's nicht tragisch, ich lieb' ihn nicht. Ich lieb' niemanden...«

»Mich auch nicht?« fragt Eddy böse. Er hat sich auf den Ellenbogen gestützt und schaut Swetka direkt in die Augen. Er kann immer noch nicht glauben, daß das die gleiche Swetka ist, von der er sich vor den Feiertagen verabschiedet hat – vor drei Tagen. Vor nur drei Tagen.

»Du bist ein kleiner Junge«, antwortet Swetka nachdenklich, »und ich bin eine Frau. Der Mann muß viel älter sein, als die Frau, weil die Frau früher reif ist. Damit es im Bett ausgewogen ist, muß der Mann viel älter sein. Mindestens zehn Jahre«, schließt sie.

Eddy-Baby schämt sich. Er zieht seine Hosen wieder hoch, steht auf, knöpft sich zu. Swetka bleibt auf dem Boden liegen und spricht weiter:

»Du hast mich ziemlich erschreckt, entschuldige. Eigentlich wollte ich dir alles schon lange sagen, hab's aber immer wieder rausgeschoben... Ich hab' Angst gehabt... Meine Mutter sagt, du bist so sensibel, und man muß vorsichtig mit dir umgehen. Und dann hast du immer dieses entsetzliche Rasiermesser bei dir...« Sie schweigt.

»Hab' ich dir nur ein einziges Mal was getan?« fragt Eddy.

»Einmal hast du mir das Messer gezeigt«, sagt Swetka.

Eddy-Baby hebt sein Gedichtheft vom Boden auf. Während der Balgerei war es aus seiner Jackentasche gefallen.

Swetka steht auf und zieht sich wieder den Morgenmantel über.

»Gehst du?« fragt sie traurig.

»Beantworte mir eine Frage«. Eddy dreht sich nachdenklich zu ihr um. »Warum zum Teufel hast du dieses ganze Theater gespielt? Du weißt schon... Die Küsse, das angezündete Gas in der Küche, der Wein, und ich als Blödmann, der dir seine Gedichte vorliest... Wozu das alles, wenn du mich nicht geliebt hast?«

Swetka schweigt. Dann sagt sie, mit Mühe nach Worten suchend:

»Siehst du, das kannst du jetzt nicht verstehen... In gewisser Weise hab' ich dich geliebt und lieb' dich immer noch...«

Böse und höhnisch schüttelt Eddy den Kopf:

»Ich verstehe«, sagt er, »du liebst mich.«

»Ja«, sagt Swetka, »aber nicht als Mann. Ich hab' immer gerne mit dir geredet, und mit niemandem hab' ich mich so wohl gefühlt, wie mit dir. Du hast mich interessiert, du bist nicht wie die anderen...«

»Hör auf!« Eddy verzieht das Gesicht. »Das kannst du dir schenken...«

Swetka ist still.

»Also, ich geh' dann«, sagt Eddy. »Leb wohl!«

»Leb wohl soll man nie sagen, das ist zu traurig«, erwidert Swetka. »Sag ›Auf Wiedersehen‹! Kommst du morgen zum Mittagessen zu uns? Mama kommt in der Früh zurück und dann kocht sie ein Festessen. Sie möchte, daß du unbedingt kommst. Sie hat dich sehr gern«, fügt sie noch hinzu.

»Also dann auf Wiedersehen!« sagt Eddy und geht, von Swetkas nachdenklichem Blick begleitet. Er weiß, daß es kein »Wiedersehen«, sondern ein »Leb wohl« ist. Er wird nie mehr in die Wohnung Nr. 14 zurückkommen. Nie mehr. Als Eddy auf dem Treppenabsatz eine Kehre macht und Swetka das Gesicht zuwendet – sie steht immer noch an der Tür – sagt sie unsicher:

»Willst du bei mir bleiben? Die ganze Nacht?«... Aber Eddy antwortet nicht.

Draußen ist es ihm, als wäre es noch kälter geworden, und er zieht fröstelnd seine Jacke zu. Die Leute verdienen, daß man sie umbringt. Wenn ich ganz erwachsen bin, bring' ich mit Sicherheit jemanden um, denkt er. Die Dominos liegen immer noch auf dem Tisch im Hof. Garik hat sie lediglich in einem großen, geschlossenen Kreis angeordnet.

30

Früh am Morgen kommt Eddy, total steifgefroren, aus dem Schuppen von Wowa Bolotarjenko heraus, wo er die Nacht verbracht hat. Nach Hause wollte er nicht gehen. Hatte keine Lust, das verschlafene Gesicht seiner Mutter zu sehen, auf ihre Fragen zu antworten, das Essen abzulehnen, das sie ihm anbieten würde und ihr Gejammer darüber anzuhören, daß alle Leute normale Kinder haben, nur ihr Sohn ist ein Strolch, der erst um vier Uhr früh nach Hause kommt. Eddy-Baby wollte allein sein und nachdenken.

Den Schlüssel hatte Wowa ihm schon vor langer Zeit gegeben. Einfach so, für alle Fälle. Bisher hatte Eddy den Schuppen nie benutzt, aber jetzt waren »alle Fälle« eingetreten. Wowa hatte ihm allerdings nicht gesagt, daß es da drin von Ratten wimmelt, aber vielleicht wußte er auch nichts davon.

Er war auf eine alte Tür geklettert, die er auf zwei Fässer gelegt hatte, aber da lag er nur ein paar Minuten in Ruhe. Genauer gesagt hatte er überhaupt keine Ruhe, denn er dachte über das nach, was Swetka gesagt hatte und darüber, was mit ihm, Eddy, passiert war. Dann hörte er es rascheln und bald darauf, war der ganze Schuppen von einem unsichtbaren Drunter und Drüber erfüllt. Zuerst dachte Eddy-Baby, es seien Mäuse, aber dann sah er, trotz seiner Kurzsichtigkeit, im Licht des einzigen, winzigen Fensters, hier und da Augen auffunkeln. Ihm lief es kalt den Rücken hinunter, und er fing an, ein Streichholz nach dem anderen anzuzünden, um zu sehen, was vorging...

Dutzende von Ratten spazierten durch die Gegend. Widerlich, mit langen Schwänzen, quiekend, drängelten sie sich in den Ecken, liefen zwischen den Dielen herum, wetzten über die alten Koffer und Kinderwägen der vielköpfigen Familie Bolotarjenko und kletterten sogar hinein. Eddy-Baby dachte, daß diese ganze Horde ohne weiteres fähig wäre, an den Fässern hoch zu ihm auf die Tür zu kommen, oder sich von der morschen, wenig Vertrauen einflößenden Decke auf ihn herunterzustürzen. Also beschloß er, Maßnahmen zu ergreifen. Er holte sein Gedichtheft heraus und begann, die leeren Seiten herauszureißen, anzuzünden und damit nach den Ratten zu werfen. Die hatten es nicht eilig zu verschwinden, obwohl ihnen das Feuer sichtlich Angst machte; sie verzogen sich langsam, eine nach der anderen, in ihre Ecken, saßen dort in sicherem Abstand von Eddy und seinen Feuergeschossen und piepsten unsichtbar weiter.

Die weißen Seiten waren aufgebraucht, und nach kurzer Überlegung riß Eddy entschlossen die erste beschriebene Seite heraus und zündete sie an. Die Verse von »Natascha« krümmten sich, während sie im Feuer zusammenschmolzen: Am weißen Tag, im weißen Kleid, gehst du raus spazieren...

»Im weißen Kleid...« flüstert Eddy bitter, und schleudert »Natascha« unter die Ratten. »Im schmutzigen Kleid... Im schmierigen Kleid... In einem Kleid aus Schmiere«, flüstert er böse. »In der ukrainischen Nationaltracht... Im Schmutzkleid!« sagt er laut und steigt entschlossen von seiner Tür herunter.

In einer Ecke steht, der Himmel weiß seit wann, wahrscheinlich seit letztem Weihnachtsfest, eine Tanne, oder genauer, das Skelett einer Tanne, mit hier und da ein paar gelben Nadeln, die sich an ihrem Platz gehalten haben. Eddy-Baby zieht sie in die Mitte des Schuppens und zündet sie mit seinen Gedichten an.

Die Tanne fängt Feuer, und für kurze Zeit lodert die Flamme fast bis zur Decke.

Ich verbrenn' noch mit, verdammte Scheiße! denkt Eddy, aber irgendwie ist er traurig und gelassen. Na, dann verbrenn' ich eben... Ist sowieso schon passiert.

Verschreckt von der hellen Flamme, ziehen sich die letzten Rattenschwänze in ihre Löcher zurück.

Eddy-Baby verbringt den Rest der Nacht an seinem improvisierten Lagerfeuer sitzend und verbrennt sämtliches Holz, das er im Schuppen findet.

Er sitzt, denkt nach und wartet auf den Morgen.

Und der Morgen kommt...

31

Um warm zu werden, schlenkert Eddy-Baby mit den Armen und macht beim Gehen gymnastische Übungen. Er ist zur Straßenbahnstation unterwegs. Von dort aus wird er zum Bahnhof fahren und vom Bahnhof nach Wladiwostok, denn hier in Saltow hat er nichts mehr verloren.

An der Haltestelle sitzen nur ein paar Leute. In ihre Mäntel vergraben, die Nasen in den Schals versteckt, träumen sie ihre nächtlichen Träume zu Ende. Sogar die Arbeiter, die ganz früh anfangen, sind noch nicht unterwegs, aber Eddy weiß, in einer halben Stunde sind die Straßenbahnen überfüllt. Die Feiertage sind vorüber.

Als er schon auf der kalten Bank sitzt, sieht er auf einmal hinten in der Ecke, genauso zusammengekauert wie alle anderen, seinen Freund und Bandenchef, Kostja. Er hat einen Rucksack dabei.

Eddy steht auf und geht zu ihm. Kostja hat die Augen zu, vielleicht schläft er.

»Kot!« ruft Eddy.

Kostja schreckt auf und lächelt überrascht, als er Eddy erblickt.

»Was treibst'n du hier, so früh?« fragt er verblüfft.

»Das wollt' ich dich gerade fragen«, erwidert Eddy.

Kostja wird ernst:

»Ich fahr' zum Bahnhof.«

»Ja, ich doch auch!« ruft Eddy. »Ich will nach Wladiwostok abhauen!«

»Ohne alles?« wundert sich Kot, »so, wie du bist?«

»Ach, wozu soll ich Zeugs mitschleppen? Das klau' ich mir unterwegs«, sagt er traurig und ohne zu überlegen. »Und du, wohin fährst du?«

»Nach Noworossijsk«, antwortet Kostja mit wichtiger Miene, »das ist der größte Schwarzmeerhafen. Will bei den ausländischen Matrosen Kaugummi und Zigaretten kaufen. Das kostet dort so gut wie nix.«

»Und wie willst du dich mit denen verständigen?« fragt Eddy verständnislos. »Du kannst doch keine Fremdsprachen. Wie erklärst du denen, was du willst?«

»Das ist kein Problem«, sagt Kostja. »Jura Gigi hat mir in ein Heft geschrieben, was ich sagen und wie ich feilschen muß. Der ist schon öfters nach Noworossijsk gefahren. Am Hafen dort ist es düster. Die Jungs warten drauf, daß die Matrosen an Land gehen und machen sich dann an sie ran.«

Bimmelnd kommt die Straßenbahn angefahren; der Schaffner steigt eilig aus: er muß pinkeln. Kostja und Eddy suchen sich einen Platz, möglichst weit von der Tür entfernt, damit sie es wärmer haben, und reden weiter.

»Was hat dich auf einmal gepackt?« fragt Eddy. »Und du hast niemandem was gesagt... Vielleicht könnte ich ja mit dir fahren?«

»Geht in Ordnung«, sagt Kostja. »Was hast du denn in Wladiwostok zu tun?«

»Überhaupt nichts«, gibt Eddy ehrlich zu. »Ich kenn' dort

nicht mal jemanden, keinen einzigen Menschen. Ich will nur einfach von Saltow weg. Halt's hier nicht mehr aus...« Er ist einen Moment still, kehrt Kostja mürrisch den Rücken und sagt dann: »Ich hab' mich endgültig mit Swetka zerstritten...«

Kostja schweigt mitfühlend, dann sagt er: »Na, dann komm halt mit mir nach Noworossijsk! Zu zweit macht's mehr Spaß. Und außerdem ist es dort viel wärmer, als in Wladiwostok. Der Kaukasus ist ganz in der Nähe. Wenn wir Lust haben, fahren wir von Noworossijsk aus in den Kaukasus. Nur schade, daß wir keinen Paß haben...«

32

Eine Stunde später sitzen sie, oder besser, stehen sie schon, zwischen zwei Personenwagen des Zugs »Moskau-Tbilissi«: Kostja ein bißchen weiter oben auf der Leiter, die zum Dach führt, Eddy-Baby weiter unten, fast auf den Puffern. Kostja läßt Dampf ab und erzählt Eddy seine Geschichte. Er fährt auch nicht nur wegen der Zigaretten nach Noworossijsk.

»Ich bring' ihn um«, sagt Kostja. »Nicht jetzt gleich, aber ich bring' ihn um... Das ist kein Ganove, sondern ein Dreckschwein. Richtige Ganoven machen so was nicht. Der letzte Dreck ist der! Ich räch' mich – und wenn ich dabei draufgehe!«

Der oberste Boss der Taschendiebe hatte Kostja vor aller Augen ins Gesicht geschlagen. Eddy hat Schora mal gesehen und kann sich bestens vorstellen, was für ein Vieh das ist. Erst vor einem Monat ist er aus dem Knast gekommen, nach einer schweren Haftstrafe, und jetzt läßt er die Puppen tanzen. Ein echter Gorilla. Für den ist es ein Kinderspiel, Kostja, der zwar breitschultrig ist, aber klein, eine reinzuhauen.

»Ich hätte ihn auf der Stelle, vor dem Geschäft, abstechen müssen«, sagt Kostja finster von seiner Leiter herunter.

»Ja...«, sagt Eddy ratlos, »das ist also das organisierte Verbrechen... Den haben sie doch wegen bewaffnetem Raubüberfall eingelocht?«

»Ja«, antwortet Kostja widerstrebend, »aber der ist kein Gangster. Ein richtiger Gangster hebt nicht die Hand gegen seinen Bruder, schon gar nicht, wenn der jünger ist...«

Aber er klingt jetzt nicht mehr so überzeugend, wie sonst, wenn er Eddy von den Vorzügen des seriösen Kriminellen vorschwärmt. In Kostjas Beschreibungen waren die immer als elegante, großherzige Helden erschienen. Und jetzt stellt sich heraus, daß sie schlimmer sind, als die miesen, kleinen Diebe, die die Saltower Unterwelt bevölkern. Eddy weiß nicht, wie er sich an Kostjas Stelle verhalten hätte. Hätte er ihn umgebracht?...

Sie schweigen und versuchen, sich vor dem Wind zu schützen. Es ist sehr kalt, absolut nicht die Saison für diese Art des Reisens. Auf dem Dach ist es im Sommer angenehm, aber jetzt müssen sie sich ständig bewegen und die Leiter hoch- und runtersteigen, um sich einigermaßen warmzuhalten.

Ihr gemeinsames Unglück hat sie einander näher gebracht und Eddy entschließt sich, Kostja von dem zu erzählen, was ihn am meisten quält: von Swetka.

»Weißt du, Kostja«, fängt er an, »ich hab' gestern zum ersten Mal mit Swetka geschlafen, vorher hab' ich's nie mit ihr gemacht.« Dann ist er still.

»Hab' ich mir gedacht«, sagt Kostja.

»Sag mal, Kot«, Eddy zögert, »hast du auch gewußt, daß sie schon lange keine Jungfrau mehr ist?«

»Ja«, antwortet Kostja von oben, »alle haben wir's gewußt, aber keiner hat dir was gesagt, du warst zu sehr in sie verliebt. Du hast dich verrückt gemacht wegen ihr, aber umsonst – die Frauen lieben die, die ihnen die kalte Schulter zeigen«, philosophiert er und schickt noch hinterher: »Sie vögelt schon lange herum, sogar mit deinem Roten Sanja hat sie's getrieben...«

»Mit Sanja!« fragt Eddy verblüfft. Kot merkt, daß er unnötig gequasselt hat, bestätigt aber trotzdem:
»Ja, aber nur einmal, und da hat er sie gezwungen.«
Dann ist er still. Eddy auch. Er hat das Gefühl, daß er mit einem Male sehr alt ist und sehr müde.
Tu-tu-tu-tu-tu..., stampfen die Räder.
Tu-tu-tu-tu-tu, Eddy und Kot, was wird nu, reimt Eddy gedankenlos. Er hat keine Ahnung was ihnen noch zustoßen wird. Irgendwas bestimmt.

33

Als sie in die Nähe von Rostow kommen, sind die beiden, obwohl sie während der wenigen Aufenthalte von ihrem Dach heruntergesprungen und zum Aufwärmen zwischen den Geleisen herumgerannt sind, dermaßen tiefgekühlt, daß sie beschließen, abzuspringen, sobald eine Kurve kommt, in der der Zug seine Fahrt verlangsamt.

»Wir frieren uns den Arsch ab!« flüstert Kostja. »Wenn wir nicht abspringen, krepieren wir vor Kälte. Ich kann mich schon nicht mehr an diesen verdammten Eisengriffen halten. Hab' kein Gefühl mehr in den Händen. Wie ist es bei dir da unten?«

Kostja hat immerhin Handschuhe. Eddy hat seine Arme hinter der Leiter durchgezwängt und hält sich mit den Ellenbogen fest. Er wird furchtbar durchgerüttelt und hat nach dieser reizenden Reise bestimmt grauenhafte blaue Flecken am Arm. Aber das ist nur eine Kleinigkeit. Kostja und er sind am Erfrieren, eine Kurve ist immer noch nicht in Sicht und bei der Geschwindigkeit vom Zug zu springen, wäre der sichere Tod.

Idiotisch, so zu erfrieren, denkt Eddy, bei Sonnenschein, am hellichten Tag, kurz vor der Ankunft in Rostow, der Sonnenstadt. Aber darauf läuft's hinaus, denkt er verwundert und fühlt weder seine Füße, noch seinen Körper...

Zu ihrem Glück geht plötzlich die Waggontür auf. Sie hatten schon mal versucht, sie zu öffnen, aber sie war verriegelt, und Kostja war über die Dächer gelaufen und hatte es bei den Türen von ein paar anderen Waggons probiert...

Jetzt steckt eine junge georgische Schaffnerin ihren Kopf zur Tür raus und schreit zu ihnen hoch: »Ihr Verrückten! Kommt runter!... Wir haben schon lange zwei Schatten auf dem Dach gesehen, konnten's aber nicht glauben... Bei der Temperatur!... Nur Verrückte steigen aufs Dach...«

»Ja ja: ›Kommt runter‹... Und da unten bei euch warten schon die Bullen auf uns«, knurrt Kostja mißtrauisch zurück.

»Was für Bullen?« schreit das Mädchen.

»Die Miliz«, sagt Eddy.

»Kommt runter ihr Dummköpfe, hier ist nirgends Miliz!« schreit sie. Mit seinen steifen Händen hält sich Eddy an der Leiter fest und klettert ins Innere des Waggons; Kot hinterher. Nach der Eiseskälte auf dem Dach ist der Waggon ein wahres Paradies.

»Selbstmörder«, sagt das Mädchen spöttisch und zieht sie in ihr Dienstabteil. »Gleich kriegt ihr Tee.«

34

Eine Stunde später sitzt Eddy, wieder aufgewärmt, im Dienstabteil und schaut aus dem Fenster. Auf der oberen Pritsche schläft Kostja oder tut zumindest so. Eddy-Baby gegenüber sitzt der dicke, georgische Koch aus dem Speisewagen und beschreibt, mühsam seine russischen Wörter zusammenklaubend, seine ersten Eindrücke vom winterlichen Russland. Er habe Georgien bisher noch nie verlassen, sagt er, obwohl er schon fünfzig sei. »Ich schauen aus Fenster und sehen«, sagt der Koch naiv, »alle Bäume tot sind.«

Eddy lächelt.

»Du lachen«, sagt der Koch, »aber ich nicht wissen. Ich nie aus Georgien rauskommen. Warum die Russen ihre toten Bäume nicht abschlagen? Ich den Kellner fragen. Der Kellner...«

Tu-tu-tu-tu, tu-tu-tu-tu, stampfen die Räder.

Eddy und Kot, was wird nu, reimt Eddy traurig. Er hat keine Ahnung wie es weitergeht.

EPILOG

Es ist weitergegangen... 1962 hat das Charkower Bezirksgericht Eddys Freunde Kostja Bondarenko, Jura Bembel und Slawa, genannt »Suworowjet«, zum Tode verurteilt. Nach ein paar Monaten, in denen Kostjas Haare ergrauten, und er – so seltsam es klingen mag – im Gefängnis wuchs, wurde die Todesstrafe für ihn und Slawa in eine langjährige Gefängnisstrafe umgewandelt. Der älteste, Jura, wurde erschossen. Rein zufällig war Eddy in der verhängnisvollen Nacht nicht mit seinen Freunden zusammen... Der Glückspilz Eddy...

Als sie von Kostjas Verhaftung erfuhr, hatte Grischas taubstumme Mutter gestammelt: »Kostja eingesperrt, Edik ins Ausland abgehauen.« Sie konnte also ein bißchen sprechen, Grischas Mutter, und offenbar auch in die Zukunft sehen...

Damals, 1962, machten diese Worte für Eddy-Baby keinerlei Sinn.

Erst 1974, als Eddy sich tatsächlich im Ausland befand, was ihn selbst überraschte, und Kostja, nach zwölf Jahren Gefängnis, schließlich nach Kolima verschickt wurde, verstand Eddy diesen Satz.

Was ist aus den anderen geworden? Witja Golowaschow und Ljona Korowin haben beide die Militärakademie absolviert und sind jetzt Panzer-Majore. Es heißt, sie dienen in Mittelasien. Die heldenhafte Antonina Sergejewna ist gestorben – Friede ihrer Asche. An den erotischen Fantasien des minderjährigen Eddy-Baby hatte sie selbstverständlich keinerlei Schuld.

Boris Tschurilow hat Eddy 1980 in Paris getroffen. Als Sowjetbürger und im ganzen Land bekannter Künstler, war er nach Paris gekommen, um seine Birkenrindendrucke bei der UNESCO auszustellen. Borjas Kirchen und Heiligenbilder waren der Sowjetmacht also letztendlich von Nutzen. Boris und Eddy haben zusammen Wodka getrunken. 1982 haben sich die beiden Saltower zum zweiten Mal in Paris getroffen und haben noch mal zusammen Wodka getrunken. Boris hat eine schöne Frau und eine hübsche Tochter. Seine lebensfreudige Mutter ist vor kurzem gestorben und hat Boris als Vermächtnis den Rat hinterlassen, immer zu arbeiten und glücklich und unabhängig zu sein...

Swetka soll mit einem Werksmeister verheiratet sein und zwei Kinder haben.

Grischa, der über das Wesen des Totschlags nachgedacht hat, ist Ingenieur geworden, aber seine Hauptleidenschaft sind die Karten: er ist professioneller Spieler.

Sascha Tischtschenko ist Meister in einer Fabrik.

Von den andern weiß man nichts. Ein Vierteljahrhundert ist vergangen.

Paris 1983

ANHANG

S. 11 Eduard Bagrizkij: russischer Dichter jüdischer Abstammung, 1895 in Odessa geboren und 1934 in Moskau gestorben.

S. 12 Walerij Brjussow: russischer Schriftsteller und Dichter, hat seine Epoche stark geprägt. (1873-1924).
Polonskij: romantischer Dichter (1819-1898).

S. 64 W. Sirin: Pseudonym, unter dem Nabokov seine ersten Bücher auf Russisch geschrieben hat.

S. 122 In der UdSSR die beste Note. Die Notenskala reicht von Null bis Fünf.